RABBULA von Edessa

Der Christ, der Bischof, der Theologe

CORPUS
SCRIPTORUM CHRISTIANORUM ORIENTALIUM
EDITUM CONSILIO
UNIVERSITATIS CATHOLICAE AMERICAE
ET UNIVERSITATIS CATHOLICAE LOVANIENSIS

Vol. 300

SUBSIDIA
TOMUS 34

RABBULA von Edessa
Der Christ, der Bischof, der Theologe

VON

GEORG GÜNTER BLUM

LOUVAIN
Secrétariat du CorpusSCO
Waversebaan 49
1969

VORWORT

Verkündigung und Lebensvollzug des christlichen Glaubens stehen immer in einer lebendigen Überlieferung, die vom geschichtlichen Charakter des Christusgeschehens her bestimmt ist. In dieser Überlieferung kommt den Vätern der Alten Kirche ein besonderer Rang zu, da sie den gemeinsamen Grund für alle späteren kirchlichen Traditionen darstellen. Es ist heute noch eine weithin unerledigte Aufgabe, die eigenständige Rolle der syrischen Kirchenväter bei dieser grundlegenden geschichtlichen Vermittlung der Offenbarung zu würdigen. Die vorliegende Arbeit möchte als ein kleiner Beitrag zu dieser historischen und theologischen Zielsetzung verstanden werden.

Es gibt Gestalten der Geschichte, die in ihrer tatsächlichen Bedeutung für die christliche Spiritualität, für die Entwicklung des kirchlichen Lebens und die denkerische Erfassung der Offenbarungstradition deshalb unterschätzt werden, weil bestimmte Vorurteile auf ihnen lasten und sie nur im Schatten von den Hauptpersonen wichtiger Ereignisse gesehen werden. Daß Rabbula in der Forschung bisher so stiefmütterlich behandelt wurde, hängt hauptsächlich mit diesen Gründen zusammen. Es ist deshalb dringend erforderlich, diesem Bischof von Edessa eine umfassende monographische Darstellung zu widmen, in der die vielfältigen Auswirkungen seines Lebens auf seine Zeit deutlicher als bisher sichtbar werden. Es sind besonders drei Aspekte hier ins Auge zu fassen : die Stellung Rabbulas in der spezifisch syrischen asketischen Frömmigkeit, seine Bedeutung für die Kirchengeschichte Edessas und sein im Schnittpunkt zwischen griechischer und syrischer Theologie stehendes christologisches Denken. Die zur Verfügung stehenden Quellen erlauben es, alle drei Themenkreise einer historisch-kritischen Darstellung zu unterziehen.

Die folgenden Untersuchungen zeigen auf Schritt und Tritt, wie sehr ich den Pionieren der Erforschung der orientalischen Kirchengeschichte verpflichtet bin, unter denen ich hier mit besonderer Verehrung Arthur Vööbus nennen möchte.

Mein herzlicher Dank gilt Herrn Prof. Dr.Dr. Peter Kawerau, dem Direktor des Seminars für Ostkirchengeschichte an der Philipps-

Universität Marburg, für die Einführung in das Syrische und wertvolle Anregungen und Ratschläge für die vorliegende Arbeit. Auch Herrn Assistenten Dr. Wolfgang Hage möchte ich danken für die weitere Vertiefung im Studium der ostkirchlichen Quellensprachen. Ebenso dankbar möchte ich die Benutzung des Patristischen Seminars in Marburg erwähnen.

Als eine besondere Ehre betrachte ich die Aufnahme dieser Monographie in die Subsidia des Corpus SCO, wofür ich mich Herrn Prof. R. Draguet zu aufrichtigem Dank verpflichtet weiß.

Marburg an der Lahn, Ostern 1968 Georg Günter Blum.

BIBLIOGRAPHIE

ABRAMOWSKI = L. ABRAMOWSKI, *Zum Brief des Andreas von Samosata an Rabbula von Edessa,* OC 41 (1957), 51-64.

ACO = *Acta Conciliorum Oecumenicorum,* ed. E. SCHWARTZ.

I = tomus I *Concilium universale Ephesenum.* Berolini/Lipsiae, 1927 ss.

II = tomus II *Concilium Chalcedonense,* Berolini/Lipsiae, 1933 ss.

IV = tomus IV, 2 *Concilium universale Constantinopolitanum sub Iustiniano habitum,* Argentorati, 1914.

ADAM, *Grundbegriffe* = A. ADAM, *Grundbegriffe des Mönchtums in sprachlicher Sicht,* ZKG 65 (1953/54), 209-239.

ADAM, *Dogmengeschichte* = A. ADAM, *Lehrbuch der Dogmengeschichte,* Bd. I, *Die Zeit der Alten Kirche.* Gütersloh, 1965.

ALTANER, *Patrologie* = B. ALTANER, *Patrologie.* Leben, Schriften und Lehre der Kirchenväter, 6.Aufl. Freiburg, 1963.

APHRAAT, *Demonstrationes* = APHRAATIS *Sapientis Persae Demonstrationes,* ed. J. Parisot, PS I 1, Parisiis 1894.

ASSEMANI, BO = J.S. ASSEMANI, *Bibliotheca Clementino-Vaticana.*

I = tomus I, *De scriptoribus Syris orthodoxis,* Romae, 1719.

III 1 = tomus III, 1. *De scriptoribus Syris Nestorianis.* Romae, 1725.

III 2 = tomus III, 2. *De Syris Nestorianis,* Romae, 1728.

BAARDA, Gospel text = T.J. BAARDA, *The Gospel text in the biography of Rabbula,* VC 14(1960), 102-127.

BARDENHEWER, *Geschichte* = O. BARDENHEWER, *Geschichte der altkirchlichen Literatur,* Bd. IV. *Das fünfte Jahrhundert mit Einschluß der syrischen Literatur des vierten Jahrhunderts,* 2. Aufl. Darmstadt, 1962.

BARHADBŠHABBA, *Scher* = *Mar Barhadbšhabba 'Arbaya, évêque de Halwan* (VI siècle), *Cause de la fondation des écoles,* ed. A. SCHER, PO IV, 315-404. Paris, 1907.

BARHADBEŠABBA, NAU = *La seconde partie de l'histoire de Barhadbešabba 'Arbaïa et controverse de Théodore de Mopsueste avec les Macédoniens,* texte syriaque édité et traduit par F. NAU, PO IX, 489-678. Paris, 1913.

BAUER, *Rechtgläubigkeit* = W. BAUER, *Rechtgläubigkeit und Ketzerei im ältesten Christentum,* 2. durchgesehene Aufl. mit einem Nachtrag hrsg. von G. STRECKER (Beiträge zur historischen Theologie, 10). Tübingen, 1964.

BAUMSTARK, *Geschichte* = A. BAUMSTARK, *Geschichte der syrischen Literatur* mit Ausschluß der christlich-palästinensischen Texte, Bonn, 1922.

BECK, *Theologie des hl. Ephräm* = E. BECK, *Die Theologie des hl. Ephräm in seinen Hymnen über den Glauben* (Studia Anselmiana, 21) Rom, 1949.

BECK, *Ephraems Reden* = E. BECK, *Ephraems Reden über den Glauben. Ihr theologischer Lehrgehalt und ihr geschichtlicher Rahmen* (Studia Anselmiana, 33) Rom, 1953.

BECK, *Eucharistie* = E. BECK, *Die Eucharistie bei Ephräm,* OC 38 (1954), 41-67.

BECK, *Symbolum-Mysterium* = E. BECK, *Symbolum-Mysterium bei Aphraat und Ephräm,* OC 42 (1958), 19-40.

BEDJAN, AMS = P. BEDJAN, *Acta Martyrum et Sanctorum.*
IV = tomus IV, Parisiis/Lipsiae, 1894.
V = tomus V, Parisiis/Lipsiae, 1895.

BiblAHHC = Bibliothèque archéologique et historique. Haut-Commissariat de la République Française en Syrie et au Libanon. Service des antiquités et des beaux-arts. Paris.

BICKELL, = G. BICKELL, *Ausgewählte Schriften der syrischen Kirchenväter Aphraates, Rabulas und Isaak v. Ninive,* BKV. Kempten, 1874.

Bildatlas = F. VAN DER MEER/Chr. MOHRMANN, *Bildatlas der frühchristlichen Welt,* Gütersloh, 1959.

BKV = *Bibliothek der Kirchenväter. Eine Auswahl patristischer Werke in deutscher Übersetzung.* Kempten-München.

BLACK, *Rabbula* = M. BLACK, *Rabbula of Edessa and the Peshitta,* Bulletin of the John Rylands Library Manchester 33 (1951), 203-210.

BLUM, *Eucharistie* = G.G. BLUM, *Eucharistie, Amt und Opfer in der Alten Kirche.* Eine problemgeschichtliche Skizze, Oecumenica, Jahrbuch für ökumenische Forschung, 1966, 9-60. Gütersloh.

BRAUN, *Synhados* = *Das Buch der Synhados. Nach einer Handschrift des Museo Borgiano übersetzt und erläutert von* O. BRAUN. Stuttgart/Wien, 1900.

BURKITT, *Urchristentum* = F.C. BURKITT, *Urchristentum im Orient,* Tübingen, 1907.

CAMELOT, *Ephesus* = P.Th. CAMELOT, *Ephesus und Chalzedon.* Mainz, 1963.

CBU = *Contributions of the Baltic University.* Hamburg/Pinneberg.

CHABOT, *Synodicon* = *Synodicon Orientale ou recueil des synodes nestoriens publié, traduit et annoté* par J.B. CHABOT. Notices et extraits des manuscrits de la Bibliothèque Nationale et autres bibliothèques, tome 37, Paris, 1902.

Chalkedon = A. GRILLMEIER/H. BACHT, *Das Konzil von Chalkedon.* Geschichte und Gegenwart.
I = Bd.I. *Der Glaube von Chalkedon.* Würzburg, 1951.
II = Bd.II. *Entscheidung um Chalkedon.* Würzburg, 1953.

Cod. Theod. = *Theodosiani libri XVI cum constitutionibus Sirmondianis et leges novellae ad Theodosianum pertinentes,* ed. Th. MOMMSEN/P.M. MEYER, 3. ed. I, 2. Berolini, 1962.

CONNOLLY, *Didascalia* = R.H. CONNOLLY, *Didascalia Apostolorum. The Syriac version translated and accompanied by the Verona Latin fragments,* London, 1929.

CSCO = *Corpus Scriptorum Christianorum Orientalium.*

CSEL = *Corpus Scriptorum Ecclesiasticorum Latinorum.*

DAL = *Dictionnaire d'Archéologie Chrétienne et de Liturgie.* Paris.

DEVREESSE, *Patriarchat* = R. DEVREESSE, *Le Patriarchat d'Antioche depuis la paix de l'Église jusqu'à conquête arabe.* Études Palestiniennes et Orientales, Paris, 1945.

DEVREESSE, *Essai* = R. DEVREESSE, *Essai sur Théodore de Mopsueste.* (Studi e Testi, 141). Città del Vaticano, 1948.

DIX, *Liturgy* = G. DIX, *The shape of the liturgy.* London, 1943.

DÖRRIES, *Vita Antonii* = H. DÖRRIES, *Die Vita Antonii als Geschichtsquelle,* in: Wort und Stunde, Bd.I. Gesammelte Studien zur Kirchengeschichte des 4.Jahrhunderts, 145-224. Göttingen, 1966.

DÖRRIES, *Urteil* = H. DÖRRIES, *Urteil und Verurteilung. Kirche und Messalianer. Zum*

Umgang der Alten Kirche mit Häretikern, in : Wort und Stunde, Bd.I. Gesammelte Studien zur Kirchengeschichte des 4.Jahrhunderts 334-351, Göttingen, 1966.

DTC = *Dictionnaire de Théologie Catholique*. Paris.

DUSSAUD, *Topographie* = R. DUSSAUD, *Topographie historique de la Syrie antique et médiévale*, BiblAHHC 4. Paris, 1927.

Edessenische Chronik = L. HALLIER, *Untersuchungen über die Edessenische Chronik mit dem syrischen Text und einer Übersetzung*, TU IX, 1. Leipzig, 1892.

EPHRAEM, *Sermones* = *Sermones octo de Passione pro usu liturgico*, ed. Th. LAMY, in : *Sancti Ephaemi Syri hymni et sermones*, tomus I, 339-566. Mechliniae, 1882.

EPHRAEM, *De Juliano Saba* = *Hymni de Juliano Saba*, ed. Th. LAMY, in : *Sancti Ephraemi hymni et sermones*, tomus III, 837-936. Mechliniae, 1898.

EPHRAEM, *Hym. de fide* = ed. E. BECK, *Des Heiligen Ephraem des Syrers Hymnen De Fide*, CSCO 154-155, Louvain, 1955.

EPHRAEM, *Hym. contra haer.* = ed. E. BECK, *Des Heiligen Ephraem des Syrers Hymnen Contra Haereses*, CSCO 169-170. Louvain, 1957.

EPHRAEM, *Hym. de nativitate* = ed. E. BECK, *Des Heiligen Ephraem des Syrers Hymnen De Nativitate (Epiphania)*, CSCO 186-187. Louvain, 1959.

EPHRAEM, *Sermones de fide* = ed. E. BECK, *Des Heiligen Ephraem des Syrers Sermones De Fide*, CSCO 212-213. Louvain, 1961.

EPHRAEM, *Hym. de virginitate* = ed. E. BECK, *Des Heiligen Ephraem des Syrers Hymnen De Virginitate*, CSCO 223-224. Louvain, 1962.

EPHRAEM, *De azymis* = ed. E. BECK, *Des Heiligen Ephraem des Syrers Paschahymnen* (*De Azymis, De Crucifixione, De Resurrectione*), CSCO 248-249. Louvain, 1964.

EPIPHANIUS, Haer. = EPIPHANIUS, *Panarion*, Haer. 65-80, ed. K. HOLL, GCS 37. Leipzig, 1933.

FESTUGIÈRE, *Ursprünge* = A.J. FESTUGIÈRE, *Ursprünge christlicher Frömmigkeit. Bildung oder Heiligkeit im Mönchtum des altchristlichen Orients*. Freiburg, 1963.

FLEMMING, *Akten* = J. FLEMMING, *Akten der ephesinischen Synode vom Jahre 449 syrisch* mit G. HOFFMANNS, *deutscher Übersetzung und seinen Anmerkungen herausgegeben*, (Abhandlungen der Gesellschaft der Wissenschaften zu Göttingen, phil. hist. Kl. NF. XV 1). Berlin, 1917.

FUNK, *Didascalia* = F.X. FUNK, *Didascalia et Constitutiones Apostolorum*, vol. I. Paderbornae, 1905.

GCS = *Die griechischen christlichen Schriftsteller der ersten Jahrhunderte*. Leipzig-Berlin.

GRILLMEIER, Vorbereitung = A. GRILLMEIER, *Die theologische und sprachliche Vorbereitung der christologischen Formel von Chalkedon*, in : Chalkedon, I, 5-202.

HAACKE, *Politik* = R. HAACKE, *Die kaiserliche Politik in der Auseinandersetzung um Chalcedon*, in : Chalkedon, II, 95-177.

HAASE, *Kirchengeschichte* = F. HAASE, *Altchristliche Kirchengeschichte nach orientalischen Quellen*. Leipzig, 1925.

HAGE, *Jakobitische Kirche* = W. HAGE, *Die syrisch-jakobitische Kirche in frühislamischer Zeit nach orientalischen Quellen*. Wiesbaden, 1966.

HALLIER, cf. *Edessenische Chronik*.

HANSSENS, *Institutiones* = J.M. HANSSENS, *Institutiones liturgicae de ritibus orientalibus*.
II = tomus II, *De missa rituum orientalium pars prima*, Romae, 1930.
III = tomus III, *De missa rituum orientalium pars altera*, Romae, 1932.

HARNACK, *Marcion* = A.v. Harnack, *Marcion. Das Evangelium vom fremden Gott. Eine Monographie zur Geschichte der Grundlegung der katholischen Kirche.* Neue Studien zu Marcion, 3. Aufl. Darmstadt, 1960.

HENDRIKS, *Activité* = O. HENDRIKS, *L'activité apostolique des premiers moines syriens,* PrOChr 8 (1958), 1-25.

INGLISIAN, *Beziehungen* = V. INGLISIAN, *Die Beziehungen des Patriarchen Proklos von Konstantinopel und des Bischofs Akakios von Melitene zu Armenien,* OC 41 (1957), 35-50.

JA = *Journal Asiatique.* Paris.

JEH = *The Journal of Ecclesiastical History.* London.

JThSt = *The Journal of Theological Studies.* Oxford.

KAWERAU, *Jakobitische Kirche* = P. KAWERAU, *Die jakobitische Kirche im Zeitalter der syrischen Renaissance, Idee und Wirklichkeit.* Berliner Byzantinistische Arbeiten 3,2. Aufl. Berlin, 1960.

KIRSTEN, *Edessa* = E. KIRSTEN, Artikel *Edessa* in RAC 4, 552-597.

KLIJN, *Survey* = A.F.J. KLIJN. *A survey of the researches into the western text of the gospels and the acts* (1949-1959), *Novum Testamentum* 3 (1959), 1-27.

KÖHLER, *Kanones* = L. KÖHLER, *Zu den Kanones des Rabbula, Bischofs von Edessa,* SchThZ 15(1908), 210-213.

KÖHLER, *Literatur* = L. KÖHLER, *Syrische Literatur- und Kulturstudien.* I, *Das Leben und die kirchliche Wirksamkeit des Bischofs Rabbula von Edessa nach syrischen Quellen,* SchThZ 15 (1908), 213-224; 273-282.

KORIUN, *Maštoç* = KORIUN, *Biographie des hl. Maštoç,* ed. N. AKINIAN, Texte und Untersuchungen der altarmenischen Literatur, Bd. I Heft 1,2. Ausgabe. Wien, 1952.

KÖTTING, *Peregrinatio* = B. KÖTTING, *Peregrinatio religiosa. Wallfahrten in der Antike und das Pilgerwesen in der Alten Kirche,* Forschungen zur Volkskunde, Heft 33-35. Münster, 1950.

LAGRANGE, *Un évêque syrien* = M.J. LAGRANGE, *Un évêque syrien du Ve siècle, Rabulas, évêque d'Edesse, + 435,* in: M.J. LAGRANGE, *Mélanges d'histoire religieuse,* Paris 1915; zuerst erschienen in: La science catholique, 15. Sept. 1888.

LAGRANGE, *Rez. Peeters* = M.J. LAGRANGE, *Rezension von Peeters,* Rabboula, in: Revue Biblique 40 (1931), 121-129.

LAMY, cf. EPHRAEM.

LANDERSDORFER = *Ausgewählte Schriften der syrischen Dichter Cyrillonas, Baläus, Isaak von Antiochen und Jakob von Sarug aus dem Syrischen übersetzt* von P.S. LANDERSDORFER, BKV 6, Kempten-München, 1913.

LASSUS, *Sanctuaires* = J. LASSUS, *Sanctuaires chrétiens de Syrie. Essai sur la genèse, la forme et l'usage liturgique des édifices du culte chrétien en Syrie du IIIe siècle à la conquête musulmane,* BiblAHHC 43. Paris, 1947.

LAUCHERT, *Kanones* = F. LAUCHERT, *Die Kanones der wichtigsten altkirchlichen Konzilien nebst den apostolischen Kanones. Sammlung ausgewählter kirchen- und dogmengeschichtlicher Quellenschriften* 12. Heft, 2. Aufl. Frankfurt/M, 1961.

LIÉBART, *Cyrille* = J. LIÉBART, *La doctrine christologique de Saint Cyrille d'Alexandrie avant la querelle Nestorienne.* Lille, 1951.

LThK = *Lexikon für Theologie und Kirche,* 2. Aufl. Freiburg.

MANSI = *Sacrorum Conciliorum nova et amplissima collectio*, ed. J.D. MANSI. Florentiae 1759 ss. (Neudruck Graz 1960-1962).

MATERS, *Office* = J. MATERS, *L'office monastique à la fin du IVe siècle : Antioche, Palestine, Cappadoce*, OC 47 (1963), 53-88.

MOELLER, *Chalcédonisme* = Ch. MOELLER. *Le chalcédonisme et le néochalcédonisme en Orient de 451 à la fin du VIe siècle*, in : Chalkedon I, 637-720.

MOSES VON CHOREN, *Geschichte* = MOSES VON CHOREN, *Geschichte Armeniens* (*Պատմութիւն Հայոց*), ed. M. Abelean/S. Jaroutiunean. Tiflis, 1913.

MPG = Migne, *Patrologia Graeca*.

MPL = Migne, *Patrologia Latina*.

MTZ = *Münchener Theologische Zeitschrift*.

Mus = *Le Muséon*, Revue d'études Orientales. Louvain.

NAGEL, *Motivierung* = P. NAGEL, *Die motivierung der Askese in der Alten Kirche und der Ursprung des Mönchtums*, TU 95, Berlin, 1966.

NAU, *Rabboula* = F. NAU, *Les « belles actions » de Mar Rabboula*, évêque d'*Edesse de de 412 au 7 août 435 (ou 436)*, *RHR* 103 (1931), 97-135.

NELZ, *Schulen* = R.H. NELZ, *Die theologischen Schulen der morgenländischen Kirchen während der sieben christlichen Jahrhunderte in ihrer Bedeutung für die Ausbildung des Klerus*, Diss. Bonn, 1916.

NORRIS, *Manhood* = R.A. NORRIS, *Manhood and Christ. A study in the Christology of Theodore of Mopsuestia.* Oxford, 1963.

OC = *Oriens Christianus*. Leipzig-Wiesbaden.

OCP = *Orientalia Christiana Periodica*. Roma.

OrSyr = *L'Orient Syrien*. Paris.

ORTIZ DE URBINA, *Gottheit* = I. ORTIZ DE URBINA, Die Gottheit Christi bei Afrahat, Orientalia Christiana 31,1. Romae, 1933.

ORTIZ DE URBINA, *Patrologia* = I. ORTIZ DE URBINA, *Patrologia Syriaca*, 2. ed. Romae, 1965.

OstkSt = *Ostkirchliche Studien*. Würzburg.

OVERBECK = *S. Ephraemi Syri, Rabulae Episcopi Edesseni, Balaei aliorumque opera selecta*, ed. J.J. OVERBECK. Oxonii, 1865.

PALLADIUS, *Vita Chrysostomi* = *Palladii Dialogus de Vita S. Joannis Chrysostomi*, ed. by P.R. COLEMAN-NORTON. Cambridge 1928. Cf. MPG, 47, 5-82.

PapETSE = *Papers of the Estonian Theological Society in Exile*. Stockholm.

PAYNE SMITH, *Thesaurus* = R. PAYNE SMITH, *Thesaurus Syriacus*, vol. I-II. Oxonii, 1879-1901.

PEETERS, *Rabboula* = P. PEETERS, *La vie de Rabboula, évêque d'Edesse* (+ *7 août 436*), in : P. PEETERS, *Recherches d'histoire et de philologie Orientales*, SH 27, Bruxelles 1951, 139-170; ursprünglich erschienen in RSR 18 (1928), 170-204.

PERICOLI-RIDOLFINI = cf. PERICOLI-RIDOLFINI, *Lettera*.

PERICOLI-RIDOLFINI, *Lettera* = F. PERICOLI-RIDOLFINI, *Lettera di Andrea di Samosata a Rabbula de Edessa*, RSO 28 (1953), 153-169.

PERICOLI-RIDOLFINI, *Controversia* = F. PERICOLI-RIDOLFINI, *La controversia tra Cirillo d'Alessandria e Giovanni di Antiochia nell' eqistolario di Andrea di Samosata*, RSO 29 (1954), 187-217.

PO = *Patrologia Orientalis*. Paris.

PrOChr = *Le Proche-Orient Chrétien.* Jerusalem.

PS = *Patrologia Syriaca.* Paris.

PUECH, *Audianer* = H.Ch. PUECH, Artikel *Audianer* in RAC 1, 910-914.

PWK = PAULY/WISSOWA/KROLL, *Realencyklopädie der klassischen Altertumswissenschaft.* Stuttgart.

QUASTEN, *Patrology* = J. QUASTEN, *Patrology,* Vol. III. *The golden age of Greek Patristic literature from the Council of Nicaea to the Council of Chalcedon.* Utrecht/Antwerpen, 1963.

RAC = *Reallexikon für Antike und Christentum.* Stuttgart.

RANKE-HEINEMANN, *Mönchtum* = U. RANKE-HEINEMANN, *Das frühe Mönchtum. Seine Motive nach den Selbstzeugnissen,* Essen, 1964.

RE = *Realenzyklopädie für protestantische Theologie und Kirche,* 3. Aufl. Leipzig.

RGG = *Die Religion in Geschichte und Gegenwart,* 3. Aufl. Tübingen.

RHE = *Revue d'Histoire Ecclésiastique.* Louvain.

RHR = *Revue de l'histoire des Religions.* Paris.

RICHARD, *Acace* = M. RICHARD, *Acace de Mélitène, Proclus de Constantinople et la Grande Arménie,* in : Mémorial L. Petit, Archives de l'Orient Chrétien 1 (1948), 393-412.

RSO = *Rivista degli Studi Orientali.* Roma.

RSR = *Recherches de Science Religieuse.* Paris.

RevSR = *Revue des Sciences Religieuses,* Strasbourg/Paris.

SARKISSIAN, *Chalcedon* = K. SARKISSIAN, *The Council of Chalcedon and the Armenian Church.* London, 1965.

SBAW = *Sitzungsberichte der Bayrischen Akademie der Wissenschaften.* München.

SCHAEDER, *Bardesanes* = H.H. SCHAEDER, *Bardesanes von Edessa in der Überlieferung der griechischen und syrischen Kirche,* ZKG 51 (1932), 21-74.

SCHIWIETZ, *Mönchtum* = St. SCHIWIETZ, *Das morgenländische Mönchtum,* Bd. III. *Das Mönchtum in Syrien und Mesopotamien und das Aszetentum in Persien.* Mödling bei Wien, 1938.

SchThZ = *Schweizerische Theologische Zeitschrift.* St. Gallen/Leipzig (1899-1920).

SCHWARTZ, *Konzilstudien* = E. SCHWARTZ, *Konzilstudien,* II, 18-70 : *Über echte und unechte Schriften des Bischofs Proklos von Konstantinopel* (Schriften der Wissenschaftlichen Gesellschaft in Straßburg, 2. Heft), Straßburg, 1914.

SCHWARTZ, *Codex Vaticanus* = E. SCHWARTZ, *Codex Vaticanus gr. 1431, eine antichalkedonische Sammlung aus der Zeit Kaiser Zenons* (Abhandlungen der Bayerischen Akademie der Wissenschaften phil.hist. Kl. XXXII 6). München, 1927.

SH = *Subsidia Hagiographica.* Bruxelles.

SNTSB = *Studiorum Novi Testamenti Societas, Bulletin.* Cambridge.

SOZOMENUS, HE = *Sozomenus Kirchengeschichte,* ed. J. BIDEZ/G.C. HANSEN, GCS 50. Berlin, 1962.

DE STOOP, *Alexandre* = *Vie d'Alexandre l'acémète,* ed. E. DE STOOP, texte grec et traduction latine, PO VI, 641-705. Paris, 1911.

THEODORET, HR = THEODORET, *Historia religiosa seu ascetica vivendi ratio,* MPG 82, 1283-1496.

THEODORET, HE = THEODORET, *Kirchengeschichte,* ed. L. PARMENTIER/F. SCHEIDWEILER, GCS 44, 2. ed. Berlin, 1954.

Theodorus Lector, HE = Theodorus Lector, *Historia ecclesiastica*. MPG 86, 1.

ThLZ = *Theologische Literaturzeitung*. Leipzig.

TU = *Texte und Untersuchungen*. Leipzig-Berlin.

Uhlhorn, *Liebestätigkeit* = G. Uhlhorn, *Die christliche Liebestätigkeit in der Alten Kirche*, 2.Aufl. Stuttgart, 1882.

Vardanian, *Briefwechsel* = A. Vardanian, *Ein Briefwechsel zwischen Proklos und Sahak, aus dem Armenischen übersetzt*, Wiener Zeitschrift für die Kunde des Morgenlandes 27, (1913) 415-441.

VC = *Vigiliae Christianae*. Amsterdam.

Vööbus = cf. Vööbus, *Documents*.

Vööbus, *Documents* = A. Vööbus, *Syriac and Arabic documents regarding legislation relative to Syrian asceticism.* Edited, translated and furnished with literary data, PapETSE 11. Stockholm, 1960.

Vööbus, *Investigations* = A. Vööbus, *Investigations into the text of the New Testament used by Rabbula of Edessa*, CBU 59, Pinneberg, 1947.

Vööbus, *Alexandre* = A. Vööbus, *La vie d'Alexandre en grec, — un témoin d'une biographie inconnue de Rabbula, écrite en syriaque*, CBU 62. Pinneberg, 1948.

Vööbus, *Angaben* = A. Vööbus, *Neue Angaben über die textgeschichtlichen Zustände in Edessa in den Jahren 326-430. Ein Beitrag zur Geschichte des altsyrischen Tetraevangeliums*, PapETSE 3. Stockholm, 1951.

Vööbus, *Gospel* = A. Vööbus, *Studies in the history of the Gospel text in Syriac*, CSCO 128. Louvain, 1951.

Vööbus, *Alter* = A. Vööbus, *Das Alter der Peschitta*, OC 38 (1954), 1-10.

Vööbus, *Literary studies* = A. Vööbus, *Literary critical and historical studies in Ephrem the Syrian*, PapETSE 10. Stockholm, 1958.

Vööbus, *Développement* = A. Vööbus, *Sur le développement de la phase cénobitique et la réaction dans l'ancien monachisme syriaque*, RSR 47 (1959), 401-408.

Vööbus, *Verhältnis* = A. Vööbus, *Das literarische Verhältnis zwischen der Biographie des Rabbula und dem Pseudo-Amphilochianischen Panegyrikus über Basilius*, OC 44 (1960), 40-45.

Vööbus, *Asceticism*, I = A. Vööbus, *History of asceticism in the Syrian Orient. A contribution to the history of culture in the Near East.* Vol. I. *The origin of asceticism. Early monasticism in Persia*, CSCO 184. Louvain, 1958.

Vööbus, *Asceticism*, II = A. Vööbus, *History of asceticism in the Syrian Orient. A contribution to the history of culture in the Near East.* Vol. II. *Early monasticism in Mesepotamia and Syria*, CSCO 197. Louvain 1960.

Vööbus, *Solution* = A. Vööbus, *Solution du problème de l'auteur de la 'Lettre à Gamallinos, évêque de Perrhé'*, OrSyr 7 (1962), 297-306.

Vööbus, *Nisibis* = A. Vööbus, *History of the School of Nisibis*, CSCO 266. Louvain, 1965.

Vosté, *De versione syriaca* = J.M. Vosté, *De versione syriaca operum Theodori Mopsuesteni*, OCP 8 (1942), 477-481.

de Vries, *Sakramententheologie* = W. de Vries, *Sakramententheologie bei den syrischen Monophysiten*, Orientalia Christiana Analecta 125. Rom, 1940.

Weber, *Eznik* = *Ausgewählte Schriften der armenischen Kirchenväter*, I. Bd. *Eznik, Koriun, Hatschachapatum, aus dem Armenischen übersetzt* von S. Weber, BKV 57. München, 1927.

Wright = W. Wright, *Catalogue of the Syrian manuscripts in the British Museum acquired since the year 1838*, I-III. London, 1870-1872.

ZDMG = *Zeitschrift der Deutschen Morgenländischen Gesellschaft*. Leipzig-Wiesbaden.

ZKG = *Zeitschrift für Kirchengeschichte*. Stuttgart.

ZNW = *Zeitschrift für neutestamentliche Wissenschaft*. Gießen-Berlin.

ZRGG = *Zeitschrift für Religions- und Geistesgeschichte*. Marburg/L.-Köln.

Alle Arbeiten, die nur einmal genannt werden, sind mit ihrem vollen Titel in der betreffenden Anmerkung angeführt.

ZUR FORSCHUNGSSITUATION

Vor nunmehr über hundert Jahren edierte Julian Joseph Overbeck zum ersten Male nach verschiedenen Handschriften des Britischen Museums die Vita und das damals bekannte Schrifttum Rabbulas. Neben der von einem unbekannten Verfasser stammenden Lebensbeschreibung handelt es sich hierbei um drei Sammlungen kirchenrechtlicher Bestimmungen, um einen Briefwechsel mit Andreas von Samosata und Cyrill von Alexandrien, um ein Schreiben an Bischof Gamallinus und um eine in Konstantinopel gehaltene Predigt, sowie um verschiedene Rabbula zugeschriebene liturgische Stücke [1]. Die wissenschaftliche Pionierleistung Overbecks wurde nach zwei Jahrzehnten fortgeführt von P.E. Pusey durch die Herausgabe der auf Rabbula zurückgehenden syrischen Übersetzung von Cyrills christologischem Traktat « De recta in Dominum nostrum Jesum Christum fide ad imperatorem Theodosium » [2]. In jüngster Zeit wurde diese Editionsarbeit ergänzt durch F. Pericoli-Ridolfini, der einen von Overbeck bisher nur fragmentarisch wiedergegebenen Brief des Andreas von Samosata an Rabbula vollständig zum Abdruck brachte [3]. Schließlich verdanken wir A. Vööbus eine neue kritische Ausgabe aller kirchenrechtlichen Texte des Bischofs von Edessa [4].

Überblickt man das heute uns zur Verfügung stehende handschriftliche Material, so ist nur ein einziges Stück bisher nicht ediert worden, nämlich Rabbulas Predigt gegen die Totenagapen [5]. Ob nach andere syrische Übersetzungen von dogmatischen Schriften Cyrills aus der

[1] Overbeck 159-248. Zur Editionsarbeit des deutschen Gelehrten cf. W. Kahle, *Westliche Orthodoxie. Leben und Ziele Julian Joseph Overbecks*, Leiden/Köln 1968, 17-21.

[2] P.E. Pusey, S.P.N. *Cyrilli Alexandriae De recta fide ad imperatorem...*, Oxonii/Lipsiae 1877, 1-153. Diese syrische Version findet sich auch bei P. Bedjan, AMS V, 628-696.

[3] Pericoli-Ridolfini, *Lettera.*

[4] Vööbus, *Documents*, 24-33 : The rules of Rabbula for the monks, 34-50 : The rules of Rabbula for the clergy and the qeiāmā, 78-86 : The rule attributed to Rabbula.

[5] Der Nachweis der handschriftlichen Überlieferung dieses Stückes findet sich bei Baumstark, *Geschichte*, 72 n. 11. Es handelt sich um die Handschrift Orientali 298 der Bibliotheca Medicea Laurenziana in Florenz.

Feder des Bischofs von Edessa stammen, konnte bis jetzt noch nicht stichhaltig bewiesen werden [6].

Die Vita und diese literarische Hinterlassenschaft sind nicht die einzigen Quellen für unser historisches Wissen über Rabbula. Auch in der Lebensbeschreibung Alexanders, des Stifters der Akoimeten, ist ein Bericht über die Bekehrung Rabbulas und seine spätere Tätigkeit in Edessa enthalten [7]. Außerdem finden sich wichtige Nachrichten über seinen Lebenslauf und seine theologischen Anschauungen in den Akten des Konzils von Ephesus und den Dokumenten der diesem Konzil folgenden Auseinandersetzung zwischen der antiochenischen und alexandrinischen Theologie, die 433 zu einer vorläufigen Union führte. Auch die Berichte über die mit dem Lehrschreiben des Patriarchen Proclus von Konstantinopel an die Armenier zusammenhängenden Ereignisse werfen ein interessantes Licht auf die Rolle, die Rabbula bei diesen Vorgängen spielte. Damit können wir unseren Überblick über das vorhandene Quellenmaterial schon abschließen, alles in allem eine verhältnismäßig schmale, aber doch hinlänglich ausreichende Basis, um die Gestalt dieses Bischofs von Edessa und ihre Bedeutung für die Kirchen- und Theologiegeschichte dem Gedächtnis der Nachwelt lebendig zu erhalten.

Obwohl fast alle vorhandenen Quellen schon im vergangenen Jahrhundert durch ihre Edition der wissenschaftlichen Forschung zugänglich geworden waren, ist bis heute noch keine umfassende und zuverlässige kritisch-historische Gesamtdarstellung von Rabbulas Wirken und Denken versucht worden. So ist die gegenwärtige Forschungssituation gekennzeichnet durch summarische Lebensbilder und anregende Einzeluntersuchungen, die aber alle noch in einen größeren und tieferen Zusammenhang hineingestellt werden müssen.

Nachdem die Vita und die Schriften Rabbulas erstmalig von G. Bickell ins Deutsche übersetzt worden waren [8], veröffentlichte M.J. Lagrange für einen breiteren Leserkreis eine Lebensbeschreibung Rabbulas, die mehr informatorischen und erbaulichen als wissen-

[6] Baumstark, *Geschichte*, 71-72 vermutet, daß Rabbula noch andere aktuelle Arbeiten Cyrills übersetzte, zum Beispiel Teile seiner Korrespondenz, die 12 Anathematismen, ihren Kommentar und ihre beiden Apologien, die Schrift « Quod unus sit Christus » und die « Scholia de incarnatione Unigeniti ». Der Nachweis der in Frage kommenden Handschriften bei Baumstark, *Geschichte*, 72 n. 1-7.

[7] de Stoop, *Alexandre*, 663-675.

[8] Bickell, 155-271.

schaftlichen Charakter hatte [9]. Hingegen war die Beschäftigung F.C. Burkitts mit Rabbula schon stärker von theologischen Intentionen bestimmt [10]. Burkitt versuchte die Gestalt dieses Bischofs von Edessa im Zusammenhang der orientalischen Kirchengeschichte zu verstehen und besonders ihre theologiegeschichtliche Position zu markieren. Allerdings bedarf sein lange Zeit als opinio communis geltendes Urteil, in der theologischen Gedankenwelt Rabbulas nicht mehr die Stimme des Ostens, sondern ausschließlich «den Reflex griechischer Philosophie» zu erkennen [11] dringend einer Revision.

Im Anschluß an Burkitt und in Auseinandersetzung mit ihm gab dann L. Köhler eine über die Arbeit von Lagrange wesentliche hinausgehende Darstellung von Rabbulas Leben und kirchlicher Wirksamkeit [12].

Die erste wirklich kritisch-historische und analytische Abhandlung über Rabbula erschien aber erst im Jahre 1928 aus der Feder des Bollandisten P. Peeters, der mit einer nicht mehr zu überbietenden Schärfe durch die Sonde seiner vergleichenden historischen Kritik fast alle Daten der Vita in Zweifel zu stellen versuchte [13] und dadurch die heftige Kritik von M.J. Lagrange herausforderte [14].

Der nur wenig später erschienene Aufsatz von F. Nau war wesentlich ausgewogener in der Beurteilung des vorliegenden Quellenmaterials [15]; er konnte aber auch noch kein befriedigendes Gesamtbild der Persönlichkeit Rabbulas und ihrer Wirkungen geben. Dieser Aufgabe konnte auch die Darstellung von St. Schiwietz nicht genügen, der im Rahmen seines Werkes über das morgenländische Mönchtum die Bedeutung Rabbulas für die Entwicklung des monastischen Lebens in Edessa herausarbeitete [16].

In jüngster Zeit fand Rabbula erneutes Interesse durch die fortschreitende Erforschung der Geschichte des syrischen Evangelien-

[9] LAGRANGE, *Un évêque Syrien.*

[10] BURKITT, *Urchristentum,* 75ss.

[11] BURKITT, *Urchristentum,* 77.

[12] KÖHLER, *Literatur.* Die bei BURKITT, *Urchristentum,* 97-103 übersetzen Canones wurden einer eingehenden Kritik unterzogen von KÖHLER, *Kanones.*

[13] PEETERS, *Rabboula.*

[14] LAGRANGE, *Rez. Peeters.*

[15] NAU, *Rabboula.*

[16] SCHIWIETZ, *Mönchtum,* 348-359.

textes, zu der neben M. Black[17] und T.J. Baarda[18] besonders A. Vööbus eine Reihe von wichtigen Beiträgen lieferte[19], die die bisher unbestrittene These F.C. Burkitts, daß Rabbula als Verfasser der Peschitta zu gelten habe[20], von Grund auf erschütterten. Ebenso hat sich A. Vööbus in zwei Aufsätzen mit dem literarkritischen Problem der Biographie Rabbulas beschäfigt[21].

Blickt man auf die bisher geleistete Forschungsarbeit und die sie zusammenfassenden Darstellungen in den Literaturgeschichten[22], in den Patrologien[23] und in den einschlägigen Lexica[24], so könnte leicht der Eindruck entstehen, daß entweder Rabbula keine sehr große Bedeutung für die Kirchen- und Theologiegeschichte des Orients zukommt, oder die zur Verfügung stehenden historischen Quellen keine ausreichende Grundlage für eine umfassende Würdigung dieses Bischofs von Edessa abgeben. Es muß jedoch bezweifelt werden, ob dieser Eindruck zutrifft und nicht einfach auf eine Lücke in der bisherigen Forschung zurückzuführen ist. Vielleicht hat Rabbula für den späteren Historiker noch zu sehr im Schatten der großen Gestalten des fünften Jahrhunderts gestanden, sodaß ihm bisher eine gebührende Würdigung versagt blieb, die seiner tatsächlichen historischen und theologischen Bedeutung angemessen gewesen wäre. Vielleicht hat es bisher auch noch an einer genügenden Verarbeitung und Zusammenschau des zur Verfügung stehenden Quellenmaterials gefehlt, denn noch besteht keine Klarheit über die Motive seines Entwicklungsganges und seiner kirchlichen Wirksamkeit. Ebenso sind

17 Black, *Rabbula*. Weitere Aufsätze von Black, die sich mit dieser Frage beschäftigen und sich mit den Forschungen von Vööbus auseinandersetzen, in dem Kapitel « Rabbula und die Entwicklung des syrischen Bibeltextes » n. 5 und 10.

18 Baarda, *Gospel text.*

19 Die Beiträge von A. Vööbus sind alle genannt in dem Kapitel « Rabbula und die Entwicklung des syrischen Bibeltextes ». Sie sind ebenso zusammengestellt bei Klijn, *Survey*, 4-9.

20 Zur Diskussion und allen Einzelheiten cf. das Kapitel « Rabbula und die Entwicklung des syrischen Bibeltextes ».

21 Vööbus, *Alexandre;* Vööbus, *Verhältnis.*

22 R. Duval, *Anciennes littératures chrétiennes*, II : *La littérature Syriaque*, 3. ed. Paris 1907, 341-343 ; Baumstark, *Geschichte*, 71-73 ; Bardenhewer, *Geschichte*, 388-392 ; J.B. Chabot, *Littérature syriaque*, 46-49, Paris, 1934.

23 Die beste Darstellung bei Ortiz de Urbina, *Patrologia*, 96-99.

24 Die ausführlichsten und zuverlässigsten Artikel stammen von J. Ziadé im DTC 13, 1620-1626 und A. Vööbus im LThK 8, 958-959.

die Traditionszusammenhänge seines theologischen Denkens noch nicht hinreichend erhellt, ganz zu schweigen von den Wurzeln der ihm eigenen monastischen Spiritualität.

Sollen diese Fragenkomplexe methodisch erforscht werden, muß den wenigen Selbstzeugnissen Rabbulas ein unbedingter Vorrang eingeräumt werden. An zweiter Stelle sind dann die Nachrichten der Zeitgenossen heranzuziehen, unter denen der Verfasser der Vita eine besondere Stellung einnimmt. Bei unserer Untersuchung soll zunächst von dieser hagiographischen Lebensbeschreibung ausgegangen werden, um in entsprechender Folge dann die eigene Stimme Rabbulas ebenso wie die der späteren Berichterstatter zu Wort kommen zu lassen.

1. Teil

RABBULAS WERDEGANG BIS ZUM ANTRITT SEINES BISCHOFSAMTES

I. Die Vita Rabbulas und ihre literarische Eigenart

In der Einleitung zu seiner Übersetzung nennt Bickell die Lebensbeschreibung einen Panegyrikus auf den Bischof von Edessa [1]. Dabei erhebt sich sofort die Frage, ob auf diese Weise die Vita Rabbulas zutreffend gekennzeichnet ist.

Über die literarische Gattung und die innere Zielsetzung dieses Werkes kann uns schon seine Überschrift einen Aufschluß geben, die folgenden Wortlaut hat : « Die erfolgreichen Taten des Mar Rabbula, des Bischofs der gesegneten Stadt Edessa » [2]. Mit ܢܨ̈ܚܢܐ werden die vollbrachten Taten, die Erfolge, die Siege und die Triumphe einer verehrten Persönlichkeit bezeichnet [3]. Aber nur auf den ersten oberflächlichen Blick ist von diesem Ausdruck her der

[1] Bickell, 166.

[2] Overbeck 159, 1-3.

[3] Cf. Payne Smith, *Thesaurus*, II, 2439 und C. Brockelmann, *Lexicon Syriacum*, 2. ed. Halis Saxonum, 1928, 442. Auch in der Unterschrift Overbeck, 209,4 wird dieser Ausdruck verwandt, während bei der in der Vita enthaltenen dritten Überschrift Overbeck 182, 1 (die zweite 170, 21s !) von den « vortrefflichen Werken », ܡܝܬܪ̈ܐ ܥܒ̈ܕܐ Rabbulas die Rede ist.

Lebensbeschreibung Rabbulas ein panegyrischer Charakter zuzuschreiben, denn sie gehört ganz und gar nicht zu einer literarischen Gattung des spätantiken säkularen Bereiches. Der Verfasser selbst nennt seine Arbeit ein ܡܐܡܪܐ [4] und meint damit, was er wenig später als « erbauliche Kunde von der Vollkommenheit in Gott » bezeichnet [5]. Es handelt sich also um ein Heiligenleben, um ein Werk der Hagiographie, und zwar eines der besten Zeugnisse dieser Gattung [6]. In diesem Sinne ist auch die Lebensbeschreibung aufgefaßt worden, als man sie mit den Viten der heiligen Thecla, des Sergius und Georgius in einer Handschrift zusammenfaßte [7]. Sowohl inhaltliche als auch formale Indizien sind für diese Charakterisierung ein eindeutiger Beweis. Die Leser werden mit « meine Brüder » angeredet [8], und der einleitende Abschnitt gibt als Motiv und Ziel dieser Lebensbeschreibung an : « Wir sind schuldig und verpflichtet, diesen ruhmvollen Heiligen zu verherrlichen, indem wir das teure Andenken seines göttlichen Wandels aufzeichnen, damit es uns und allen Generationen zum Vorbild seiner Tugenden und zum Muster der eifrigen Nachahmung diene... » [9].

Daß es hier um keine Erzählung und geschichtliche Darstellung geht [10], zeigt sich besonders an der auffallenden Tatsache, daß fast

4 Overbeck, 198, 23. Er verspricht hier, im Anschluß an seine mīmrā die in Konstantinopel gehaltene Rede Rabbulas mitzuteilen. Berühmt wurden später die mīmrē des Jakob von Sarūg (+521), z.B. über Simeon Stylites und Sergius. Ebenso ist hier an die Mönchsgeschichten des Theodoret zu erinnern.

5 Overbeck, 199, 9-10.

6 So das Urteil von Baumstark, *Geschichte*, 72.

7 Cf. Die Beschreibung der Handschrift bei Overbeck, XVIII unter Nr. XV, ebenso bei Wright, II, 651-652 unter Nr. DCCXXXI. Allerdings weiß Wright nichts über die von Overbeck erwähnten Viten des Sergius und Georgius zu berichten. Er erwähnt nur die Lebensbeschreibungen der heiligen Frauen Ruth, Esther, Susanna, Judith und Thecla.

8 Overbeck, 159, 4. Diese Anrede zeigt, daß die Lebensbeschreibung für Kleriker und Mönche zum Vorlesen bestimmt war. Diesem intimen erbaulichen Zweck entspricht, daß Rabbula an mehreren Stellen, z.B. 200, 16; 202, 16; 208, 26, als « unser Vater » bezeichnet wird.

9 Overbeck, 160, 5-8.

10 Der Terminus 'Erzählung', 'Geschichte', ܬܫܥܝܬܐ wird nur beiläufig für die nestorianischen Streitigkeiten angewandt (Overbeck, 200, 15). Der Hagiograph erwähnt hier, daß er nicht die Absicht habe, die ausführliche Geschichte von Rabbulas Kampf gegen Nestorius zu erzählen. Es wird also ausdrücklich betont, daß eine historische Darstellung nicht in seinem Sinne liegt.

ganz genaue Datierungen in der Lebensbeschreibung fehlen. Nur beiläufig wird erwähnt, daß Rabbulas Vater für Julian opferte, als dieser bei seinem Zug gegen die Perser in der Gegend seines Heimatortes sich aufhielt [11].

Wichtig ist dem Hagiographen die Dauer des Episkopats Rabbulas. An mehreren Stellen wird ausdrücklich darauf hingewiesen, daß er 24 Jahre das Bischofsamt innehatte [12]. Wir erfahren aber weder das Jahr noch den Tag seiner Ordination in Antiochien und seines Amtsantrittes in Edessa. Es wird lediglich berichtet, daß Rabbula die Nachfolge des Bischofs Diogenes antrat [13]. Nur zwei exakte chronologische Angaben sind in der Vita enthalten. Bei der ersten handelt es sich um den Beginn der Krankheit, die zum Tode führte. « Nach all diesem geschah es, daß, wie so oft, seine Körperkräfte nachließen. Es war im Neumond des Monats Tāmmūz, am Ende von drei Monaten und (über, mehr als) 24 Jahren seines Lebens im Episkopat » [14]. Die zweite genaue Angabe ist der Sterbetag, « am siebten Tag des Monats Āb » [15]. Es liegt auf der Hand, daß diese Daten für die Verehrung Rabbulas als Heiligen wichtig waren. Hingegen zeigt sich der Hagiograph völlig uninteressiert an seinem Sterbejahr, das nur aus anderen Quellen erschlossen werden kann. Wahrscheinlich ist der Tod Rabbulas auf das Jahr 436 anzusetzen [16].

11 OVERBECK, 160, 13-16. Zur Diskussion der Stelle cf. infra, 15.

12 OVERBECK, 176, 16-17; 183, 20-23; 205, 10.

13 OVERBECK, 170, 23.

14 OVERBECK, 205, 8-11. PEETERS, *Rabboula*, 167-168, dürfte endgültig erwiesen haben, daß es unmöglich ist, das Wort ܠܥܠ so zu verstehen, daß drei Monate noch an den 24 Amtsjahren fehlten. Diese irrige Auffassung hatten vertreten E. NESTLE, Artikel 'Rabulas', RE 16, 394 und SCHWARTZ, *Konzilstudien*, 26 n. 2. Bei den übrigen Angaben werden also nur die vollen Jahre gezählt.

15 OVERBECK, 206, 25. In der Chronik Edessas wird der 8.August angegeben. Wahrscheinlich handelt es sich hier um eine Verwechslung mit dem Begräbnistag. Cf. *Edessenische Chronik*, 110 Nr. LIX : « Am 8.Ab des Jahres 746 schied Rabbûlâ, Bischof von Orhâi, aus der Welt... ». Der syrische Text der Chronik 145-157, ebenso in CSCO 1, Chronica minora, ed. I. GUIDI, Paris 1903/1955, 1-13 : *Chronicon Edessenum*. Die lateinische Übersetzung folgt dann in CSCO 2. Zur Diskussion dieser Quellen ist ebenso zu vergleichen F. HAASE, *Kirchengeschichte*, 9-10.

16 Cf. die ausführliche Diskussion bei PEETERS, *Rabboula*, 163-169. Kombiniert man die beiden Angaben der Chronik Edessas, daß Rabbula im Seleukidenjahr 723 (1.Okt. 411-412) Bischof wurde (cf. *Edessenische Chronik*, 106 Nr. LI) und 746 (434-435) starb (cf. das Zitat n. 15) mit der Terminierung der Amtszeit Rabbulas auf 24 Jahre und mehr als 4 Monate durch den Hagiographen, kann nur noch 436 als Sterbejahr

Auf diesen erbaulichen Skopus ist es auch zurückzuführen, daß keine Biographie im modernen Sinne geboten wird. Es fehlen völlig psychologische Aspekte, und ganze Lebensabschnitte werden einfach übergangen. So wird zum Beispiel die wichtige Phase der jugendlichen Entwicklung bis zur Verehelichung mit einem einzigen Satz abgetan [17]. Entscheidende Wendepunkte des Lebens werden lediglich typisiert dargestellt, so das Gespräch mit den beiden Bischöfen Eusebius und Acacius, das den Anstoß zur Bekehrung gibt [18]. Hier fehlt jegliche individuelle und situationsbezogene Färbung einer konkret historischen Schilderung, alles ist ins Allgemeingültige erhoben.

Dieser Tendenz zum Typischen entspricht der ständige Vergleich mit Vorbildern der Heilsgeschichte. So ist Rabbula ein « zweiter Josia » [19]. Wie dieser gegen die Abgötter des Heidentums kämpfte, so ist er bestrebt, die Irrlehren der Häretiker auszurotten [20]. Er hat Weisheit und Verständnis wie Salomo [21]. Er war in seiner Generation ein anderer Moses [22]. Er läßt sich mit Josua vergleichen [23], aber besonders dient Paulus ihm als lebendiges Vorbild [24]. Als monastisches Ideal steht Antonius vor Augen [25].

Diese Gestalten des Alten und Neuen Testamentes und der Kirchengeschichte sind Muster und Leitbilder des Anreizes und der Nachahmung [26]. Selbst Christus steht in einer Reihe mit diesen Vorbildern, wenn berichtet wird, daß Rabbula in die Wüste geht, « um vom Teufel versucht zu werden nach dem ܛܘܦܣܐ unseres Herrn » [27].

in Frage kommen. Mehrere andere von Peeters vorgebrachte Argumente machen es ebenso wahrscheinlich, daß die Zeitangabe der Chronik unrichtig ist. Das bei *Wright, II*, 947 erwähnte Todesjahr Rabbulas aus der Handschrift Mus.Brit.Add. 12155 ist sicherlich von der Angabe der Chronik abhängig. Ist 436 als das Todesjahr Rabbulas zutreffend, würde sich dann der März oder der April 412 als Zeit der Ordination Rabbulas ergeben.

17 Overbeck, 160- 24-27.

18 Overbeck, 162, 25ss.

19 Overbeck, 160, 23.

20 Overbeck, 192, 4ss.

21 Overbeck, 191, 14-15.

22 Overbeck, 191, 23-25.

23 Overbeck, 192, 3.5.

24 Overbeck, 201, 5ss; 205, 26; 206, 17.

25 Overbeck, 168, 13-14.

26 Overbeck, 160, 7 : ܛܘܦܣܐ ܡܓܪܓܪܢܝܬܐ.

27 Overbeck, 167, 5-7.

Zugleich ist er aber auch aus der Schar der übrigen Frommen herausgehoben. Die Konformität mit Jesus ist unvergleichbar und einzigartig. Dies wird durch den Begriff des ܛܘܦܣܐ zum Ausdruck gebracht. Rabbula begehrt, die Taufe im Jordan zu empfangen, « wo sich auch Christus uns zum 'Typus' hat taufen lassen » [28]. Ein ähnlicher Gedanke scheint vorzuliegen, wenn erzählt wird, daß Rabbula mit seinem Freund durch die Mißhandlungen der Heiden in Baalbek « die Wunden der Leiden Christi » empfangen habe [29]. Die geistliche Dimension des dargestellten Lebens wird sichtbar, indem die « Typen des göttlichen Erbarmens sich an Rabbula zeigen » [30]. Der Hagiograph möchte seine Gestalt in ihrer inneren Christusförmigkeit erscheinen lassen. Dieses Ziel seiner Darstellung ist auch durch den « Nimbus eines unmenschlichen Asketentums und einer plumpen Thaumaturgie » [31] hindurch erkennbar.

Die tiefste religiöse Intention des Werkes zeigt sich in seinem Schlußabschnitt. Der bestattete Leib Rabbulas birgt in sich « eine reiche Frucht der Gerechtigkeit » [32], von der denen mitgeteilt wird, die seinen Herrn gläubig bitten, « ihnen durch die Hand seines Verwalters die Gabe des Erbarmens aus dem Schatzhause seiner Gnade zu verleihen » [33]. Aus diesem Grunde kann die Stätte seines Grabes künftig der Ort sein, wo mannigfaltige Wunder geschehen, nicht nur äußerer Art, sondern auch voll tiefer geistlicher Bedeutung. « Denn sehet, dort (sc. an seinem Grabe) werden Kranke geheilt, Gesunde geistlich gefördert, Teufel ausgetrieben, Bedrängte getröstet, Arme unterstützt und Reiche mit besseren Gütern gesegnet » [34]. Rabbulas Leib ist eine « Quelle des Heils » und verfügt durch die ihm verliehene Vollmacht seines Herrn eine Fülle von Gütern, die alle Bedürftigen reich machen kann, die sich an ihn wenden [35]. Die ver-

[28] OVERBECK, 164, 23-26.

[29] OVERBECK, 170, 15.

[30] OVERBECK, 205, 2.

[31] So PEETERS, *Rabboula*, 139. Zu den literarischen Stil- und Ausdrucksmitteln bei der Darstellung der Askese, die aber unbedingt von der hagiographischen Intention zu unterscheiden sind, cf. L. BIELER, *ΘΕΙΟΣ ΑΝΗΡ*, *Das Bild des göttlichen Menschen in Spätantike und Frühchristentum*, Bd. I 60ss. Wien 1935.

[32] OVERBECK, 208, 7.

[33] OVERBECK, 208, 7-10.

[34] OVERBECK, 208, 10-14.

[35] OVERBECK, 208, 15ss

mittelnde Rolle des Verstorbenen erstreckt sich aber nicht nur auf die Gegenwart, sie hat zugleich auch eschatologische Tragweite. Bei der Auferstehung dürfen die Gläubigen unter dem Schutz des heiligen Vaters Rabbula zur Rechten des Gottessohnes stehen. « Dann möge er sich unser nicht schämen, sondern mit Zuversicht zu seinem Herrn für uns sprechen : Siehe, Herr, mich und die Kinder, die du mir gegeben hast » (Jes. 8,18) [36].

Diese Ausführungen am Schluß der Lebensbeschreibung Rabbulas müssen im Zusammenhang mit dem Kult der Asketen gesehen werden, der in Syrien seinen Ursprung hat. Hier erhält der Asket allmählich die Verehrung, die im Westen bisher nur dem Märtyrer zukam. In Syrien werden zuerst die größeren Jahresfeste der Asketen gefeiert [37]. Es ist deshalb keine Seltenheit, daß man sich nach dem Tode eines Eremiten um seinen Leichnam streitet [38], und es kommt sogar vor, daß schon vor dem Ableben eines verehrten Asketen eine Kirche zur Aufnahme seiner Gebeine gebaut wird, sodaß der betreffende es vorzieht, an unbekannter Stelle bestattet zu werden [39]. Unter Berücksichtigung dieser starken Tendenz der Volksfrömmigkeit werden für uns auch die merkwürdigen Bestimmungen aus den Mönchsregeln Rabbulas verständlich, die verfügen, daß das Begräbnis eines Klosterinsassen oder eines Klostervorstehers in aller Stille ohne Beteiligung des Volkes gehalten werden soll [40]. Diese Vorschrift zielt offenbar darauf ab, eine vorschnelle und übermäßige Verehrung von Asketen zu verhindern und gewisse Auswüchse zu vermeiden, die sich vielleicht schon oft am Begräbnistage zeigten.

Sieht man aber von solchen extremen Erscheinungen ab, die nicht verallgemeinert werden dürfen, so hat doch im 5.Jahrhundert im syrischen Raum die Verehrung von heiligen Bischöfen und Eremiten eine allgemeine Verbreitung gefunden. Daß der Chorbischof Balaeus die Märtyrer anruft : « Euer Gebet möge in dieser und jener Welt

[36] Overbeck, 208, 25-209, 1.

[37] Alle Einzelheiten und Belege sind nachzulesen bei Lassus, *Sanctuaires*, 264ss, wo ausführlich der syrische Kult der Styliten und anderer Asketen behandelt wird. Über dieses Thema handelt ebenso Hendriks, *Activité* 12s.

[38] Theodoret, HR, MPG 82, 1391, 1415, 1419, 1434-1435.

[39] Theodoret, HR, MPG 82, 1335, wo von dem Eremiten Marcian berichtet wird.

[40] Cf. Vööbus, *Documents*, 32, Nr. 24. Es geht voraus eine Bestimmung über den Umgang mit Märtyrerreliquien (Nr. 22), die ebenso kritisch gehalten ist, und eine allgemeine Anordnung über den Begräbnismodus (Nr. 23).

für uns eintreten» [41], ist für diese Zeit nichts Außergewöhnliches. Neu und bisher ungewohnt ist aber, daß er sich auch an einen heiligen Bischof wendet : « Bitte für uns alle bei deinem Herrn, der an dir sein Wohlgefallen hat, damit auch wir auf dein Gebet hin teilnehmen an deiner Freude» [42]. Noch eindrücklicher ist der für ein Heiligenfest des Jahres 396 verfaßte Bittgesang des Cyrillonas : « In der Not ruf ich/deine Freunde an/daß sie für mich flehn/zu besänftigen dich/... Ihr Gebein hast du/uns zum Schatz gemacht/in die Handvoll Staub/ all dein Gut versenkt...» [43].

Es ist offensichtlich, daß der Hagiograph mit seinem Werke diesem Kult der Asketen dienen möchte. Das letzte Ziel seiner Vita ist es, Rabbula als einen Heiligen darzustellen, von dessen Grabe geistliches Leben ausgeht und dessen Fürsprache die Gläubigen gewiß sein dürfen.

Im Vergleich zu diesem gesicherten Ergebnis aller Beobachtungen über die literarische Eigenart der Vita Rabbulas ist die Frage von sekundärer Bedeutung, ob dem Hagiographen bei seiner Arbeit irgendwelche direkten Vorbilder Pate gestanden haben. Am nächstliegenden wäre es, die etwa 444 entstandenen Mönchsgeschichten der Historia religiosa Theodorets in Erwägung zu ziehen, die auch zum größten Teil in einer syrischen Version erhalten sind [44]. Zwei gewichtige Gründe sprechen aber gegen diese Vermutung, die zuerst von Schiwietz geäußert wurde [45]. Theodoret gehört zu den gemäßigten Antiochenern, die von Rabbula zwar nicht öffentlich bekämpft, aber doch mit großer Skepsis betrachtet wurden. Zudem lebten die meisten Gestalten seiner Mönchsgeschichten in nächster Nähe Antiochiens in der unmittelbaren theologischen Einflußsphäre dieser Metropole. Es ist deshalb sehr unwahrscheinlich, daß ausgerechnet der Verfasser der Vita Rabbulas sich von einem der profiliertesten Opponenten seines Heiligen das literarische Vorbild für seine Lebensbeschreibung geben ließ. Außerdem müßte dann die Entstehung

[41] Baläus, Rogationes, OVERBECK, 332, 1-2.

[42] LANDERSDORFER, 6, 43.

[43] LANDERSDORFER, 6, 11. Der syrische Text wurde ediert von G. BICKELL, *Die Gedichte des Cyrillonas nebst einigen anderen syrischen Ineditis*, ZDMG 27 (1873), 566-623, 583-584.

[44] MPG 82, 1283-1496. Zur syrischen Version cf. BAUMSTARK, *Geschichte*, 106.

[45] Cf. SCHIWIETZ, *Mönchtum*, 349.

des Werkes in eine relativ späte Zeit angesetzt werden. Es ist aber wahrscheinlicher, daß es schon in den ersten Jahren nach Rabbulas Tod, also schon vor 444, verfaßt wurde. Wäre dies nicht der Fall, könnte man auch an ein Konkurrenzunternehmen denken. Allerdings würde es sich dann um ein sehr ungleiches Verhältnis handeln. Den 28 Asketen Theodorets, denen verhältnismäßig kurze Darstellungen gewidmet sind, würde die lange und sehr ausführliche Lebensbeschreibung des Bischofs von Edessa gegenüberstehen.

Grundsätzlich muß in diesem Zeitraum damit gerechnet werden, daß die verschiedenen theologischen Richtungen auch in rivalisierenden Tendenzen des Frömmigkeitslebens und seiner literarischen Ausdrucksmittel ihre Ausprägung finden. Aus diesem Grunde besitzt eine andere Vermutung eine größere Wahrscheinlichkeit. Der Hagiograph berichtet, daß Rabbula wie Antonius sich in die Wüste zurückzog, um den Kampf mit den mannigfaltigen Gestalten Satans zu bestehen [46]. Könnte deshalb nicht die Vita Antonii des Athanasius einen gewissen Einfluß ausgeübt haben? Schon um 380 entstand in Antiochien eine lateinische Übersetzung dieser Vita durch den Presbyter und späteren Gegenbischof Evagrius [47]. Nicht viel später wird auch die uns bekannte syrische Version geschaffen sein [48]. Das Vorbild der Vita Antonii mag in erster Linie in ihrem literarischen Typus gelegen haben als Verbindung von Lobrede und Biographie [49]. Jedoch ist es nicht ausgeschlossen, daß auch einzelne Züge, wie zum Beispiel die christologischen Anschauungen, ebenso wie auf Rabbula selbst, so auch auf den Hagiographen eingewirkt haben [50]. Der enge Kontakt des Kreises um Rabbula mit der alexandrinischen Theologie legt diese Vermutung durchaus nahe.

Theoretisch besteht auch die Möglichkeit, daß eine Amphilochius von Iconium zugeschriebene, aber sicherlich unechte syrisch erhaltene

[46] Overbeck, 168, 13ss.

[47] Zu allen Details und der Literatur cf. Quasten, *Patrology*, 43-44.

[48] Ediert von Bedjan, AMS V, 1-121.

[49] Cf. A. Priessnig, *Die biographischen Formen der griechischen Heiligenlegende in ihrer geschichtlichen Entwicklung*, Münnerstadt 1924, 18-35; K. Holl, *Die schriftstellerische Form des griechischen Heiligenlebens*. Ges. Aufsätze zur Kirchengeschichte Bd.II: Der Osten. Tübingen, 1928, 249-269.

[50] Cf. infra, 142 ss die Ausführungen über Rabbulas christologische Anschauungen im Zusammenhang griechischer und syrischer Theologiegeschichte.

Lobrede auf Basilius [51] wegen einer Reihe von auffallenden Übereinstimmungen als Vorbild gedient haben kann. Wie eine eingehende Untersuchung aller in Frage kommenden Stellen zeigt, liegt aber vielmehr eine Abhängigkeit von der Vita Rabbulas vor [52]. Der syrische Panegyriker des Basilius ist also ein Zeuge für den Einfluß von Rabbulas Lebensbeschreibung auf die spätere Zeit.

Was den Autor der Vita anbetrifft, so gibt uns der Kopist des aus dem 6. Jahrhundert stammenden, in Estrangelo verfaßten Manuskriptes [53], nicht den geringsten Anhaltspunkt. Nur aus dem Text selbst läßt sich erschließen, daß es sich bei dem Hagiographen um einen Einwohner Edessas handeln muß, da er vom « Ruhm unserer Stadt » spricht [54]. Nach seiner Bildung und seinen theologischen Interessen zu urteilen, gehört er offenbar zum Klerus oder zum Stand der Mönche. Wenn aus der mehrmaligen Bezeichnung Rabbulas als « unserem Vater » [55] gefolgert werden darf, daß der Hagiograph seinen Heiligen persönlich gekannt hat, so kann sich diese Bekanntschaft doch nur auf die Zeit seines Episkopats in Edessa beziehen. Die Schilderung von Rabbulas Jugend, Bekehrung und frühen Asketentums beruht hingegen wahrscheinlich auf mündlicher Überlieferung und persönlichen Mitteilungen, auf die an mehreren Stellen angespielt wird [56].

Alle Anzeichen deuten darauf hin, daß die Vita noch zu Lebzeiten des Nestorius entstanden ist [57], auf jeden Fall während der ersten Periode des Episkopats des Ibas, noch vor seiner Absetzung durch die Synode von Ephesus im Jahre 449. Da dem Hagiographen verständlicherweise jegliche offene Polemik gegen den Nachfolger seines

[51] Ediert von K.V. Zetterstéen, *Eine Homilie des Amphilochius von Iconium über Basilius von Caesarea*, in : Festschrift E. Sachau, Berlin 1915, 223-247. Die Übersetzung ebenso von Zetterstéen in OC 31 (1934), 67-98.

[52] Cf. die Beweisführung bei Vööbus, *Verhältnis*, 40-45.

[53] Cf. die Beschreibung des Manuskriptes bei Overbeck, XVIII und bei Wright, II, 651-652.

[54] Overbeck, 159, 6.

[55] Overbeck, 200, 16; 202, 16; 208, 26.

[56] Overbeck, 162, 8; 168, 22.

[57] Overbeck 200, 10-14 wird von der Exkommunikation des Nestorius durch die versammelten Bischöfe berichtet : « ...indem er für das gerechte Gericht Gottes aufbewahrt wurde, vor dem er sich einst mit seinen Anhängern wird verantworten müssen ». Nestorius ist also noch am Leben.

verehrten Heiligen verwehrt ist, bringt er seine Kritik und Opposition um so eindrücklicher durch sein absolutes Schweigen über Ibas und die von ihm geförderte «Schule der Perser» zum Ausdruck. Diese indirekte Polemik des Schweigens ist auch in der summarischen Darstellung der christologischen Streitigkeiten enthalten [58], denn diese Schilderung will der wahren Rechtgläubigkeit einen Maßstab setzen und muß auf dem Hintergrund der christologischen Position des Ibas gesehen werden. Von daher dürften sich auch die verhältnismäßig extremen Formulierungen erklären lassen.

Es ist deshalb nicht ausgeschlossen, daß der Autor der Vita mit jenen Kreisen in Verbindung gestanden hat, die unter der Führung des Mönches Barsumas gegen Ibas die öffentliche Anklage wegen Irrlehre und Veruntreuung von Kirchengütern erhoben. Als ihre Anführer daraufhin von Ibas aus dem Klerikerstand ausgestoßen werden und sie beim Patriarchen Domnus in Antiochien kein Gehör finden, wenden sie sich nach Konstantinopel, um dort an höchster Stelle ihre Anklagen weiter zu vertreten [59]. Die extremen, von dem Unionsbekenntnis des Jahres 433 völlig unberührten christologischen Anschauungen des Hagiographen sind wahrscheinlich aus der engen Verbindung zu erklären, die zwischen diesen opponierenden Mönchskreisen und Alexandrien bestand. Es ist bekannt, daß einige ihrer Vertreter sogar zu Dioskur reisten, um Bundesgenossen gegen Ibas, Domnus und Theodoret zu gewinnen [60]. Obwohl uns also keine biographischen Einzelzüge des Hagiographen bekannt sind, sind uns doch die Konturen seines theologischen Profils erkennbar.

II. Rabbulas Jugend, Bekehrung und frühes Asketentum in der Darstellung seines Hagiographen

Die Darstellung von Rabbulas Jugend nimmt in seiner Lebensbeschreibung einen verhältnismäßig kleinen Raum in Anspruch [1]. Rabbula wurde in Qennešrīn, dem griechischen Chalcis ad Belum geboren, das einige Wegstunden südlich von Beroea (Aleppo, Ḥalab)

58 Cf. *infra* das Kapitel IV.

59 Zu den Quellenbelegen cf. *infra*, 197, n. 4-6.

60 Cf. *infra*, 197, n. 7 die betreffende Belegstelle.

1 Overbeck, 160-161.

gelegen ist [2]. Seine Mutter war Christin, sein Vater aber ein heidnischer Priester, der beim Durchzug Julians zu der persischen Grenze bei der Darbringung von Opfern durch den Kaiser beteiligt gewesen sein soll [3]. Die Richtigkeit dieser Nachricht kann kaum durch das Argument bezweifelt werden, daß die Route Julians nicht direkt über Qennešrīn führte [4]. Es ist durchaus denkbar, daß der Vater Rabbulas auch im benachbarten Beroea an einer Opferhandlung teilnahm.

Das Verhältnis der Eltern Rabbulas zueinander ist gekennzeichnet durch eine aktive Toleranz. Heidentum, und zwar intensiv praktiziertes Heidentum, und ein gelebtes Christentum stehen in dieser Ehe spannungsvoll nebeneinander, sodaß jeder versucht, den anderen zu seinem eigenen Glauben zu bekehren. Der stärkere Teil scheint allerdings die Mutter gewesen zu sein, die ihren Sohn einer gläubigen Amme anvertraut [5]. Die Erziehung des heranwachsenden Knaben in seiner Vaterstadt geschah wohl im Rahmen der allgemeinen, am Hellenismus orientierten Bildung der gehobenen heidnischen Gesellschaftskreise der damaligen Zeit [6]. Die Volkssprache war syrisch, während die gebildeten Kreise das Griechische pflegten. Obwohl er von Jugend auf des Griechischen mächtig war, hat Rabbula während seines ganzen Lebens syrisch gesprochen [7].

Es ist kaum anzunehmen, daß auf dem Gebiet der Erziehung und Bildung spezifisch christliche Einflüsse auf Rabbula wirksam geworden sind. Hier bestand noch ein ungebrochenes Monopol des Heidentums, das selbst am Ende des 4.Jahrhunderts noch nicht christianisiert worden war.Aber auch von der christlichen Gemeinde

[2] Zur geographischen Lage und Bedeutung von Chalcis cf. DUSSAUD, *Topographie*, 181ss und 476-477.

[3] OVERBECK, 160, 13-16.

[4] Gegen PEETERS, *Rabboula*, 141. Zum Zug Julians cf. F. CUMONT, *La marche de l'empereur Julien d'Antioche à l'Euphrate*, Études syriennes. Paris, 1917, 1-33 und M.F.A. BROK, *De perzische expeditie van Keizer Julian.* Groningen, 1959.

[5] OVERBECK, 160, 24-25. Was diese besondere Rolle der Mutter anbetrifft, so liegt eine gewisse Ähnlichkeit vor mit dem Verhältnis, das zwischen Augustin und seiner Mutter Monika bestand. Es handelt sich hier um eine einfache Sachparallele. Cf. den mir leider nicht zugänglichen Aufsatz in Hervormde Theol. Stud. (Pretoria) 4 (1947), 95-117.

[6] OVERBECK, 160, 25-27.

[7] Noch in seiner 428 in Konstantinopel gehaltenen Predigt bezeichnet sich Rabbula als Mann vom Lande, der meistens syrisch spricht, cf. OVERBECK, 241, 12.

der Stadt scheint kein direkter Einluß ausgegangen zu sein. Dies ist um so erstaunlicher, da in Qennešrīn eine durchaus rege und bedeutende Gemeinde bestand. Von dem Acacius von Beroea unterstehenden Chorbischof Balaeus ist uns ein längeres Gedicht anläßlich der Einweihung der Kirche in Qennešrīn erhalten [8]. Einzig und allein von mütterlicher Seite gehen starke christliche Impulse aus. Es gelingt schließlich der Mutter, ihren Sohn zu bewegen, eine Christin zur Frau zu nehmen. Aber auch Mutter und Gattin zusammen bleibt der Erfolg bei ihrem Bemühen um Rabbulas Bekehrung versagt.

Inzwischen war Rabbula auch in eine hohe Staatsstellung gelangt, die ihm vom Kaiser verliehen wurde [9]. Es ist auffallend, daß der Hagiograph bis zu diesem Zeitpunkt nur sehr summarisch über sein Leben berichtet. Es werden uns weder Namen, noch Daten, noch sonstige konkrete historische Anhaltspunkte gegeben. Es wäre jedoch müßig, darüber zu rätseln, aus welchem Grunde hier so knapp verfahren wird. Von der Intention des Werkes her kann die vorchristliche Vergangenheit des Heiligen kein weitergehendes Interesse beanspruchen. Erst von seiner Bekehrung an werden mehr Details berichtet.

Bei einem Besuch seiner Güter in der Nähe von Qennešrīn hört Rabbula von dem Klausner Abraham und wird Augenzeuge einer von ihm gewirkten Wunderheilung [10]. Um was für einen Abraham handelt es sich hier? Aus chronologischen Gründen ist es schwierig, ihn mit dem späteren Bischof von Carrhae (Ḥārān) zu identifizieren, der in der Wüste von Chalcis lebte und dessen Lebensgeschichte

[8] Ediert bei Overbeck, 251-258.

[9] Overbeck, 161, 4-5. Peeters, *Rabboula*, 142 findet es höchst merkwürdig, daß der Name des Kaisers nicht genannt wird, dem Rabbula diese Beförderung zu verdanken hat, und er bezweifelt deshalb überhaupt den Wahrsheitsgehalt der Nachricht. Aber ist es wirklich so erstaunlich, daß in einer halbheidnischen Gesellschaft auch noch Heiden Staatsämter erhielten? Der Spott von Lagrange, *Rez. Peeters*, 122 über die allzu spitzfindige Skrupolosität von Peeters dürfte berechtigt sein. Selbst in Rom war es bis zum Ende des 4.Jahrhunderts noch üblich, daß Heiden wichtige Staatsämter innehatten, cf. B. Kötting, *Christentum und heidnische Opposition in Rom am Ende des 4.Jahrhunderts* (Schriften der Gesellschaft zur Förderung der Westfälischen Wilhelmsuniversität zu Münster 46), Münster, 1961.

[10] Overbeck, 161, 6ss. Dieser Abraham ḥebīšā hatte seine Niederlassung bei « der Grenze eines seiner Felder ». Damit ist wahrscheinlich die Grenzlinie zwischen dem fruchtbaren und kultivierten Land um Chalcis und der ihm angrenzenden Wüste gemeint.

Theodoret berichtet [11]. Wir haben es hier wahrscheinlich mit einem anderen Abraham zu tun, der in unmittelbarer Nähe des Einsiedlers Marcian seinen Wohnsitz hatte und mit diesem wegen des Ostertermins in Streit geriet [12]. Von ihm geht der erste Anstoß aus, der Rabbula an seinen heidnischen Göttern zweifeln läßt. Seine Mutter kann nun eine Begegnung mit Eusebius, dem Bischof der Stadt, vermitteln [13]. Dieser wendet sich an seinen Kollegen Acacius von Beroea [14], und beide führen mit Rabbula ein Glaubensgespräch, das der Hagiograph in Form eines kurzen Dialogs wiedergibt, bei dem allerdings Eusebius ganz in den Hintergrund tritt [15].

Das Thema dieses Gesprächs ist die philosophisch klingende Fragestellung nach der Möglichkeit, die Wahrheit und den Irrtum zu erkennen. Die Diskussion wird aber von Acacius jäh abgeschnitten, indem er unvermittelt Rabbula auffordert, an Jesus Christus zu glauben und dadurch die Wahrheit zu erkennen. Auf die Frage, wie dies geschehen könne, erhält er den Rat, sich des eigenen Wissens

[11] THEODORET, HR, XVII, MPG 82, 1420-1425. Ebenso erwähnt Theodoret diesen Abraham in seiner Kirchengeschichte IV, 268, 9. Zu den chronologischen Fragen cf. PEETERS, *Rabboula*, 144, der auch darauf hinweist, daß hier schon die Biographie Abrahams mit der dem Ephräm zugeschriebenen Vita Abrahams von Qīdūnā legendär verwoben wurde und auch der Hagiograph sich nicht mehr über den wahren Zusammenhang bewußt ist. Diese ganze Problematik erübrigt sich jedoch, wenn hier der in der Gesellschaft Marcians zu findende Abraham gemeint ist, der der Datierung der Bekehrung Rabbulas um etwa 400 keine unüberwindlichen Schwierigkeiten bereitet.

[12] Cf. THEODORET, HR, III, MPG 82, 1336ss.

[13] OVERBECK, 162, 14ss. Im Weihegedicht des Balaeus auf das neuerbaute Gotteshaus in Qennešrīn heißt es : « Lang möge der Priester leben, der es erbaut hat... » (OVERBECK, 253, 21-22). Wahrscheinlich ist hier der Bischof Eusebius gemeint.

[14] Eusebius und Acacius wurden 378 von Eusebius, dem Bischof von Samosata, konsekriert, cf. THEODORET, HE, V 4; 283, 1-5. Der Hagiograph bemerkt über sie : « Beide waren Brüder in Christus und hatten in dem ehrwürdigen Kloster gemeinsamen Unterricht bekommen » (OVERBECK, 162, 22-24). Nun berichtet aber THEODORET, HR, II, MPG 82, 1313, daß Acacius ein Schüler des Julian Saba gewesen sei. Eusebius wird dabei nicht erwähnt. Hingegen hatte der später erwähnte Marcian, den Rabbula besuchte, einen Schüler namens Eusebius (cf. THEODORET, HR, III, MPG 82, 1336). Dies berechtigt aber noch nicht zu der Vermutung von PEETERS, *Rabboula*, 144, daß wegen dieser Namensgleichheit der Hagiograph sowohl Acacius wie auch Eusebius zu Schülern des Marcian avanciert habe (cf. infra !), zu dem sie Rabbula bringen. Das Kloster, in dem beide erzogen wurden, und die Wohnstätte Marcians können doch auf keinen Fall in den Augen des Hagiographen identisch gewesen sein !

[15] OVERBECK, 162, 26-163, 23.

zu entäußern und sich das Bedürfnis nach echter Wahrheitserkenntnis anzueignen. Schließlich mischt sich Eusebius in das Gespräch ein und antwortet Rabbula : « Wenn du das beständige Andenken Jesu aufnimmst und bei dir wohnen läßt, so werden alle in dir kämpfenden bösen Geister ihn anschauen und aus dir fliehen, wie die Finsternis vor den Strahlen des Lichtes schwindet » [16].

Form und Inhalt dieses Dialogs zeigen, daß wir es mit einer nachträglichen Konstruktion zu tun haben, der aber mit Sicherheit die historische Tatsache zugrunde liegt, daß ein intensives Glaubensgespräch zwischen Rabbula, Eusebius und Acacius stattgefunden hat. Die Thematik dieses Gesprächs dürfte noch in der lebendigen Erinnerung Rabbulas haften geblieben sein, sodaß er sie an den Hagiographen weitergeben konnte. Sie ist keineswegs als imaginär anzusehen, denn es ist durchaus wahrscheinlich, daß Rabbula eine gewisse philosophische Bildung besaß. Die Fragestellung nach dem Verhältnis von Wissen und Glauben ist für ihn immer akut geblieben, bis zu seiner Rede in Konstantinopel, wo er dieses Thema ausführlich behandelte [17].

Die Wahrheitsfrage ist aber nur der Ausgangspunkt der Diskussion. Sie findet ihre Antwort und Lösung durch die Annahme und die Einwohnung der ܥܘܗܕܢܐ/ἀνάμνησις Jesu im Gläubigen, durch die der Sieg über die bösen Geister errungen wird. Wie ist dieser Gedanke zu verstehen? Offenbar steht im Hintergrund die frühsyrische asketisch-mystische Vorstellung, daß die Nachfolge und Imitatio Christi zu einer inneren Wesenseinheit, ja zu einer Identifikation mit Christus führen werde. Der Würdename Jesu ܝܚܝܕܝܐ, der « Einzigartige », der « Einzig-Geborene », wurde deshalb auf den Anachoreten übertragen [18]. Wenn nun von der Einwohnung der Anamnesis Jesu gesprochen wird, haben wir es mit einer Modifikation und einer Distanzierung von dieser urtümlichen Identifikationsmystik zu tun. Der Gedanke der Imitatio wird festgehalten; es wird zugleich aber auch die bleibende Distanz zwischen Christus und seinen Gläubigen

[16] OVERBECK, 163, 20-23.

[17] Cf. infra das Kapitel über die Rede in Konstantinopel.

[18] Diese Einsicht verdanken wir ADAM, *Grundbegriffe*, der sich in seiner Untersuchung besonders auf den Sprachgebrauch Aphrahats bezieht. Zur Diskussion und zu den Belegstellen cf. ebenso NAGEL, *Motivierung*, 14-15.

bedacht. Die Terminologie von der Anamnesis begegnet uns nicht nur in den Einsetzungsworten des Heiligen Mahles, sondern markiert auch eines der zentralen Probleme der Theologie des 4. Jahrhunderts, nämlich die Frage, wie das einmalige historische Heilswerk Christi in der Gegenwart präsent werden kann [19]. Es ist deshalb durchaus möglich, daß in der Ausdrucksweise des Hagiographen ein sakramentaler Sinngehalt mitschwingt, der den Grundgedanken der Imitatio ekklesiologisch nuanciert.

Durch die Bezugnahme auf den Kampf mit den Dämonen ist dann ein Thema angeschlagen, das ein wichtiges Motiv der asketischen Lebensführung Rabbulas nach seiner Bekehrung ausmacht. Ganz klar ist hier ausgesprochen, daß niemals durch eigene Anstrengungen, sondern nur durch die Einwohnung des Gedächtnisses Jesu in dem Gläubigen der Sieg in diesem Kampf errungen werden kann.

So enthält das Gespräch mit Eusebius und Acacius wichtige theologische Gesichtspunkte, unter denen die weitere Entwicklung Rabbulas gesehen werden kann. Trotz aller programmatischen und konstruierten Elemente kann es durchaus einen historischen Wahrheitskern enthalten.

Eine unmittelbare Frucht dieses Glaubensgespräches ist der Entschluß Rabbulas, die Märtyrerkapelle des Cosmas und Damianus zu besuchen [20]. Das Grab lag in der Nähe von Cyrrhus, etwa eine Tagereise nördlich von Beroea, und wurde als der älteste Kultort der beiden Heiligen im syrischen Raum nachgewiesen [21]. Offenbar soll die Anrufung der beiden Märtyrer um Fürsprache seinen Glauben erwecken und stärken. An dem Gedächtnisort wird Rabbula Augenzeuge einer Blindenheilung, und er erlebt an sich selbst ein Zungenwunder, indem er öffentlich Gott, den Vater, und den Sohn und den Heiligen Geist laut zu preisen beginnt [22]. Das Schema der antiken Thaumaturgie ist in dieser Schilderung vollständig verlassen. Das Wunder eines ersten öffentlichen Lobpreises des dreieinigen Gottes

[19] Zu diesem Thema cf. Blum, *Eucharistie*, 44ss.

[20] Overbeck, 163, 25-26.

[21] Zur Topographie von Cyrrhus cf. Dussaud, *Topographie*, 470ss. Über alle Einzelheiten der Entstehung des Kultes von Cosmas und Damianus und dieses Wallfahrtsortes cf. H. Delehaye, *Les origines du culte des martyrs*, 2. ed. Brüssel 1933, 190; P. Peeters, *Le tréfonds oriental de l'hagiographie byzantine*, SH 26 Brüssel 1950, 65-67; 144-146; Kötting, *Peregrinatio*, 214ss.

[22] Overbeck, 164, 3-5.

ist allein aus christlichen Motiven zu verstehen. Durch dieses Geschehnis soll die Erneuerung des urchristlichen Charismatikertums in der Gegenwart demonstriert werden [23]. Rabbula wird gezeigt als ein vom Geist Ergriffener, der schon vor seiner Taufe auf unfaßbare Weise die Trinität bekannte.

Nach diesem Erlebnis in der Märtyrerkapelle des Cosmas und Damianus kehrt Rabbula zu Acacius zurück und wird von ihm zusammen mit Eusebius zu dem «Kloster» des Klausners Marcian und des schon erwähnten Abraham gebracht [24]. Marcian ist einer der Hauptbegünder der monastischen Bewegung in der Wüste von Chalcis und wird von Theodoret einer ausführlichen Lebensbeschreibung gewürdigt [25]. Im Vergleich zu ihm scheint Abraham eine untergeordnete Rolle zu spielen. Es ist aber bemerkenswert, daß beide hier zusammen genannt werden. Vielleicht hatte Abraham seine Wohnstatt in der Nähe der Niederlassung Marcians. Aus dieser räumlichen Nähe läßt sich die von Theodoret berichtete Auseinandersetzung zwischen den beiden über den Termin des Osterfestes erklären [26].

[23] Nagel, *Motivierung*, 69-75 überschreibt ein Kapitel « Der Asket als Pneumatophoros ». Allerdings gehört zu den von Nagel angeführten Beispielen kein Zungenwunder. Das vom Hagiographen berichtete Geschehnis scheint also keine Vorläufer in der monastischen Traditionsgeschichte zu haben.

[24] Overbeck, 164, 15-17. ܕܝܪܐ meint hier eher eine « Behausung » als ein « Kloster » im späteren Sinne, denn ܐܬܚܒܫ bezeichnet das Sichabschließen. Trotzdem ist nicht unbedingt die Vorstellung eines absoluten Anachoretentums mit beiden Ausdrücken verbunden. Wie wir unten sehen werden, kann es sich auch um kleinere Gemeinschaften handeln, in denen der Einzelne seine Askese betreibt.

[25] Theodoret, HR III, MPG 82, 1324-1340. Marcian steht in solch hohem Ansehen, daß ihm fromme Verehrer in Chalcis und Cyrrhus schon zu seinen Lebzeiten Kapellen errichten (MPG 82, 1335). Um dieser Aufdringlichkeit zu entgehen, verfügt Marcian, daß sein Grab 50 Jahre verborgen bleiben soll. Theodoret berichtet dann auch über die Exhumierung seiner sterblichen Überreste und ihre Translation nach Chalcis (MPG 82, 1337). Hieraus schließt Peeters, *Rabboula*, 144, daß Marcian schon vor 390 gestorben sein muß, da die Mönchsgeschichte Theodorets 444-445 geschrieben wurde. Diese Schlußfolgerung ist jedoch nicht unbedingt stichhaltig, da es durchaus möglich ist, daß die Gebeine schon nach einer kürzeren Frist zur Verehrung freigegeben wurden. Dann könnte Marcian erst nach 400 gestorben sein. Theodoret berichtet auch in der Lebensbeschreibung Marcians einen Besuch der beiden Bischöfe Eusebius und Acacius (MPG 82, 1332). Vielleicht handelt es sich hier um den Besuch, den der Hagiograph erzählt. Daß Rabbula nicht erwähnt wird, ist aus naheliegenden Gründen verständlich.

[26] Cf. supra, n. 12.

In Gegenwart der beiden Bischöfe und Asketen legt Rabbula das Gelübde ab, das seinen Entschluß fixiert, das monastische Leben auf sich zu nehmen. « Weil ich fest auf den Herrn hoffe und an den Sohn Gottes glaube, gelobe ich mich ganz Gott an und werde vollständig die Welt verlassen und ungeteilt Gott nachfolgen und mich wie ihr in ein Kloster einschließen » [27]. Offenbar haben wir hier eine feststehende Gelöbnisformel vor uns, die bei der Annahme des monastischen Lebens vor mehreren Zeugen gebraucht wurde. In dieser Formel wird der tiefste Beweggrund der Nachfolge in eschatologischer Perspektive gesehen [28], ihre Realisierung ist identisch mit der Weltentsagung und diese wird praktiziert durch das monastische Leben.

Nach dem Gelübde bekundet Rabbula seine Absicht, eine Pilgerreise in das Heilige Land zu unterrnehmen und sich bei dieser Gelegenheit taufen zu lassen. « Auch verlangt mich, nach Jerusalem zu gehen, um die heiligen Stätten zu sehen und mich im Jordan taufen zu lassen, wo sich auch Christus uns zum Vorbild taufen ließ » [29]. Es ist auffallend, daß erst an das monastische Gelübde sich das Taufbegehren anschließt. In dieser Reihenfolge kommt wahrscheinlich noch die für das frühe syrische Christentum charakteristische enge Verbindung zwischen Taufe, Weltentsagung und Ehelosigkeit zum Ausdruck. Wenn auch kaum die Ehelosigkeit als absolute Vorbedingung für den Empfang des Sakraments angesehen wurde [30], so hatte das syrische Taufverständnis doch immer eine starke Tendenz auf die völlige Askese [31]. Natürlich sind im 5.Jahrhundert, im Zeitalter der Massenkirche, die alten rigorosen Anschauungen nicht mehr im vollen Maße praktizierbar. Sie sind aber auch keineswegs vollkommen aufgegeben und üben weiterhin einen nicht zu unterschätzenden Einfluß auf die Gesamtkonzeption des christlichen Glaubens aus.

27 OVERBECK, 164, 19-23.

28 Es ist jedoch klar, daß dieses eschatologische Motiv nicht mehr in der Erwartung des Endes besteht, sondern in der Hoffnung auf das zukünftige Heil.

29 OVERBECK, 164, 23-26.

30 Dies wurde überzeugend nachgewiesen von H. KOCH, *Taufe und Askese in der alten ostsyrischen Kirche,* ZNW 12 (1911), 37-69, der besonders die Homilien Aphrahats auf diese Frage hin untersucht.

31 Alles verfügbare Material ist noch einmal gesammelt und ausführlich diskutiert von A. VÖÖBUS, *Celibacy, a requirement for admission to baptism in the early Syrian church,* PapETSE 1 Stockholm, 1951.

Ebenso traditionell und in der syrischen Frömmigkeitsgeschichte verankert sind die theologischen Motive für den Wunsch einer Taufe im Jordan. Es ist die Sehnsucht einer Imitatio des historischen Jesus, so müßte man es in moderner Terminologie ausdrücken, die hier im Hintergrund steht. Weil Jesus der 'Typus' des Gerechten und Frommen ist, gilt es als erstrebenswert, daß die Taufe an historischer Stätte vollzogen wird. Das Sakrament ist so als Initiation der Nachfolge verstanden, vielleicht sogar als nachträgliche Bestätigung des monastischen Gelübdes.

An der historischen Tatsache einer Reise Rabbulas in das Heilige Land kann kaum gezweifelt werden. Solche Pilgerfahrten waren in dieser Zeit durchaus häufig und aus viel entfernteren Gegenden üblich, wie uns der Bericht der Aetheria beweist, der etwa im letzten Jahrzehnt des 4.Jahrhunderts geschrieben wurde [32]. Allerdings erfahren wir über Einzelheiten dieser Wallfahrt durch den Hagiographen sehr wenig. Es wird nur kurz und bündig berichtet, daß Rabbula Golgatha, das Grab des Herrn, die Geburtsgrotte und die Himmelfahrtskirche besuchte [33], eine Route die in der Abfolge der einzelnen Stationen durchaus üblich war.

Ausführlicher wird die Taufe im Jordan geschildert, die zur damaligen Zeit einer weitverbreiteten Sitte entsprach [34]. Ihr Ritus besteht aus

[32] Cf. die Ausgabe und den Kommentar von H. Pétré, *Die Pilgerreise der Aetheria*, Klosterneuburg 1958. Über christliche Wallfahrten ins Heilige Land im Zeitalter nach Konstantin dem Großen berichtet ausführlich Kötting, *Peregrinatio*, 89ss.

[33] Overbeck, 165, 1-3. Eine eindrucksvolle Beschreibung dieser Lokalitäten in ähnlicher Reihenfolge findet sich bei *Breviarius de Hierosolyma*, CSEL 39, ed. P. Geyer, 1898, 151-155, p. 151, 4ss: « Et inde intras in ecclesiam sancti Constantini. Magna ab occidente est absida ubi inventae sunt tres cruces... Et intras in Golgatha. Est ibi atrium grande, ubi crucifixus est Dominus. In circuitu in ipso monte sunt cancellae argenteae... Inde ad occidentem intras sanctam resurrectionem, ubi est sepulcrum Domini, ubi est ante ipso ille lapis, genus silicis. Supra ipsum est ecclesia in rotundo posita... ». Weitere Einzelheiten über die Grabeskirche bei H. Vincent-F.M. Abel, *Jérusalem, recherches de topographie, d'archéologie et l'histoire*, Vol. II, Paris 1926, 99-300 und G. Stuhlfauth, *Um die Kirchenbauten Konstantins des Großen auf Golgatha*, ZKG 60 (1941), 332-340. Über die Kirche auf der Höhe des Ölbergs, das 'Imbomon', die Himmelfahrtskirche cf. Vincent-Abel, *op. cit.* 301-419 und Kötting, *Peregrinatio*, 99. Über die Geburtsgrotte in Bethlehem und die über ihr erbaute Basilika cf. F.M. Abel, *Bethléem, la sanctuaire de la nativité*, Paris 1914 und Kötting, *Peregrinatio*, 101ss.

[34] Über diese Sitte cf. Eusebius' Werke Bd. I, GCS 7 ed. J.A. Heikel, 1-148: *Über das Leben Konstantins*, IV 62; p. 143, 9-11.

dem Glaubensbekenntnis, der Salbung und dem Taufakt [35]. Dabei ist der Täufling mit einem weißen Gewand bekleidet « nach der Gewohnheit der geistlichen Verlobten Christi » [36]. Die allgemeine altkirchliche Typologie dieses Sakraments, die symbolisiert wird durch das weiße Taufgewand, wird also hier weitergehend interpretiert als mystisch-bräutliche Vereinigung mit Christus.

In einem ähnlichem Sinne ist auch das Wunder zu verstehen, das sich unmittelbar anschließt, als Rabbula das Wasser verläßt und sein ganzes Gewand « auf allen Seiten glänzend von der einzigartigen Farbe des Blutes Christi in dem Zeichen von Kreuzen » erschien [37]. Obwohl Rabbula der Märtyrertod nicht vergönnt war, ist hier eine letztmögliche Christusgleichheit gemeint, die nach der Meinung des Hagiographen auch von einem vollkommenen Asketen erreicht werden kann [38] und der Ablösung des Märtyrerkultes in Syrien durch

[35] Overbeck, 165, 5-6. Damit erfahren wir leider nichts Spezielles über den syrischen Taufritus oder das syrische Taufverständnis. Eines der ältesten Zeugnisse hierfür ist ein Gedicht auf die Taufe, verfaßt von Narses, dem Leiter der Schule von Edessa nach dem Tode Rabbulas, cf. A. Guillaumont, *Poème de Narsai sur le baptême*, OrSyr 1 (1956), 189-207. Zu dem späteren syrischen Taufritus cf. H. Denzinger, *Ritus Orientalium Coptorum, Syrorum et Armenorum in administrandis sacramentis*... Tom. I, 2. ed. Graz 1961, 266ss die Beschreibung des jakobitischen Ritus.

[36] Overbeck, 165, 8. Dererlei Brautmystik ist uns aus der monastischen Tradition nicht bekannt, es sei denn, man denke an apokryphe Evangelien, wie z.B. Logion 76 des Thomasevangeliums: « Viele stehen vor der Türe; aber (ἀλλά) es sind (nur) die Einsiedler (μοναχός), die in das Brautgemach eintreten werden », cf. J. Leipoldt-H.M. Schenke, *Koptisch-gnostische Schriften aus den Papyrus-Codices von Nag-Hamadi übersetzt und erklärt*. Hamburg 1960, 21.

[37] Overbeck, 165, 9-11. Der Bericht über zahlreiche Mirakel zu Epiphanias, dem Gedächtnistag der Taufe Jesu, an seiner Taufstelle bei *Antonini Placentini itinerarium*, CSEL 39; p. 166, 17ss.

[38] Insofern ist die Tauferscheinung nicht, wie Köhler, *Literatur*, 277 meint, sinnlos oder eine übertreibende schriftstellerische Ausschmückung. A. Adam, *Der Monachos-Gedanke innerhalb der Spiritualität der Alten Kirche*, in: Glaube, Geist, Geschichte, Festschrift E. Benz, hrsg. G. Müller/W. Zeller, Leiden 1967, 259-265, 259 macht aufmerksam auf die Mumie des hl. Stephanus im Beinhaus des Katharinenklosters auf dem Sinai, deren Kleid das Zeichen des Kreuzes trägt, und bemerkt in diesem Zusammenhang: « Das Geheimnis der Mönche ist in der Ausgestaltung des 'großen Mönchskleides' deutlich ausgesprochen: die Zeichen Christi sind auf ihm zu sehen, — nämlich das Kreuz, die Inschrift INRI und die Siegelworte des eucharistischen Brotes *IΣ XΣ NI KA*, 'Jesus Christus ist Sieger'. Gemäß den Vorstellungen der alten Welt besagen die Symbole die pneumatische Identifikation des Mönches mit Christus und sind in dem Titel 'Christophoros' verdeutlicht. Auch die Benennung des Mönchsgewandes

den Kult der Asketen entspricht. Nach seiner Taufe wird Rabbula « teilhaftig der heiligen Mysterien des Fleisches und Blutes unseres Herrn und erfüllt von jedem göttlichen Mysterium kehrte er in seine Stadt zurück... » [39]. Mit dieser Notiz wird der Abschnitt über die Taufe Rabbulas abgeschlossen und der Hagiograph wendet sich nunmehr der Schilderung seines monastischen Lebens zu.

Zuerst wird berichtet, wie Rabbula in Erfüllung seines Gelübdes eine radikale Weltentsagung übt, indem er sich seines ganzen Besitzes entäußert und sogar jegliche Bindung an seine Familie aufgibt. Der ganze Abschnitt [40] liest sich wie ein Kommentar aus dem Leben Rabbulas zu einer Auswahl von Herrenworten aus Mt. 13 und 19, die als gemeinsamen Nenner die Absage an die Welt und ihre Güter zum Inhalt haben. Der erbauliche und biblische Skopus der Lebensbeschreibung tritt hier besonders deutlich in Erscheinung. So wird der Verkauf all seiner Habe motiviert durch das Gleichnis von der Perle [41]. Indem sich Rabbula von seinem Besitz trennt, möchte er der Sorge der Welt und dem Streben nach Reichtum entgehen, die beide den Samen des Wortes Gottes im Herzen wie Dornen und Disteln ersticken [42]. Hat hier die Erklärung zum Gleichnis vom vierfachen Ackerfeld als Vorlage gedient, so läßt sich das Zitat des Herrenwortes « Wer nicht alles, was er besitzt, verläßt, der kann nicht mein Jünger sein » [43] in dieser Form nicht belegen. Es handelt sich um eine Radikalisierung der Aussage des Evangeliums über die Weltentsagung, die aufschlußreich ist für das Schriftverständnis des Hagiographen.

Der Verkauf der Landgüter wird weiterhin motiviert durch die Aufforderung Jesu an den reichen Jüngling, alles zu verkaufen und

mit *ῥάσα* ist so zu erklären, da der syrische Begriff rāzā sein Äquivalent in *μυστήριον* (sacramentum) hat und der spezifische Begriff für das Altarsakrament ist ». Zur kritischen Distanzierung von dieser Identifikationsmystik, cf. supra, 18-19.

[39] Overbeck, 165, 15-17. ܐܪ̈ܙܐ tritt hier auf in der Bedeutung von Symbol, Zeichen, Mysterium und Sakrament. Auffallend ist der pluralische Gebrauch in bezug auf die Eucharistie. Ob bei dem Nachsatz neben dem Abendmahl noch andere heilige Handlungen gemeint sind, muß dahingestellt bleiben. Zum theologischen Verständnis des Ausdrucks cf. infra, 123.

[40] Overbeck, 165, 20-167, 3.

[41] Overbeck, 165, 20-25 = *Mt. 13, 45-46.*

[42] Overbeck, 166, 3-10 = *Mt. 13, 22-23.*

[43] Overbeck, 166, 11-12.

den Armen zu geben, um einen Schatz im Himmel zu erwerben. Der Gedanke vom Schatz im Himmel wird dann phantasievoll in finanztechnischer Terminologie ausgesponnen, er ist ein Kapital, das Zinsen bringt [44].

Für die Entlassung der Sklaven, die er zum Teil unterrichtet und in Klöster eintreten läßt [45], werden keine biblischen Analogien angeführt. Hingegen wird die unbarmherzig erscheinende Handlungsweise, seiner Mutter und seiner Gattin allen Besitz zu nehmen und seine noch unmündigen Kinder nach einem kurzen Unterricht in Klöster zu schicken [46], ebenso mit einem radikalen Worte Jesu über das Verlassen der Familie um seines Namens willen gerechtfertigt [47].

Als historischer Kern dieses Kommentars ist anzunehmen, daß tatsächlich Mutter, Gattin und Kinder den gleichen Weg wie Rabbula gingen. Die Bemerkung, daß die Mutter sich freute, als ihr Sohn ihr allen Besitz nahm [48], um sie zur völligen Hingabe zu ermutigen, dürfte nicht übertrieben sein. Auch sie konnte nun völlig eintreten in die Nachfolge des Herrn, « sie nahm das Joch Christi auf sich » [49]. Gleicherweise ihr Sohn : « Er nahm nach dem Gebote Christi heimlich sein Kreuz auf sich und folgte ihm vollkommen nach » [50]. Für den Hagiographen liegt in dieser Kreuzesnachfolge der tiefste Grund der Weltentsagung Rabbulas. Der Glaubende lebt seinem Herrn nach in der Armut und im Leiden und erfährt dadurch seine Gemeinschaft. Die 'Imitation' des Erniedrigten und Gekreuzigten ist das höchste Ziel aller Askese, in der sich der christliche Glaubensvollzug verwirklicht. Wir haben es hier mit Grundelementen der monastischen Spiritualität überhaupt zu tun, die jedoch in der Geschichte des syrischen Christentums besonders ausgeprägt sind [51].

44 Overbeck, 166, 14-17 = *Mt. 19, 21.*

45 Overbeck, 166, 17-20.

46 Overbeck, 166, 20-23.

47 Overbeck, 166, 25-167, 1 = *Mt. 19, 29.*

48 Overbeck, 166, 21.

49 Overbeck, 166, 21-22 = *Mt. 11, 29.*

50 Overbeck, 167, 2-3 = *Mt.* 16, *24.* Bei der Modifikation des vorliegenden Jesuswortes werden bezeichnenderweise die Worte « heimlich » und « vollkommen » eingefügt.

51 Cf. Nagel, *Motivierung*, 14 die eindrucksvollen Belegstellen aus den Homilien Aphrahats über die Armuts-und Leidensnachfolge ; weitere Belege und Darlegungen bei J.P.M. van der Ploeg, *De spiritualiteit der syrische monniken*, in : *Vosterse Spiritualiteit*, Nymwegen 1960, 229-240. Ebenso ist hier die größere Arbeit dieses Autors zu erwähnen :

Das programmatische Wort aus der Einleitung zu diesem Abschnitt vom Finden der Seele und dem Erwerb des Lebens [52] wird auf diesem Wege der Absage an die Welt realisiert. Es geht dabei zugleich um das Ziel der ewigen Gerechtigkeit [53]. Daß das Verlassen dieser Welt mit ihren Gütern und lieben Menschen aber auch in bezug auf die Welt nicht nur als ein negativer Vorgang aufgefaßt wird, zeigt sich an der auffallenden Betonung des Almosengebens. Hier wird das soziale Motiv der christlichen Askese sichtbar [54]. Die Entsagung der Welt geschieht nicht nur mit dem Ziel einer völligen Freiheit für Gott, sondern auch einer neuen Freiheit für die Welt in gläubiger Hingabe und tätiger Nächstenliebe.

Schon nach dem Zungenwunder in der Märtyrerkapelle von Cyrrhus teilt Rabbula Almosen aus [55], ebenso in Jerusalem, bevor er zum Jordan hinabsteigt, um getauft zu werden [56]. Nach der Rückkehr aus dem Heiligen Land steht ihm die ganze Fülle seines Eigentums zur Verfügung, um den Bedürftigen zu helfen [57]. So großzügig teilt er seine Habe aus, daß damit zugleich auch ein weitreichender geistlicher Effekt verbunden ist. Seine Almosen gelangen nämlich zu den « Heiligen und Armen Edessas » [58]. Damit wird eine innere Verbindung zu seiner zukünftigen Herde hergestellt, die durch die Bilder einer überschwenglichen Brautmystik zum Ausdruck gebracht wird. « Denn schon im voraus verlobte der verborgene Wille Christi ihm Edessa durch das Angeld seiner Gaben mittels seiner Brautwerber, nämlich der Armen... » [59]. Die Aufgabe aller Güter, ihre Verteilung an die Bedürftigen und das dadurch entstandene innige Verhältnis zu der später ihm anvertrauten Herde werden hier in einen inneren Zusammenhang gebracht. Ob eine solche schon bestehende Verbindung bei der Wahl Rabbulas zum Bischof von Edessa eine Rolle spielte,

Oud-Syrisch Monniksleven, Leiden 1942. Zu dieser Spiritualität im allgemeinen cf. U. Ranke-Heinemann, *Das Verhältnis des frühen Mönchtums zu Welt*, MTZ 7 (1956), 289-296 und Ranke-Heinemann, *Mönchtum*.

[52] Overbeck, 159, 19-160, 1.

[53] Overbeck, 166, 13-14.

[54] Zum sozialen Motiv im frühen Mönchtum cf. zuletzt Nagel, *Motivierung*, 75-79.

[55] Overbeck, 164, 5.

[56] Overbeck, 165, 4.

[57] Overbeck, 165, 24-25; 166, 14-15.

[58] Overbeck, 165, 26.

[59] Overbeck, 166, 1-2.

weil die Bevölkerung der Stadt vielleicht einen entsprechenden Wunsch geäußert hatte, läßt sich nach den vorhandenen Quellen nicht mehr feststellen [60].

Die praktischen Konsequenzen der Weltentsagung und Kreuzesnachfolge werden in dem folgendem Abschnitt über das Leben Rabbulas als Asket in der Wüste von Chalcis dargelegt [61]. Zunächst wohnte Rabbula im Kloster Abrahams, der den ersten Anstoß zu seiner Bekehrung gegeben hatte [62]. Nach einiger Zeit gemeinsamen Lebens möchte er sich jedoch eine eigene kleine Behausung neben dem Kloster anlegen, um ganz der Einsamkeit leben zu können. Abraham bringt ihn aber von diesem Plan ab und überredet ihn, weiter in der Klostergemeinschaft zu leben, zu der auch sein Bruder und ein Eusebius zählen, den er später zum Bischof von Tella weihte [63].

Durch diese Schilderung erhalten wir einen interessanten Einblick in die Situation des syrischen Mönchtums an der Wende vom 4. zum 5.Jahrhundert. Abraham ist der Leiter einer monastischen Gemeinschaft, die wohl eine geringe Zahl umfaßt, aber doch ein gemeinsames Leben führt, in das Rabbula aufgenommen wird. Wohl wissen wir aus späterer Zeit, daß Mönche, die einen besonderen hohen Grad der asketischen Vollkommenheit erreichen wollten, sich nach einiger Zeit aus der Gemeinschaft absonderten und sich völlig in die Einsamkeit zurückzogen [64]. Bis in das hohe Mittelalter hat es auch neben dem coenobitischen den anachoretischen Typ des syrischen

60 Cf. infra das Kapitel über Rabbulas Wahl zum Bischof von Edessa. In den meisten Fällen war bei einer altkirchlichen Bischofswahl die Stimme des Volkes von einigem Gewicht. Dies will der Hagiograph offenbar hier andeuten, obwohl er bei seinem Bericht über die Wahl selbst auf diesen Faktor nicht mehr zu sprechen kommt.

61 Overbeck, 167, 3-170, 20. Zur gesamten Darstellung cf. Schiwietz, *Mönchtum*, 351-355.

62 Overbeck, 167, 11-15. Kloster = ܕܝܪܐ.

63 Overbeck, 167, 15-22. Behausung, Zelle = ܩܠܝܬܐ. Was Eusebius anbetrifft, ist der Einwand von *Peeters, Rabboula*, 145 zutreffend, daß hier eine Verwechselung vorliegen muß, denn als Bischof von Tella (Constantina) unterzeichnete Eusebius einen Brief der « Väter aus dem Westen » an die Synode von Seleucia-Ctesiphon, die schon im Jahre 410 stattfand. Cf. Chabot, *Synodicon*, 18,25.

64 So zum Beispiel Isaak von Ninive, dessen Werdegang in der Einleitung zu der arabischen Übersetzung seiner Schriften berichtet wird. Die betreffenden Ausführungen finden sich bei Assemani, BO I, 444.

Asketentums gegeben [65]. Wenn aber nun vom Hagiographen berichtet wird, daß Rabbula sich aus der Gemeinschaft in die Einsamkeit zurückziehen möchte, kann es sich hier auch um etwas anderes als die bloße Sehnsucht nach größerer Heiligkeit handeln. Es ist ebenso durchaus möglich, daß wir hier ein Indiz vor uns haben einer tiefgreifenden Spannung zwischen dem altsyrischen Anachoretentum und 'modernen' coenobitischen Tendenzen und Lebensformen, die auch in die Wüste von Chalcis Eingang gefunden hatten [66]. Wenn es überhaupt zwischen diesen beiden möglichen Formen des asketischen Lebens zu einem scharfen Gegensatz und offenen Konflikt gekommen ist, wurde doch inzwischen wieder eine echte Synthese der beiden Richtungen gefunden. Der Reflex eines solchen Ausgleiches kann vielleicht in der Bemerkung gesehen werden : « Ihre Behausung war aber wie alle Klöster ein Abbild der apostolischen Kirche. Alles, was sie besaßen, war ihnen gemeinsam » [67]. In diesem Satz sind die beiden Worte ܥܘܡܪܐ und ܕܝܪܐ nicht nur Wechselbegriffe. In dem ersteren Ausdruck kann durchaus die Bedeutung von 'Zelle, Einzelwohnung' mitschwingen, während ܕܝܪܐ mehr die Vorstellung einer festgefügten Kommunität erweckt. Das Leitbild dieser Gemeinschaft ist die in der Apostelgeschichte (2, 44-45) beschriebene Urgemeinde in Jerusalem. Diesem Leitbild wird auch die anachoretische Tendenz eingegliedert und zugleich untergeordnet.

Gleichwohl kommt das Anliegen des Anachoretentums noch einmal zum Zuge, als die Kunde vom heiligen Leben Rabbulas sich verbreitet und Volksmengen wie zu einer Sehenswürdigkeit zusammenströmen, « zu einem Manne, der die Welt verlassen und die Einöde erwählt hatte, der sich selbst haßte und Gott liebte » [68]. Rabbula zieht sich daraufhin in das Innere der Wüste zurück, « wie es auch der selige Antonius tat » [69]. Jetzt darf er mit gutem Recht die Gemeinschaft verlassen und die Einsamkeit aufsuchen.

[65] Zu diesen verschiedenen Formen des syrischen Asketentums cf. Kawerau, *Jakobitische Kirche,* 122ss und Hage, *Jakobitische Kirche,* 41s.

[66] Diese Spannung untersucht Vööbus, *Développement* und ebenso Vööbus, *Asceticism,* II, 146-158, wo die Opposition gegen die coenobitischen Neuerungen behandelt wird. Ob allerdings von einer Auseinandersetzung gesprochen werden kann, ist zweifelhaft. Die von Vööbus, *Asceticism,* II, 154 angeführten Zeugnisse der Vita Rabbulas sprechen eher für eine langsame Integration.

[67] Overbeck, 167, 22-24.

[68] Overbeck, 168, 8-11.

[69] Overbeck, 168, 13-14.

Es erhebt sich an dieser Stelle die Frage, warum hier nicht ein Heiliger des syrischen Raumes als Vorbild genannt ist, wie etwa Simeon Stylites, dem Theodoret in seiner Historia religiosa schon zu seinen Lebzeiten ein großartiges literarisches Denkmal setzte? Auch noch andere große Gestalten der syrischen Asketen könnten hier angeführt werden. Liegt dieses stillschweigende Übergehen der eigenen Landsleute und die Bevorzugung des Ägypters nur daran, daß Theodoret als Theologe und Erbauungsschriftsteller der antiochenischen Schule durch seine Darstellung schon alle Syrer mit Beschlag belegt hatte und Antonius durch die alexandrinische Theologie für den Hagiographen eher legitimiert erschien? Gewiß können auch diese Gründe mitgespielt haben. Ausschlaggebend scheint aber doch ein anderer Zusammenhang zu sein. Da der Hagiograph eine gemäßigte und vor allen Dingen eine kirchlich domestizierte Form der Askese auf der Grundlage eines Coenobitentums vertritt, konnten für ihn solche Gestalten wie Simeon Stylites als Vorbilder nicht in Frage kommen. Hingegen war für ihn Antonius die ideale Gestalt einer kirchlich approbierten Kombination von Einsiedlertum und gemeinsamem monastischen Leben. An diesem Vorbild konnten auch Vorgänge im Lebensgang Rabbulas orientiert werden.

Daß der Rückzug in die Wüste keine innere Distanzierung von der Kommunität bedeutet, zeigt sich daran, daß Rabbula auch als Anachoret die coenobitischen Lebensformen weiter beobachtet. « Seine Tätigkeit bestand ausschließlich in beständigem Gebet, im Offizium der Psalmen und im Lesen der Schriften. So sind auch die gerechten Canones aller rechten Klöster und all derer, die unserem Herrn gehören » [70]. Offenbar ist hier eine Art von Stundengebet gemeint, das nach der strengen Vorschrift des Klosters auch von Rabbula allein gehalten wird [71]. Hierzu gehören die Rezitation von Psalmen und biblische Lesungen nach einer festgesetzten Ordnung. Diese regelmäßigen Gottesdienste sind vorgeschrieben durch entsprechende

[70] OVERBECK, 168, 15-19.

[71] ܬܫܡܫܬܐ OVERBECK, 168, 17 bezeichnet den geregelten Gottesdienst. Über das monastische Stundengebet zu dieser Zeit cf. MATERS, *Office*. Johannes Cassianus ist hierfür besonders aufschlußreich (p. 64) : « Selon Cassien une seule et même tradition était suivie par les moines de Palestine, de Mésopotamie et de tout l'Orient ». Cf. *De institutis coenobiorum*, praef. 9; III 1; CSEL 13, ed. M. PETSCHENIG 7, 33, 34. Über den monastischen Tageslauf im allgemeinen cf. O. HENDRIKS, *La vie quotidienne du moine syrien oriental*, OrSyr 5 (1960), 293-330; 401-432.

kirchenrechtliche Bestimmungen, die Rabbula selbst unter den Bedingungen der Einsamkeit genau befolgt. Wir wissen, daß Rabbula bei der Entwicklung des syrischen Kirchenrechtes eine bedeutende Rolle spielte. Von Anfang an hat er, der spätere Gesetzgeber, nach diesen Canones gelebt, das ist hier die erbauliche Lehre des Hagiographen. Zugleich erhalten wir hier einen Hinweis darauf, daß es sich bei dem Gesetzeswerk Rabbulas um keine Neuschöpfung, sondern in erster Linie um eine Kompilations- und Redaktionsarbeit gehandelt haben muß [72].

Schließlich ist es in diesem Zusammenhang interessant und wirft ein bezeichnendes Licht auf die oben dargestellte Situation, daß die Canones sowohl für die Klosterinsassen als auch für die, « die dem Herrn gehören » in gleicher Weise für verbindlich gehalten werden. Mit der zweiten Gruppe sind Anachoreten ohne feste klösterliche Bindung gemeint. Auch sie unterstehen diesen Vorschriften, auch ihre Askese ist kirchlich reguliert. Der Umschmelzungsprozess des freien frühsyrischen Anachoretentums zu kirchlich legitimierten kommunitären Lebensformen hat also hier einen deutlichen Niederschlag gefunden.

Nachdem Rabbula wieder den Weg zurück in sein Kloster gefunden hat [73], erwacht in ihm die brennende Sehnsucht nach dem Martyrium, und er begibt sich mit seinem Freunde Eusebius nach Baalbek (Heliopolis), um dort, in einem Zentrum des Heidentums, durch Zerstörung der Götzenbilder die Christengegner zur blutigen Rache für das begangene Sakrileg zu provozieren [74]. Die Zerstörung heidnischer Tempel war am Ende des vierten Jahrhunderts durch die staatliche Gesetzgebung hinreichend legitimiert. Es besteht deshalb kein Grund, von vornherein die historische Glaubwürdigkeit dieser Expedition nach Baalbek zu bezweifeln [75]. Ebensowenig ist es aber erlaubt, das Motiv dieses Unternehmens nicht in dem echten Wunsche zum Glaubenszeugnis und Märtyrertod zu suchen, sondern vielmehr in einer fanatischen Zerstörungswut an heidnischen Heilig-

[72] Über Rabbula als Reformer und Gesetzgeber cf. infra das betreffende Kapitel.

[73] Overbeck, 169, 23-24.

[74] Overbeck, 169, 24-170, 2. Über die Verbreitung des Heidentums zu Beginn des 5.Jahrhunderts in Syrien cf. Hendriks, *Activité*, 18-19.

tümern [75]. Hiergegen spricht auch nicht die gerade in diesem Abschnitt sehr klar zutage tretende Intention des Hagiographen, die geistliche Qualität Rabbulas mit der eines Blutzeugen zu identifizieren, um die Verehrung seines Grabes zu rechtfertigen, ein Zeichen dafür, daß es in dieser Zeit noch keineswegs selbstverständlich ist, daß der Asket und Bischof auf eine Stufe mit dem Märtyrer gestellt wird. Rabbula und Eusebius hatten den festen Vorsatz, den Tod für ihren Herrn zu erleiden. Weil aber Gott in seiner Vorsehung sie schon zum Episkopat ausersehen hatte, konnten sie nicht des Martyriums teilhaftig werden [76]. Aber sie wurden so übel zugerichtet, daß man sie schon für tot hielt und sie wie zwei Leichen von großer Höhe die Treppenstufen eines Tempels hinabwarf [77]. So «trugen sie die Wunden des Leidens Christi an ihren Leibern» [78]. «Ihren Willen nach waren sie Märtyrer geworden, wie sie es ersehnt hatten. Sie waren nur nicht durch den Tod vollendet worden. Sie wurden bewahrt, damit viele durch sie die Krone des Lebens erlangten» [79]. Das Motiv der Imitatio Christi in seinem Leiden und Sterben wird hier bis zu seiner letzten Konsequenz hin sichtbar. Indem der Hagiograph das gewollte, aber von Gott nicht gewährte Maryrium mit dem zukünftigen Bischofsamt in Verbindung bringt, gibt er eine bemerkenswerte geistliche Deutung des ihm vorliegenden biographischen Materials. Daß Rabbula vom brennenden Wunsch nach der Lebenshingabe für Christus erfüllt war, ist kaum einer schriftstellerischen Ausschmük-

[75] Gegen Peeters, *Rabboula*, 145. Die Belege von Peeters (p. 146) für eine aggressive Intoleranz der Christen gegen das Heidentum gehen an der Sache vorbei, denn es kann keine Rede davon sein, daß Rabbula und Eusebius tatsächlich die Absicht gehabt hätten, einen Tempel zu zerstören. Dies wird uns vielmehr von Alexander berichtet, der aus Empörung über Götzenfeste ein heidnisches Heiligtum im Qennešrīn in Brand steckt, cf. de Stoop, *Alexandre*, 664, 4-5. 392 wurde der heidnische Kult generell verboten, cf. *Cod. Theod.*, XVI, 10. 12; 900, und 399 die Zerstörung der Tempel außerhalb der Städte angeordnet, cf. *Cod. Theod.* XVI, 14. 16. 19; 902ss. Ein Gesetz aus dem Jahre 408 ordnet an, daß nur die Altäre zerstört, die Gebäude aber konfisziert werden sollen, cf. *Cod. Theod.*, XVI, 10. 19; 903.

[76] Overbeck, 170, 5-7.

[77] Overbeck, 170, 8ss. Dieser Treppensturz hat sich wahrscheinlich auf den Propyläen zugetragen, die zum Altarplatz vor dem Jupitertempel emporführten. Cf. das Modell der gesamten Tempelanlage bei Ph.K. Hitti, *History of Syria, including Lebanon and Palestine*, 2. ed. London/New York 1957, p. II. Topographie und archäologische Funde werden beschrieben ibid., 310-316.

[78] Overbeck, 170, 15.

[79] Overbeck, 170, 18-20.

kung und Übertreibung zuzuschreiben, sondern dürfte auf konkreter Überlieferung oder bestimmten Anhaltspunkten mündlicher Mitteilung beruhen.

Daß die Aussagen des Hagiographen über die Todessehnsucht Rabbulas Haftpunkte von fixierbaren biographischen Daten haben, zeigt nicht nur das Unternehmen Baalbek, sondern auch die Begegnung mit Arabern aus dem Stamme Ṭay, die den Eremiten in seiner Höhle aufspüren, aber vor dem « Lebendigtoten » einen solchen Abscheu empfinden, daß sie ihn nicht anrühren. Nur sein Brot und seine Decke werden das Opfer ihrer Raubgier [80]. Auch bei dieser Gelegenheit hatte Rabbula schon gehofft, die Märtyrerkrone zu empfangen [81].

Das Verlangen, für Christus zu sterben, ist die letzte Konsequenz einer totalen Askese, die der Hagiograph dem Leser sowohl durch konkrete anschauliche Beispiele als auch in allgemeiner und grundsätzlicher Betrachtung vor Augen führt. Getrieben von der Sehnsucht nach « der wahren Liebe Christi » [82] verläßt Rabbula die Welt, um « nach der Absicht unseres Herrn » [83] sich dem Verleumder in der Wüste zu stellen, die Versuchungen des Leidens zu bestehen, seine Natur und ihre Gewohnheiten zu bekämpfen und als geistlicher Athlet mit den Nächten und Gewalten und den bösen Geistern von innen und von außen zu ringen [84]. Fügt man dieser Darstellung noch die später erwähnte täglich festgesetzte Ordnung des Gebetes, der Psalmenrezitation und der Schriftlesung hinzu, so haben wir hier die Grundzüge einer Spiritualität vor uns, wie sie dem gesamten

[80] OVERBECK, 169, 11ss. Wahrscheinlich handelt es sich hier um heidnische oder nur sehr oberflächlich christianisierte Araber. Cf. P. CHARLES, *Le Christianisme des Arabes nomades sur les Limes et dans le désert syromesopotamien aux alentours de l'Hégire*, Bibliothèque de l'École des Hautes Études, Sciences Religieuses, 52. Paris 1936; Über die Mission unter den arabischen Stämmen berichten auch DEVREESSE, *Patriarchat*, 208-240, R. DUSSAUD, *La pénétration des Arabes en Syrie avant l'Islam.* Institut Français d'Archéologie de Beyrouth, bibliothèque archéologique et historique, 59. Paris, 1955 und C.D.G. MÜLLER, *Kirche und Mission unter den Arabern in vorislamischer Zeit*, Sammlung gemeinverständlicher Vorträge und Schriften aus dem Gebiet der Theologie und Religionsgeschichte Nr. 249, Tübingen 1967.

[81] OVERBECK, 169, 12-13.

[82] OVERBECK, 167, 4-5.

[83] OVERBECK, 167, 7. ܢܝܫܐ bedeutet hier weniger 'Vorbild', wie Bickell, 173 übersetzt, sondern 'Absicht, Ziel, Intention'. Zum « Motiv der Nachfolge » cf. RANKE-HEINEMANN, *Mönchtum*, 83ss.

[84] OVERBECK, 167, 7-11.

altchristlichen Mönchtum des Orients gemeinsam sind [85]. Die Versuchungen des Leidens sind in erster Linie Hunger und Durst, die durchgestanden werden müssen. So wird erzählt, daß die Mönche aus Mangel an Nahrung oft die Nächte wachend verbringen [86]. Daß das Brot ihnen ausgeht, ist « wie gewöhnlich » [87] und gehört zu den Leiden, die der Herr ihnen auferlegt. Rabbula steigert diese Prüfung noch dadurch, daß er Brot weiter verteilt, das die Mönche als Geschenk empfangen hatten. So mußten sie hungrig einschlafen [88]. Auch als Anachoret in der Wüste muß Rabbula ähnliche Versuchungen bestehen. Die herumstreifenden Araber rauben ihm seine Nahrung, und er wird vor dem Hungertod nur durch einen Mann bewahrt, der ihm unverhofft Brot herbeibringt [89]. Die Quelle, an der er seine Behausung aufgeschlagen hat, kann nur ein dürftiges Rinnsal gewesen sein, sonst könnte das Umstürzen eines Wasserkruges nicht als Versuchung Satans geschildert werden [90]. Diese Entbehrungen sind der beste Weg, « die Natur und ihre Gewohnheiten zu bekämpfen » und die körperlichen Bedürfnisse auf ein Minimum zu beschränken, eine Vorstufe der völligen Hingabe des Leibes im Martyrium.

Im engsten Zusammenhang mit dieser Askese des Körpers steht der geistliche Kampf mit Satan, der seit der Vita Antonii als ein wesentlicher Charakterzug des orientalischen Mönchtums gelten kann [91]. Die Details der Schilderung dieses Kampfes, in dem Satan ihn mit Schlangen und Skorpionen, mit Nattern und Vipern zu ängstigen versucht, die aber alle durch die Macht des Kreuzeszeichens besiegt werden, sind nach den herkömmlichen Vorbildern gezeichnet, beson-

85 Die Gesamtkonzeption dieser Spiritualität des orientalischen Mönchtums wurde zuletzt dargestellt von Festugière, *Ursprünge*.

86 Overbeck, 167, 24-25. Hier ist Bickell, 173 eine eklatante Fehlübersetzung unterlaufen : « Oft mußten sie aus Mangel an Nahrung mit frohem Herzen ihre Wohnung verlassen, um die Gastfreundschaft in Anspruch zu nehmen ». ܒܘܬܐ ܢܦܩܝܢ ܗܘܘ kann aber nur heißen : 'die Nacht verbrachten'. Gemeint ist natürlich, daß sie vor Hunger nicht schlafen konnten.

87 Overbeck, 167, 26.

88 Overbeck, 167, 27-168, 8.

89 Overbeck, 169, 15-19.

90 Overbeck, 168, 27-169, 2.

91 Eine Gesamtdarstellung dieses Zuges gibt Festugière. *Ursprünge*, 26s : « Der Mönch und die Dämonen ». Ebenso gibt einen guten Überblick Ranke-Heinemann, *Mönchtum* 50ss : « Der Kampf gegen die Dämonen und die Sünde ».

ders der Vita Antonii [92]. Trotzdem haben wir hier mehr als das Produkt eines aus einem literarischen Klischee sich nährenden erbaulichen Phantasie vor uns. Der Bericht über den Satanskampf beruht auf einer persönlichen Erzählung Rabbulas [93], die wir als Reflex seiner geistlichen Erfahrung als Anachoret ansprechen können. Durch die Schilderung dieses Satanskampfes soll das Erlebnis zum Ausdruck gebracht werden, welche Widerstände demjenigen entgegenstehen, der sich bemüht, daß « die Meditation Gottes nie von seiner Seele abgelöst wird » [94]. Die « Einwohnung der Anamnesis Jesu » ruft notwendigerweise diesen Kampf hervor und vollzieht sich in dieser dauernden Auseinandersetzung mit dem Widersacher. Zugleich geht es dabei um den « Weg der Gerechtigkeit », eine Vorstellung, die in der Geschichte des syrischen Asketentums zutiefst verwurzelt ist [95]. Nur die Enthaltsamen sind die Gerechten, und nur auf diese Art und Weise kann der Mensch Gott wohlgefällig werden. Durch innere und äußere Entbehrungen soll eine solche Stärke gegen den Bösen erlangt werden, daß die stete Bereitschaft besteht, bösen Gedanken durch gute entgegenzutreten [96].

Oberstes Ziel allen Kampfes und aller Askese ist es, daß der Mönch « nach Leib und Seele in der Art und Weise der Engel lebt und seine Gedanken vor Gott weilen, wie ihm die Engel im Himmel stets dienen » [97]. Die Vita angelica gilt hier als ein grundlegendes Motiv asketischer Lebenshaltung. Dieses Motiv geht auf frühsyrisches Gedankengut zurück, wie es uns von Aphrahat bezeugt wird [98]. Wenn der Hagiograph diesen Gedanken aufnimmt, bleibt allerdings ungeklärt, ob er damit auch die Vorstellung einer proleptischen Anteilhabe an der Auferstehung verbindet, oder ihn nur in einem allgemeinen

[92] Cf. Overbeck, 168, 21-27. Zu der Darstellung des Dämonenkampfes in der Vita Antonii cf. zuletzt Dörries, *Vita Antonii*, 171-172.

[93] Overbeck, 168, 22-23.

[94] Overbeck, 168, 20-21.

[95] Overbeck, 168, 11-12. Noch an zwei anderen Stellen ist von dieser 'Gerechtigkeit' die Rede, cf. 166, 13-14 und 169, 4. Immer geht es hier um den Weg der Askese. Es findet sich also nicht der geringste Anklang an die paulinische Vorstellung. Eher steht der Gerechtigkeitsbegriff der Bergpredigt im Hintergrund. Bei Afrahat sind die Gerechten immer die Asketen. Zu den Belegstellen cf. Nagel, *Motivierung*, 44 n. 1.

[96] Overbeck, 169, 6-9. Hier haben wir die abstrakte Fassung der vorhergehenden mythologischen Bilder.

[97] Overbeck, 169, 19-22.

[98] Aphrahat, *Demonstrationes*, De monachis PS I 1; p. 248, 25-26 : ܡ̣ܢ ܕܢܣ̇ܒ ܕܡܘܬܐ ܕܡ̈ܠܐܟܐ ܡܢ ܒ̈ܢܝ ܐܢܫܐ ܢܗܘܐ ܢܘܟܪܝܐ « Derjenige, der die Ähnlichkeit der Engel empfängt, wird den Menschen fremd ».

Sinne verwendet. Für die letztere Möglichkeit spricht die Beobachtung, daß die bisher geschilderten Asketen nie als ܒ̈ܢܝ ܩܝܡܐ bezeichnet wurden, während umgekehrt an keiner Stelle der Vita Rabbulas diese Asketen mit der Engelgleichheit in Zusammenhang gebracht werden, obwohl die ursprüngliche Bedeutung dieses Ausdrucks diesen Sinngehalt einschloß. Die benai qeyāmā verstanden sich als « Söhne der Auferstehung », « da sie ja die Vita angelica in der Askese verwirklichten » [99]. Für den Hagiographen ist aber die urtümliche Bedeutung dieser Bezeichnung verblaßt und der andere auch schon von Anfang an mitschwingende Wortinhalt wurde dominierend. Die benai qeyāmā sind die « Bundessöhne », die als Gemeinschaft und besonderer Stand den Weg der Nachfolge in strenger Askese gehen wollen [100]. Auf der anderen Seite ist ebenso auch die Vita angelica ihres ursprünglichen Vorstellunginhaltes beraubt. Sie ist jetzt ein allgemeiner Typus der Weltentsagung geworden oder das Idealbild des priesterlichen Dienstes [101]. Im 5.Jahrhundert wird die ursprünglich enge Verbindung zwischen dem Streben nach Engelgleichheit und der Vorwegnahme des Auferstehungslebens nur noch in sektiererischer Radikalität und Exklusivität aufrechterhalten, wie sie ihren Niederschlag in der Praxis der von Alexander gegründeten Akoimeten gefunden haben, das ununterbrochene Gotteslob der Engel im Himmel hier auf Erden durch die immerwährende Wiederholung des Gloria in excelsis nachzubilden [102].

[99] NAGEL, *Motivierung*, 43. Nagel diskutiert hier die von Adam und Vööbus vertretenen Thesen über die ursprüngliche Bedeutung und die Wortgeschichte der Bezeichnung 'benai qeyāmā' und kommt zu einem zwischen beiden Positionen vermittelnden Resultat. Sowohl die Bedeutung von 'Gemeinschaft' wie auch von 'Auferstehung' (besonders im Hinblick auf *Lk. 14,14* und *20, 34*ss) sind mit diesem Ausdruck verbunden. « Der doppelte Aspekt des Wortes qeyāmā aber entsprach genau dem Selbstverständnis der syrischen Asketen als einer Gemeinschaft derer, die im irdischen Leben der Auferstehung bereits teilhaftig geworden sind » (p. 44).

[100] Diesen Bedeutungsinhalt der Bezeichnung benai qeyāmā hat besonders herausgearbeitet VÖÖBUS, *Asceticism, I*, 97-103. Zur weiteren Diskussion des Textbefundes in der Vita Rabbulas und der Literatur cf. infra, 57-58.

[101] Zur Auffassung des priesterlichen Dienstes in Analogie zum Dienste der Engel in der Theologie des 4.Jahrhunderts cf. BLUM, *Eucharistie*, 48s. Die in der Vita Rabbulas vorkommenden Belege werden später besprochen, cf. *infra*, 57. Über die Vita angelica handelt monographisch P.S. FRANK, *Ἀγγελικὸς βίος Begriffsgeschichtliche und begriffsanalytische Untersuchung zum « engelgleichen Leben » im frühen Mönchtum*, München 1964, zu Ephräm und Afrahat, cf. 141ss.

[102] Zur Person des Stifters und der Geschichte dieser Bewegung cf. DE STOOP, *Alexandre*, 645-657 die einleitende Darstellung und VÖÖBUS, *Asceticism*, II, 185-196.

Damit ist in großen Zügen das asketische Ideal umschrieben, das dem Hagiographen bei seiner Darstellung vor Augen stand und das nach aller Wahrscheinlichkeit auch das Leitbild von Rabbulas Leben in der Wüste von Chalcis gewesen ist. Es sprechen keine zwingenden Gründe gegen die Annahme, daß der Interpret hier in seinen grundlegenden Anschauungen mit dem Manne seiner Verehrung homogen gewesen ist.

Im Rahmen der gesamten Biographie ist das Leben Rabbulas als Mönch und Anachoret jedoch nur als ein Vorspiel seines Episkopats in Edessa zu betrachten. Erst in seinem Bischofsamt reifen die Früchte seiner Entsagung und seines geistlichen Kampfes für das Leben der Kirche. Bevor wir uns aber diesem Abschnitt zuwenden, muß noch der historische Wert eines zweiten Berichtes über die Bekehrung Rabbulas untersucht werden.

III. Ein zweites Zeugnis von Rabbulas Bekehrung

Die Darstellung des Hagiographen ist nicht das einzige Zeugnis von der Bekehrung Rabbulas. Auch in der Biographie Alexanders, des Stifters der Gemeinschaft der sogenannten Akoimeten, der « Nimmermüden », ist ein Bericht über die Bekehrung Rabbulas enthalten [1]. Es kann heute als erwiesen gelten, daß dieser Teil der Biographie Alexanders aus einer syrisch verfaßten, bisher unbekannten Lebensbeschreibung Rabbulas stammt [2]. Ein Vergleich mit der Schilderung des Hagiographen läßt leicht erkennen, daß es sich hier um eine spätere legendarische Gestaltung handelt, die nur an wenigen Stellen historischen Erkenntniswert besitzt. Die relative Verläßlichkeit des Hagiographen wird durch sie in negativer Weise bestätigt.

Alexander kommt nach Qennešrīn, um aus Entrüstung über die Götzenfeste den Tempel zu zerstören [3]. Nachdem er das Gebäude in Schutt und Asche gelegt hat, tritt ihm der Präfekt Rabbula [4]

[1] de Stoop, *Alexandre*, 663-675. Die deutsche Übersetzung dieses Abschnittes findet sich bei Bickell, 212-225.

[2] Cf. Vööbus. *Alexandre*.

[3] Der Name der Stadt wird nicht genannt. Er ist allein aus dem Inhalt zu erschließen.

[4] Der Hagiograph wußte nur von einer vom Kaiser verliehenen Gewalt zu berichten, cf. Overbeck, 161, 4-5, Daß es sich hierbei um die Präfektur handelte, mag zutreffend sein.

entgegen und führt mit ihm vor dem ganzen Volk ein Streitgespräch über die Macht der Götter und die Ohnmacht des Christengottes [5]. Aber erst durch ein von Rabbula gefordertes Feuerwunder gelingt es Alexander, ihn vom christlichen Glauben zu überzeugen [6]. Dieses merkwürdige Mirakel wird sofort der Arkandisziplin unterworfen. Rabbula muß sich durch einen Eid verpflichten, zu Lebzeiten des Akoimeten niemand davon zu erzählen. Erst nach dem Tode Alexanders, 30 Jahre nach dem Ereignis, berichtet er vor Bischöfen und Mönchen von diesem wunderbaren Geschehen [7]. Aber gerade dieses Geheimnismotiv, ebenso wie die nach dem Schluß des Johannesevangeliums formulierte Bekräftigung « das Zeugnis des neuen Jüngers ist wahr » [8] lassen diesen Wunderbericht in seinem sehr zweifelhaften Lichte erscheinen. Es ist deshalb auch müßig, von dieser chronologischen Angabe her auf das Bekehrungsjahr Rabbulas schließen zu wollen [9], da es ganz unmöglich ist, diese Schilderung der Ereignisse die zur Bekehrung führten, mit der Darstellung des Hagiographen in Einklang zu bringen.

Nach einem erneuten Mirakel wird dann die Taufe vollzogen, nicht in Qennešrīn selbst, sondern in einer Märtyrerkapelle in der Nähe der Stadt [10]. Von einer Pilgerreise in das Heilige Land ist nicht die Rede. Mit dem Bericht des Hagiographen stimmt aber überein, daß das Taufgewand Rabbulas mit Kreuzen bedeckt war [11]. Ebenso gehen beide Berichte darin konform, daß Rabbula nach seiner Taufe völlig der Welt und seiner Familie entsagt und das monastische Leben auf sich nimmt, in der Biographie Alexanders aber mit dem Zusatz eines neuen Mirakels, durch das bewiesen werden soll, daß auch ohne sein Zutun für seine Familie gesorgt ist [12]. Kurz wird

[5] Das Gespräch ist nur fragmentarisch wiedergegeben. Die Handschrift weist eine Lücke auf, cf. DE STOOP, *Alexandre*, 665ss.

[6] Cf. DE STOOP, *Alexandre*, 668.

[7] DE STOOP, *Alexandre*, 668, 10-11.

[8] DE STOOP, *Alexandre*, 668, 11-12,

[9] Die komplizierten Kalkulationen bei BICKELL, 218-219 n. 1 erübrigen sich, wenn grundsätzlich bezweifelt werden muß, daß Alexander überhaupt etwas mit der Bekehrung Rabbulas zu tun hat. So sind wir nur auf ganz grobe Schätzungen angewiesen, die etwa zwischen 385 und 400 anzusetzen wären.

[10] DE STOOP, *Alexandre*, 669, 1-2.

[11] DE STOOP, *Alexandre*, 670, 1-3.

[12] DE STOOP, *Alexandre*, 671, 1-672, 18.

dann noch Rabbulas Wahl zum Bischof von Edessa erwähnt [13]. Besonders hervorgehoben werden seine Wohltätigkeit und seine Fürsorge für « die Schulen der syrischen Sprache » [14], die in Edessa bestanden. Allerdings sind hier nicht in erster Linie theologische Schulen gemeint, sondern allgemeine Ausbildungsstätten für die Kinder der gebildeten Schichten.

Weder die in die Biographie Alexanders aufgenommene Darstellung noch die Schilderung des Hagiographen beruhen auf Augenzeugenschaft. Von diesem Tatbestand her müßte beiden Bekehrungsberichten ein gleicher historischer Quellenwert zugeschrieben werden. Trotzdem liegt die Unglaubwürdigkeit des zweiten Berichtes in seinen auffallenden Differenzen zu der Lebensbeschreibung des Hagiographen begründet. Es bedarf keiner weiteren Beweisführung, daß der Darstellung der Entwicklung Rabbulas bis zu seiner Bekehrung und Taufe, wie sie vom Hagiographen geboten wird, der Vorzug gegeben werden muß.

Der hiervon abweichende Bericht in der Biographie Alexanders ist legendarisch stark überwuchert und muß als ein naiver Versuch verstanden werden, dem Stifter des Akoimetentums die Bekehrung des berühmten Bischofs von Edessa zuzuschreiben und durch diese Legende sein Andenken zu verherrlichen. Besonders die nach dem Vorbild von 1.Kön. 18 angelegte Erzählung von dem Feuerwunder, durch die Alexander als ein zweiter Elia glorifiziert werden soll, zeigt die starken fiktiven Elemente dieses Machwerkes. Wir haben keine glaubwürdigen Anhaltspunkte dafür, daß Rabbula irgendwann überhaupt einmal mit Alexander zusammengekommen ist. Die literarisch-fiktive Kombination beider Gestalten ist wahrscheinlich auf ein apologetisches Motiv zurückzuführen. Die Akoimeten wurden nämlich weitgehend mit den Messalianern identifiziert [15]. Diese waren aber von mehreren Synoden und zuletzt von dem Konzil von Ephesus verurteilt worden [16]. Obwohl Alexander nach anfäng-

[13] DE STOOP, *Alexandre*, 673, 17.

[14] DE STOOP, *Alexandre*, 674, 2ss. Wahrscheinlich ist der Autor über die Bedeutung dieser Schulen schlecht informiert. Über Rabbulas tatsächliches Verhältnis zu den Schulen in Edessa cf. infra das Kapitel V, 3.

[15] Die Messalianer gehörten zu den Ketzern, die Rabbula in Edessa bekämpfte. Zur Darstellung und Literatur cf. *infra*, 103-104.

[16] Hierzu cf. *infra*, 103s.

lichen Schwierigkeiten am Ende seines Lebens in Konstantinopel Anerkennung fand, konnte es nicht schaden, sein Andenken vom Makel der Häresie gänzlich zu reinigen. Dies konnte aber am besten dadurch geschehen, daß man ihn in Verbindung brachte mit einem der verehrten Väter der Orthodoxie. Hatte Rabbula ihm seine Bekehrung zu verdanken, so war der letzte Schatten der Irrlehre von seinem Erinnerungsbild gebannt. Die aus einer uns unbekannten syrischen Lebensbeschreibung Rabbulas stammende Vorlage, die der Biograph Alexanders bei seiner Arbeit benutzte, wurde von ihm in solch radikaler Weise seinen Intentionen dienstbar gemacht, daß ihre Urgestalt nicht mehr rekonstruiert werden kann.

IV. Rabbulas Wahl zum Bischof von Edessa

Nach dem Tode des Bischofs Diogenes [1] versammelte sich unter dem Vorsitz des Patriarchen Alexander [2] eine Synode in Antiochien und wählte Rabbula zum neuen Bischof von Edessa [3]. Diese Wahl hat im März oder im April des Jahres 412 stattgefunden. Sie wurde vollzogen nach den jurisdiktionellen Bestimmungen der Konzile von Nicäa und Konstantinopel [4], nach denen die althergebrachten Rechte

[1] Zu Diogenes cf. die Notiz in *Edessenische Chronik*, 106 Nr. XLVIII : « Im Jahre 720 wurde Mar Diogenios Bischof in Orhâi. Er begann die Kapelle des Mar Barlâhâ zu bauen ». Vielleicht hängt das Schweigen von fast allen übrigen Quellen über ihn damit zusammen, daß er mit einem Diogenes δίγαμος identisch ist. Zu allen Einzelheiten cf. *Peeters*, *Rabboula*, 150-151.

[2] Über den Patriarchen Alexander und seine Wirksamkeit in Antiochien cf. Peeters, *Rabboula*, 146-150.

[3] Overbeck, 170, 21ss. Zur Diskussion des Datums von Rabbulas Wahl zum Bischof von Edessa cf. supra, 7.

[4] Es handelt sich hier um den Canon 6 von Nicäa und den Canon 2 von Konstantinopel, der sich auf Nicäa zurückbezieht, cf. Lauchert, *Kanones*, 38-39 und 84. Außerdem sind die ausführlichen Bestimmungen der Synode von Antiochien über die Wahl eines Bischofs hier noch anzuführen, cf. Lauchert, *Kanones*, 43ss. Interessant ist es, in welcher Weise Papst Innocenz I. (401-417) in einem Brief an den Patriarchen Alexander sich auf den Canon 6 von Nicäa beruft. MPL 20, 547-548 : « Revolventes itaque auctoritatem Nicaenæ Synodi, quae una omnium per orbem terrarum mentem explicat sacerdotum, quae censuit de Antiochena ecclesia cunctis fidelibus, ne dixerim sacerdotibus, esse necessarium custodire, qua super diocesim suam praedictam ecclesiam, non super aliquam provinciam recognoscimus constitutam ». Die im 1.Canon der Synode von Seleucia-Ctesiphon dargelegte Wahl -und Ordinationsordnung beruft sich ebenso

Antiochiens im Bereich der staatlichen Diözese Oriens erhalten blieben. Neben Tyrus, Tarsus, Apamea, Bostra, Anazarbus, Hierapolis, Seleucia, Damascus, Amida, Sergiopolis, Dara und Emesa war Edessa eine bedeutende Metropole dieses Gebietes, dessen Oberhirte von der Patriarchalsynode gewählt und vom Patriarchen mit der Assistenz anderer Bischöfe geweiht wurde [5]. Von den Mitgliedern der Synode wird nur Acacius von Beroea namentlich erwähnt, offenbar deshalb, weil er in einer besondere engen Verbindung zu Rabbula stand und wahrscheinlich unter denen gewesen ist, die ihn zur Wahl vorgeschlagen haben [6]. Der Hagiograph möchte nicht den entscheidenden Einfluß des Acacius verschweigen, obwohl die Wahl selbst auf den unmittelbaren Einfluß des Heiligen Geistes zurückgeführt wird : « Da überzeugte sie in ihrem Herzen der Geist Jesu » [7]. Durch die beiden biblischen Zitate, die den Wählern in Herz und Mund gelegt werden, wird das christologische Verständnis des Bischofsamtes zum Ausdruck gebracht [8]. « Es ziemt sich Rabbula, dorthin zu wählen,

auf Nicäa. Über den Modus einer Bischofswahl und die vom Kandidaten zu erfüllenden Bedingungen wird ausgeführt, cf. Chabot, *Synodicon*, 23, 9-16; Übers. Braun, *Synhados*, 16 : « Vielmehr sollen, wenn ein Bischof gemacht werden soll, die Bischöfe sich in der Stadt versammeln und die (öffentliche) Meinung befragen und ausforschen bezüglich eines Mannes, der für die Armen sorgt, die Fremden aufnimmt, die Waisen und Witwen nährt, sein Geld nicht zum Wucher gibt, keine Bestechung annimmt, im Gerichte nicht parteiisch ist, von Hochmut und Aufgeblasenheit sich fernhält, der in weiser Rede bewandert ist und in der Lehre der Schriften bei Tag und Nacht sinnt, der Verstand und Urteil besitzt, alle zum Dienst nötigen Bedürfnisse der Kirche richtig zu stellen ». Im Unterschied zu diesen Bestimmungen findet sowohl die Wahl als auch die Ordination Rabbulas nicht in Edessa, sondern in Antiochien statt. Ob vorher eine entsprechende Befragung des Kirchenvolkes in Edessa stattgefunden hat, muß offen bleiben.

[5] Zur genauen Einsicht in die Rechtsverhältnisse sind folgende Darstellungen heranzuziehen. J. Palanque, *Les métropoles ecclésiastiques à la fin du IVe siècle*, in : L'histoire de l'église, ed. A. Fliche-V. Martin, Vol. III, Paris 1936, 451ss ; Devreesse, *Patriarchat*, 290ss und zuletzt W. Hagemann, *Die rechtliche Stellung der Patriarchen von Alexandrien und Antiochien. Eine historische Untersuchung, ausgehend vom Kanon 6 von Nicäa*, OstkSt 13 (1964), 171-191, p. 180ss.

[6] Overbeck, 170, 4. Abwegig sind die Zweifel von *Peeters*, *Rabboula*, 150s, daß Acacius zu diesem Zeitpunkt an keiner Bischofswahl hätte teilnehmen können. Die treffenden kritischen Bemerkungen von Lagrange, *Rez. Peeters*, 24 brauchen an dieser Stelle nicht wiederholt zu werden.

[7] Overbeck, 171, 1; ähnlich 171, 10-11.

[8] Es handelt sich hier um ein altkirchliches Theologoumenon, das zum ersten Male bei Hippolyt erkennbar ist. Zu allen Einzelheiten und Belegen cf. G.G. Blum, *Apostolische Tradition und Sukzession bei Hippolyt*, ZNW 55 (1964), 95-110, 104-107.

weil ich an ihm Wohlgefallen habe» [9]. Mit diesem Zitat von Mk. 1,11b wird nicht der Wahlakt in Analogie gesetzt zur Taufe Jesu, weil diese dann als Erwählung zum Gottessohn verstanden sein müßte, sondern es wird schon auf die Bedeutung der Bischofsweihe angespielt, die analog der Taufe Jesu als schöpferischer Akt der Geistmitteilung konzipiert ist. In diese Richtung weist auch das zweite Zitat, eine Modifikation von Ps.89, 21-25 : «Ich habe meinen Knecht Rabbula für meinen Dienst tauglich erfunden. Mit heiligem Öl will ich ihn salben durch eure Hände...» [10]. Hier wird der Bischof nicht als direkter Nachfahre des Priestertums des Alten Bundes gesehen. Die alttestamentlichen Priester und Könige präfigurieren vielmehr als χριστοί den einen königlichen Hohenpriester, in dem sich beide Typologien verbinden und erfüllen. Er selbst, der «Christus», ist der Urheber der durch Salbung und Handauflegung bewirkten Geistbegabung des Bischofs bei seiner Ordination.

Die Bischofsweihe selbst bleibt unerwähnt [11]. Es wird nur berichtet, wie man Rabbula aus seinem Kloster holt, nach Antiochien bringt und ihn dort «zum Bischof macht» [12]. Ausführlich erzählt dann der Hagiograph, wie Rabbula darauf verzichtet, die üblichen Ausreden zu gebrauchen, um der Bürde dieses Amtes zu entgehen. Offensichtlich haben wir es mit einer verborgenen Polemik gegen die weit verbreitete Unsitte zu tun, das Bischofsamt wegen seiner hohen Anforderungen entweder zum Schein, oder auch aus ehrlicher Überzeugung abzulehnen. Vielleicht sind dem Hagiographen die Traktate von Gregor von Nazianz und Johannes Chrysostomus über dieses Thema bekannt gewesen [13]. Rabbula wenigstens hat es nicht nötig, Ausflüchte zu fingieren oder wirklich nach einem Ausweg zu suchen,

[9] Overbeck, 171, 1-2.

[10] Overbeck, 171, 4ss.

[11] Sie wird vollzogen worden sein nach dem Ritus, der uns in den Apostolischen Konstitutionen überliefert worden ist. Diese Kompilation und Redaktion kirchenrechtlicher und liturgischer Stücke entstand Ende des 4.Jahrhunderts im Gebiet von Antiochien und spiegelt die antiochenische Praxis. Cf. den Text der Gebete in cap. VIII 4-5 bei Funk, *Didascalia*, 470ss.

[12] Overbeck, 171, 11-13.

[13] Gregor von Nazianz, *Or. II*, *Apologeticus de fuga*, MPG 35, 408-513. Johannes Chrysostomus, *De sacerdotio*, MPG 47, 623-692. Wenn auch Gregor seine Flucht vor dem Presbyteramt rechtfertigen möchte, zeigt seine spätere Resignation als Bischof von Sasima, daß es um die gleiche Sache geht.

denn bei aller Bescheidenheit seines Wesens ist er davon überzeugt, daß er von Gott dazu bestimmt sei, in seiner Schwachheit « das schwere Joch des Amtes und das kostbare Mysterium des Priestertums » auf sich zu nehmen [14]. Er gehorchte Gott, indem er der Welt entsagte. Jetzt handelt er ebenso im Glauben nach seinem Gebot, wenn er in die Welt zurückkehrt, um ganz den Willen Gottes zu vollbringen [15]. Das Hirtenamt wird also ebenso hoch geachtet wie die Berufung zum monastischen Leben, eine Anschauung, die im syrischen Mönchtum keineswegs selbstverständlich ist. Deshalb wird sie auch als wörtliche Rede angeführt und damit als persönliche Meinung Rabbulas gekennzeichnet. Das asketische Leben und die Ausübung eines kirchlichen Amtes sind gleichberechtigte Formen des christlichen Auftrags in dieser Welt. Die gesamte Schilderung der Wirksamkeit Rabbulas als Bischof von Edessa zielt darauf ab, den inneren Zusammenhang zwischen diesen beiden Weisen christlicher Existenz aufzuzeigen. Nach seiner Wahl und Ordination erfahren die Edessener, daß Rabbula ihr Hirte und Bischof geworden ist. Es bleibt hier offen, ob sie sich schon vorher Rabbula als ihren Hirten gewünscht haben [16]. Jedenfalls akzeptieren sie seine Wahl. « Sie nahmen ihn in Frieden auf » [17]. Unter den Akklamationen des gesamten Volkes von Edessa « wird er auf den Thron des Priestertums gesetzt » [18].

2. Teil

RABBULA ALS BISCHOF VON EDESSA

I. Der Reformer und Gesetzgeber

Nach der kurzen Erwähnung von Rabbulas Empfang und Inthronisation beginnt der Hagiograph sofort mit der Darstellung seiner Reformtätigkeit. « Zuerst zeigte er seine besondere Sorge für die

[14] Overbeck, 172, 1-2.

[15] Overbeck, 172, 3-7. Daß Bischöfe aus dem Stand der Anachoreten und Mönche gewählt wurden, war in Syrien die Regel. Cf. die Belege bei Hendriks, *Activité*, 4ss.

[16] Der Hagiograph scheint dies aber schon früher angedeutet zu haben, cf. supra, 26 n. 58-59.

[17] Overbeck, 172, 8-10.

[18] Overbeck, 172, 10-12.

ehrwürdigen Ordnungen des Dienstes der Kirche» [1]. Mit diesen «Ordnungen des kirchlichen Dienstes» sind der Klerus und «die Bundessöhne» und «Bundestöchter» gemeint, denen die beiden folgenden Abschnitte gewidmet sind [2]. Dem Klerus ist das altestamentliche Priestertum Vorbild für die Art und Weise, wie auch dieses Amt der Kirche ausgeübt werden soll [3]. Dabei geht es nicht um eine Analogie im dogmatischen Sinne, sondern um das geistlich-ethische Vorbild der Ehrfurcht und Liebe.

Die erste einschneidende Maßnahme Rabbulas, mit der er seinen monastischen Lebensstil der 'austerity' unter dem Klerus einführt, besteht darin, daß er das silberne Geschirr von «den zehn Tischen der Kleriker» [4] zugunsten der Armen verkauft und es durch Tongeschirr ersetzt. Nur die Pietät vor den verstorbenen Spendern hält ihn davon zurück, ebenso auch mit dem silbernen Altargerät zu verfahren. In der Kirche Edessas muß es also einen gewissen Wohlstand und eine Aufwendigkeit gegeben haben, die für einen durch und durch asketischen Charakter wie Rabbula anstößig waren. Aus der Erwähnung der «zehn Tische der Kleriker» ist zu folgern, daß der Klerus ein kommunitäres Leben führte. Geht man davon aus, daß es in Edessa in dieser Zeit mindestens 18 Gemeindekirchen gegeben hat [5], zu jeder Kirche mehrere Presbyter gehörten und wahrscheinlich auch noch die Diakone zum Klerus hinzugezählt wurden, so hat es sich hier um einen Kreis von etwa 60 bis 80 Personen gehandelt.

Es folgt eine ausführliche Mahnrede an den Klerus und im Anschluß an sie ein weiterer Bericht, wie sich Rabbula um das geistliche und sittliche Niveau seiner Presbyter kümmert [6]. Diese beiden Abschnitte sind vom Hagiographen als eine zusammenfassende Darstellung der Reformbemühungen Rabbulas gemeint. In seiner Mahnrede spricht der Bischof in kollegialer Verbundenheit zu seinen Klerikern über die Würde und Erhabenheit des gemeinsamen Priester-

[1] Overbeck, 172, 12-14 ܛܟܣܐ / *τάξις* ist hier nicht auf irgendwelche Regeln bezogen, sondern meint die Amts- und Dienstordnung.

[2] Overbeck, 172, 14-176, 14 und 176, 14-177, 15.

[3] Overbeck, 172, 14-18.

[4] Overbeck, 172, 21-22.

[5] Diese Folgerung ergibt sich aus der Erwähnung von 18 Versammlungen von Diakonissen in den Vorhöfen der Kirchen, cf. Overbeck, 207, 4-5.

[6] Overbeck, 175, 5-176, 13.

tums, das zum vorbildlichen Lebenswandel verpflichtet [7]. Dem Amt muß im vollen Maße auch die Lebensführung entsprechen. Dieses Postulat wird an einer Reihe von konkreten Punkten exemplifiziert, die uns ein plastisches Bild der kirchlichen Verhältnisse in Edessa geben.

Bei der Auswertung dieser detaillierten Darstellung erweist es sich als notwendig, auch die « Anweisungen und Ermahnungen des Mar Rabbula, Bischofs von Edessa, für die Priester und benai qeyāmā » zu Rate zu ziehen [8]. Es handelt sich um eine Sammlung von 59 Vorschriften, die die Lebensführung in der Gemeinde, die Kirchenzucht, den Gottesdienst und andere wichtige Themen betreffen. Dieses Konglomerat von sehr verschiedenen Elementen geht zu einem großen Teil auf älteres Traditionsgut zurück [9]. Daß es später Rabbula zugeschrieben wurde, weist darauf hin, daß dieser Bischof von Edessa maßgeblich an seiner Fixierung, Ausarbeitung und Fortbildung beteiligt gewesen ist. Eindeutige Indizien lassen den Schluß zu, daß hinter bestimmten Sätzen die Autorität eines Bischofs steht [10]. Die weitgehende Übereinstimmung dieser Vorschriften mit dem Bericht des Hagiographen über die Reformtätigkeit Rabbulas ist ein Beweis dafür, daß diese « Anweisungen und Ermahnungen » eine wichtige Grundlage für die Ausübung seines Hirtenamtes bildeten.

[7] OVERBECK, 173, 10ss. Der Hagiograph berichtet, daß Rabbula « die Söhne des Klerus ermahnte wie ein Vater seine Kinder und sie antrieb wie das Haupt die Glieder » (173, 8-10). Der Bischof redet seine Presbyter als 'Brüder' an (173,11).

[8] OVERBECK, 215-221. Deutsche Übersetzungen finden sich bei BICKELL, 230ss und teilweise bei BURKITT, *Urchristentum,* 97ss und bei KÖHLER, *Literatur,* 222ss. Eine französische Übersetzung stammt von F. NAU, *Les Canons et les Résolutions canonique de Rabbula, Jean de Tella, Cyriaque d'Amid...,* in : F. NAU, *Ancienne littérature canonique syriaque,* fasc. II, Paris 1907, 83-91. Zur teilweisen fehlerhaften Übersetzung Burkitts cf. KÖHLER, *Kanones,* 210-213. Zitiert wird nach der Ausgabe von VÖÖBUS, *Documents,* 34-50. Diese Ausgabe basiert auf 7 Handschriften. Overbeck hatte für seine Edition nur ein einziges Manuskript benutzt. Die von Vööbus ausgewertete breite handschriftliche Tradition zeigt die außerordentliche Bedeutung dieser Regeln für die syrische Kirche.

[9] Dies zeigt sich zum Beispiel an der Bestimmung, daß in jeder Kirche das Euangeliōn da-mepharrešē vorhanden sein soll (Nr. 43; VÖÖBUS, 47). Tatians Evangelienharmonie wurde aber schon im 4. Jahrhundert von dem Viererevangelium im gottesdienstlichen Gebrauch abgelöst. Zu allen Einzelheiten cf. *infra,* 3. Teil I.

[10] So ist zum Beispiel in den Canones 19 (VÖÖBUS, 41) und 36 (VÖÖBUS, 45) in der ersten Person Pluralis von einer übergeordneten Instanz die Rede. Dieses « wir » kann nur die Autorität des Bischofs bezeichnen.

In der folgenden Untersuchung sollen diese übereinstimmenden Züge aufgezeigt werden, um dadurch ein genaues Bild über die kirchlichen Zustände in Edessa im ersten Drittel des 5.Jahrhunderts zu gewinnen.

An erster Stelle steht die Mahnung, jeden Umgang mit Frauen zu vermeiden. Sie gilt sowohl für die Kleriker wie auch für die benai qeiāmā [11]. Gänzlich ausgeschlossen soll das Zusammenleben mit Nichten sein. Nach Möglichkeit soll auch die Gesellschaft der Mutter und Schwester gemieden werden. Verboten ist es auch, Mägde und « weltliche Diener » anzustellen. Alle notwendigen Verrichtungen sollen entweder von den Klerikern selbst, oder von « Brüdern unseres Geheimnisses » [12] getan werden. Diesen Bestimmungen entsprechen drei zusammenhängende Canones [13]. Der erste gilt für Periodeuten [14], Presbyter, Diakone und benai qeyāmā. Er schreibt vor, daß sie nicht mit Frauen zusammen sein sollen. Ein Zusammenleben mit Mutter, Schwester oder Tochter (!) ist erlaubt. Rabbula hat also versucht, diese Vorschrift zu verschärfen. Ob die Erwähnung von Töchtern sich nur auf die « Bundessöhne » und Diakone, oder auch auf die Kleriker bezieht und darauf schließen läßt, daß es sich um Verheiratete handelt, deren Ehe nach ihrer Priesterweihe weitergeführt wird, oder auch nur noch formell weiter besteht, soll an dieser Stelle vorläufig dahingestellt bleiben.

[11] Overbeck, 173, 22ss und 176, 19s.

[12] Overbeck, 174, 3 : ܐܚܐ ܕܐܪܙܢ. Es handelt sich hier um einen synonymen Ausdruck des Hagiographen für benai qeyāmā. Vielleicht soll dadurch das sakramentale und ekklesiologische Verständnis dieser Gemeinschaft zum Ausdruck gebracht werden.

[13] Nr. 2-4; Vööbus, 36-37. Eine sachliche Parallele zu diesen drei Canones ist der sich auf Nicäa berufende (cf. can.III) 3.Canon der Synode von Seleucia-Ctesiphon aus dem Jahre 410, cf. Chabot, *Synodicon* 24,6-12; Übers. Braun, *Synhados* 17 : « Darüber, daß die cohabitatrices nicht mehr nach der früheren Sitte mit dem Klerus wohnen sollen. Bezüglich der *cohabitatrices* ferner tun wir alle, wie es von der Synode befohlen ist, daß nunmehr kein Bischof, Priester, Diakon, Hypdiakon oder Bundessohn, der mit Weibern zusammenwohnt und nicht keusch und allein, wie es dem Kirchendienst geziemt — Männern mit Männern allein — zum Kirchendienst aufgenommen werden ». ܡܥܠܬܐ sind die *συνείσακτοι γυναῖκες*.

[14] Es handelt sich hier um Bischöfe, die ländliche Gegenden und Klöster betreuen, aber der Jurisdiktion des Stadtbischofs unterstehen. Einzelheiten über diese Periodeuten oder Chorbischöfe bei R. Amadon, *Chorévêques et périodeutes*, OrSyr 4 (1959), 233-240. In der Bestimmung Nr. 13; Vööbus, 39 wird als eine besondere Befugnis der Periodeuten erwähnt, einen Kandidaten zum Priestertum vorzuschlagen.

Die anderen beiden Bestimmungen beziehen sich auf das Verhältnis zu den « Bundestöchtern ». Es ist dem Klerus und den « Bundessöhnen » untersagt, sich von den benāt qeyāmā Gewänder weben zu lassen. Ebenso dürfen die « Bundestöchter » nicht im Dienst von Presbytern und Diakonen stehen. Der Abschirmung vom anderen Geschlecht dient auch die Mahnung Rabbulas, von der wir in den Canones nichts erfahren, daß die « Bundestöchter » sich auf der Straße nur mit einem verhüllenden Schleier sehen lassen dürfen, der das Zeichen der Brautschaft mit Christus ist [15]. Die zwei anderen Regeln für die benāt qeyāmā, daß sie niemals ohne die Begleitung von Mitschwestern eine kirchliche Versammlung besuchen dürfen und angehalten sind, mit einer Diakonisse zusammenzuwohnen, haben ihre kanonischen Parallelen. Die « Bundestöchter » haben keine Erlaubnis, einzeln zur Kirche zu kommen und bei Nacht zurückzugehen. Sie sollen vielmehr, ebenso wie die « Bundessöhne », zusammen wohnen [16]. Das gleiche gilt auch für die Presbyter und Diakone [17]. Es soll auf jeden Fall vermieden werden, daß die « Bundessöhne » und « Bundestöchter » bei « Weltleuten » wohnen [18].

Diese drei Bestimmungen zeigen, daß es zur Zeit Rabbulas noch keine Selbstverständlichkeit in Edessa war, daß Presbyter, Diakone und benai und benāt qeyāmā in der Kirche oder unmittelbar bei dem Kirchengebäude in einer Gemeinschaft miteinander lebten. Durch das zerstreute Wohnen in der Stadt oder auf dem Lande mußten sich schwerwiegende Probleme für die asketische Lebensweise ergeben, insbesonders war die Trennung vom anderen Geschlecht nicht gewährleistet. Für den Klerus scheint diese Forderung erfüllt worden zu sein, während sie für die übrigen nur ein frommes Desiderium blieb [19]. Waren Reisen notwendig, so wurde den Klerikern eingeschärft, Gasthäuser zu meiden und sich nur in dem Xenodocheion der Kirche oder in den Klöstern aufzuhalten [20]. Für die benai qeyāmā

[15] Overbeck, 177, 6ss. Statt benāt qeyāmā ist hier der Ausdruck verwandt ܡܩܝܡܬܐ ܕܢܫ̈ܐ (177, 7), entsprechend auch für Bundessöhne ܡܩܝܡܐ ܕܓܒܪ̈ܐ (176, 15).

[16] Nr. 18; Vööbus, 40.

[17] Nr. 42; Vööbus, 46.

[18] Nr. 10; Vööbus, 38. Unter ܥܠܡܝ̈ܐ sind hier Christen ohne besondere asketische Verpflichtungen zu verstehen.

[19] Dies zeigt das einschränkende ܒܡܫܟܚܐ in den Canones Nr. 18 und Nr. 42.

[20] Nr. 22; Vööbus, 42. Diese Bestimmung gilt besonders den Periodeuten, deren Aufgaben eine intensive Reisetätigkeit erforderte.

galt die Vorschrift, daß sie Versammlungen und andere Orte nur mit einem Presbyter besuchen durften, entsprechend die benāt qeyāmā nur mit einer Diakonisse [21]. Keiner durfte ohne die Erlaubnis des Bischofs eine Reise an den kaiserlichen Hof oder zu einem anderen entfernten Ort unternehmen, auch nicht, wenn er Geschäfte seines Ortes oder seiner Gemeinde zu erledigen hatte [22]. Diese Restriktion des freien Reiseverkehrs hat nicht nur asketische, sondern ebenso auch kirchenpolitische Hintergründe, da nicht selten in Konstantinopel von Presbytern und anderen Gemeindegliedern Intrigen gegen den eigenen Bischof ins Werk gesetzt wurden. Es sollte vermieden werden, daß oppositionelle Kräfte vom Schlage eines Ibas an höchster Stelle gegen ihren Vorgesetzten auftreten konnten.

Trotz aller Einschärfungen und Mahnungen scheint es immer wieder vorgekommen zu sein, daß « Bundessöhne » und « Bundestöchter » den fleischlichen Versuchungen erlagen. Für diese Fälle waren harte Maßnahmen vorgesehen. Der « Laie » (Weltmann), der eine « Bundestochter » zur Frau zu nehmen wagte, mußte damit rechnen, exkommuniziert und als Gefangener der Gerichtsbehörde in der Stadt vorgeführt zu werden. Wenn die « Bundestochter » ihre Einwilligung gegeben hatte, wurde mit ihr in gleicher Weise verfahren [23]. Es geht also hier um Fälle der Vergewaltigung und Verführung. Diese Vorschrift gibt einen interessanten Aufschluß über das Verhältnis zwischen kirchlicher Disziplinargewalt und weltlicher Gerichtsbarkeit. In besonders schweren Fällen, bei denen von kirchlicher Seite sogar die Möglichkeit der Geißelung in Erwägung gezogen werden muß, kann auch als alternative Lösung die Übergabe an die weltlichen Richter erfolgen [24]. Es bleibt offen, um welche Vergehen es sich hier handelt und ob auch hier die Exkommunikation die Voraussetzung für diesen letzten Schritt ist. Im übrigen soll bei Streitigkeiten der Appell an weltliche Gerichte vermieden werden und der Bischof

[21] Nr. 37; Vööbus, 45. Gemeint sind hier wohl kirchliche Zusammenkünfte außerhalb des Gottesdienstes.

[22] Nr. 38; Vööbus, 45-46. Hier ist Bickell, 235 eine Fehlübersetzung unterlaufen. ܦܠܛܝܢ ist nicht ein Kirchhof, sondern der kaiserliche Hof in Konstantinopel.

[23] Nr. 28; Vööbus, 43.

[24] Nr. 35; Vööbus, 45. Zuerst wird ein Verbot der Geißelung ausgesprochen und dann doch mit Fällen gerechnet, bei denen eine Notwendigkeit für sie besteht.

soll die Funktion eines Schiedsrichters ausüben [25]. Eine andere disziplinäre Situation ergibt sich aber, wenn « Bundessöhne » und « Bundestöchter » gegenseitig der geschlechtlichen Versuchung erliegen. Dann sollen sie für einige Zeit zur Buße in ein Kloster geschickt werden. Auch mit dieser Maßnahme ist die Exkommunikation verbunden, die auch für die Eltern der Gefallenen gilt [26], eine merkwürdige Form religiöser Sippenhaftung, — oder meint man, daß der elterlichen Erziehung bei sittlichen Verfehlungen der Kinder eine wesentliche Schuld zuzuschreiben sei? Schließlich ist in diesem Zusammenhang noch eine Bestimmung zu erwähnen, die den Presbytern und Diakonen anbefiehlt, sich um die Nöte der benai und benat qeiāmā zu kümmern und gegebenfalls den Bischof um Hilfe zu bitten [27]. Die Unterstützung des Klerus soll gewährleisten, daß sie nach den vorliegenden Regeln auch wirklich Weltentsagung ohne die Ablenkung materieller Nöte üben können.

An zweiter Stelle steht in der Rede Rabbulas an seine Kleriker die Mahnung, abgesehen von Fällen der Krankheit sich des Fleischgenusses und des Badens zu enthalten [28]. Sie gilt ebenso auch den « Bundessöhnen » [29]. Unter den Canones findet sich neben einen allgemeinen Fastengebot [30] eine spezielle Bestimmung, die mit dieser Mahnung identisch ist. Der Weingenuß wird aber hier als so gefährlich angesehen, daß noch die Warnung vor Trunkenheit und dem Besuch von Tavernen hinzugefügt ist [31]. Die völlige Enthaltsamkeit von

[25] Dies ist wohl der Sinn von Nr. 36; Vööbus, 45. Vielleicht läßt auch Nr. 14; Vööbus, 39 darauf schließen, daß die Periodeuten die Funktion von untergeordneten Richtern ausübten. Sie sollen nicht jedermann Gehör schenken, sondern nur denjenigen, die sich als unparteiisch erwiesen haben. Jurisdiktionelle Funktionen kirchlicher Instanzen setzen auch die Canones Nr. 5; Vööbus, 37 und Nr. 47; Vööbus, 47 voraus.

[26] Nr. 29, Vööbus, 44.

[27] Nr. 19; Vööbus, 41. Hier ist auch Nr. 12 heranzuziehen, eine Bestimmung, die die Presbyter und Diakone verpflichtet, sich um die bedürftigen und armen « Bundessöhne » zu kümmern.

[28] Overbeck, 174, 6ss. Zum asketisch begründeten Verbot des Badens cf. J Zellinger, *Bad und Bäder in der altchristlichen Kirche. Eine Studie über das Christentum und Antike*, München 1928.

[29] Overbeck, 176, 20ss.

[30] Nr. 11; Vööbus, 39. Dieses Gebot ist an die « Söhne der Kirche » gerichtet. Gemeint sind insgesamt Klerus und Asketen, vielleicht sogar auch die « Weltleute ».

[31] Nr. 23; Vööbus, 42. Ob die Erlaubnis, in Krankheitsfällen Wein genießen zu dürfen, auf *1.Tim.5, 23* zurückgeführt wurde, läßt sich nicht feststellen.

Alkohol wird so wichtig genommen, daß die benai und benāt qeyāmā auch bei Totenfeiern auf das sonst wohl übliche Weintrinken verzichten sollen [32]. Der Grund für diese sehr weitgehende Nahrungs- und Reinlichkeitsaskese liegt für Rabbula darin, den Leib durch Wohlleben nicht in Versuchung zu führen. Auch sein persönlicher Lebensstil als Bischof war diesem Ziele völlig angepaßt (cf. infra).

An dritter Stelle steht in der Mahnrede Rabbulas die Warnung vor Geldgier und Habsucht, mit der auch die Vorliebe für feine Kleider und schönes Hausgerät gemeint ist [33]. Die « Bundessöhne » werden vor Handelsgeschäften gewarnt, und es wird ihnen verboten, Geld auf Zinsen auszuleihen [34]. Das Streben nach einem weitgehenden Verzicht auf Geld und Gut hat auch in den Canones seinen Niederschlag gefunden. « Alle, die Jünger des Messias geworden sind », dürfen nur das Notwendige besitzen und sind verpflichtet, den Armen auszuteilen [35]. Aus diesem Grundsatz, in dem bezeichnender Weise das asketische Element mit dem karitativen verbunden ist, ergeben sich nun eine Reihe von konkreten und aktuellen Einzelbestimmungen. Sie sind en bloc zusammengefaßt in can. Nr. 5-9 (Vööbus 37-38). Danach dürfen Kleriker keine Bestechungen annehmen, vor allen Dingen nicht in Prozessen (Nr.5). Es muß also hier eine große Versuchung gelegen haben. In anderer Stelle wird die Annahme von Geschenken der Kommunikanten bei der Eucharistie untersagt, ein Mißbrauch, der wahrscheinlich auch als eine feinere Form der

[32] Nr. 46; Vööbus, 47. Die Sitte dieser Totenfeiern stammt aus heidnischer Zeit. Eine interessante Parallele zu dieser Bestimmung bildet der 8.Canon der Synode von Seleucia-Ctesiphon (410), der noch differenzierter die betreffenden Gefahren ins Auge faßt, cf. Chabot, *Synodicon* 25, 14-23; Übers. Braun, *Synhados* 19 : « Darüber, daß Kleriker, welche zu einem Gastmahl und Leichenschmaus geladen werden, dort keine Portionen verlangen noch mitnehmen dürfen, noch (daß sie) in den Kneipen essen oder bei Pikniks sich aufhalten dürfen. Ferner sollen Priester, Diakone und Hypdiakone nicht zum Leichenschmaus der Armen gehen, sondern für sich ist das Mahl der Kleriker. Auch sollen sie von dort keine Portionen nehmen dürfen, um nicht Schande und böse Rede über die Freiheit der Kirche zu bringen. Auch ist es in der Kirche keinem Priester, Diakon, Hypdiakon, Ordinierten, Geheiligten, Türhüter gestattet, sich niederzulassen überhaupt bei einem Piknik, bei einem Gastmahl, weder im Trauerhause noch in einer Schenke ».

[33] Overbeck, 174, 11ss.

[34] Overbeck, 176, 21-23.

[35] Nr. 24; Vööbus, 42. « Jünger des Messias » ist ein Sammelbegriff für alle Christen. Es bleibt jedoch wiederum die Frage, ob auch die Laien hier miteingeschlossen sind.

Bestechung zu verstehen ist [36]. Aber selbst Gebühren bei Festen und Totenagapen sind ausgeschlossen, die für die Armen erhoben werden. Es darf nur auf freiwilliger Basis gespendet werden [37]. Es ist ein unantastbarer Grundsatz der Kirche in Edessa, daß sie auf verwaltungsmäßige und zwangsweise Erhebung von Geldern in Analogie der modernen Kirchensteuer verzichtet. Es ist nicht gestattet, den benai qeyāmā und Weltleuten irgendwelche Tributzahlungen aufzuerlegen, auch wenn diese « von denen in der Stadt » angeordnet werden, gemeint sind hier wohl steuerliche Maßnahmen der Behörden zugunsten der Kirche. Die kirchlichen Bedürfnisse sollen nur durch freiwillige Spenden gedeckt werden [38]. Auch der Besuch des Bischofs in einem Dorf darf kein Anlaß zu Geldforderungen an die Laien sein. Zahlungen sollen aus der Kirchenkasse, oder bei finanzieller Notlage überhaupt nicht erfolgen. Wahrscheinlich geht es hier um Gaben, die der Bischof nach Gewohnheitsrecht bei seinen Gemeindebesuchen in Empfang nimmt [39]. Da die Kirche auf geregelte Einnahmen und Profit verzichtet, kann sie dies auch von ihren Gliedern fordern. Deshalb sind beim Geldverleihen Zinsen untersagt und überhaupt irgendein geschäftlicher Verdienst [40]. Die Glieder des geistlichen Standes sollen sich auch nicht für Lohn als Aufseher für Kornspeicher und Weinberge dingen lassen [41]. Wegen ihrer Ehrlichkeit und Zuverlässigkeit scheinen sie von Laien für diese Aufgaben begehrt gewesen zu sein. Ebenso gern scheint man sie bei Erziehungsaufgaben und bei der Vertretung in Prozessen eingesetzt zu haben. Aber auch solche Ämter können nur die Vernachlässigung der Askese und weltliches Gewinnstreben zu Folge haben und sind deshalb zu meiden [42].

36 Nr. 59; Vööbus, 50. Es handelt sich hier ohne Zweifel nicht um eine entartete Form des eucharistischen Opfers der Gemeindeglieder.

37 Nr. 8; Vööbus, 38. Mit « Festen » sind wohl auch Totenfeiern gemeint. Was man im modernen Sprachgebrauch als Gebühren bezeichnen würde, wird hier als « Ehrenforderung » umschrieben.

38 Nr. 6; Vööbus, 37 ܦܣ̈ܩܬܐ sind Geldgaben, die nach einer festgesetzten Ordnung gegeben werden.

39 Nr. 7; Vööbus, 37-38.

40 Nr. 9; Vööbus, 38. Zu vergleichen ist hier der nach dem Vorbild des 17. Canons von Nicäa entworfene 4.Canon der Synode von Seleucia-Ctesiphon (410), der den Klerikern Zins und Wucher verbietet, cf. Chabot, *Synodicon* 24, 13-17.

41 Nr. 25; Vööbus, 43.

42 Nr. 26; Vööbus, 43. Es handelt sich hier wahrscheinlich um die Vormundschaft bei Waisen und ihre Erziehung.

Rabbula mahnt mit Nachdruck seine Kleriker, sich aus weltlichen Obliegenheiten und Rechtsgeschäften der Verwandten herauszuhalten [43]. Die Canones machen hierbei noch auf einige besondere Gefährdungen aufmerksam. Niemand soll eine Bürgschaft weder in schriftlicher noch in mündlicher Form übernehmen [44]. Jedermann soll sich hüten, gefälschte Dokumente anzunehmen und auf Grund von ihnen etwas Ungesetzliches zu tun [45]. Niemand soll weder bei einer Lüge noch bei der Wahrheit schwören und sich so verhalten, wie es geboten ist (Mt.5,37) [46]. Auf der anderen Seite ist aus mehreren Canones zu schließen, daß die Kleriker bei der Rechtssprechung der weltlichen Gerichte oder einer gesonderten kirchlichen Gerichtsbarkeit aktiv beteiligt waren, anderenfalls wäre die Mahnung nicht notwendig, bei Prozessen keine Bestechungen anzunehmen [47], nur verläßlichen Leuten Gehör zu schenken [48], keine gefälschten Dokumente anzunehmen (cf. supra) und diejenigen, mit denen ein Streit nicht beigelegt werden kann, zum Bischof zu schicken [49]. Die Glieder des geistlichen Standes, unter ihnen besonders die Periodeuten und Bischöfe, scheinen also eine bedeutende Rolle im Rechtsleben gespielt zu haben, was natürlich auch gewisse Gefahren mit sich brachte.

Kurz und bündig ist Rabbulas Mahnung zum Fasten, zum Gebet, zu guten Werken und zum Lesen der Heiligen Schrift. Sie ist verbunden mit der Warnung vor müßigem Zeitvertreib und unnützem Gerede [50]. Das Gebot des Fastens und des Gebets hat seine genaue Entsprechung in einer kanonischen Bestimmung, die alle « Söhne der Kirche » anredet und den charakteristischen Zusatz enthält, für die Armen zu sorgen und Gerechtigkeit für die Unterdrückten zu

[43] Overbeck, 174, 16-17.

[44] Nr. 41; Vööbus, 46.

[45] Nr. 47; Vööbus, 47.

[46] Nr. 21; Vööbus, 41. Die Befolgung des Herrenwortes über das Verbot des Schwörens ist auch für die gerichtliche Praxis anzunehmen.

[47] Nr. 5; Vööbus, 37. Der Prozess bildet hier einen besonderen Fall einer Bestechungssituation.

[48] Nr. 14; Vööbus, 39. Diese Anweisung ist an Periodeuten gerichtet, die offenbar eine besondere gerichtliche Funktion zu erfüllen haben.

[49] Nr. 36; Vööbus, 45. Damit soll vermieden werden, daß das weltliche Gericht in Anspruch genommen wird.

[50] Overbeck, 174, 14ss.

fordern [51]. Auch hier haben wir wieder die typische Verbindung vor uns zwischen einer geistlichen und sozial-ethischen Forderung. Als eine Ausführungsbestimmung dieser grundlegenden Mahnung zum Gebet kann die Vorschrift gelten, daß die Presbyter, Diakone und benai und benāt qeyāmā beständig sein sollen im Gottesdienst der Kirche und die Zeiten des Gebetes und des Psalmodierens bei Tag und Nacht nicht versäumen dürfen [52]. Wahrscheinlich ist hier eine bestimmte Form des monastischen Stundengebetes vorausgesetzt [53]. Der Regelmäßigkeit dieser Gebetsübungen sollen wohl auch die Bestimmungen dienen, die eine Residenzpflicht in der Kirche für alle Glieder des geistlichen Standes zum Inhalt haben. Ausgenommen sind hier nur die Laien [54]. Die « Bundessöhne » und die « Bundestöchter » können aber nur aktiv an den Gottesdiensten teilnehmen, wenn sie Psalmen und Hymnen lernen [55]. Abgesehen von ihrer Mitwirkung in den Horen dürfen sie keine liturgische Funktionen ausüben. Vielleicht ist immer wieder versucht worden, von dieser Seite her in pneumatisch- asketischem Selbstbewußtsein die hierarchische Ordnung zu durchbrechen. Es wird nämlich audrücklich verfügt, daß nur der Presbyter die Eucharistie feiern und niemand außer ihm und dem Diakon die konsekrierten Elemente austeilen darf [56]. Ebenso sind Evangelienlesung und Benediktionen dem Presbyter

[51] Nr. 11; Vööbus, 39. Als Zweck dieser Hilfsbereitschaft wird merkwürdigerweise angegeben: daß sie sich nicht verstellen, daß sie keine Heuchler werden.

[52] Nr. 27; Vööbus, 43. Alle scheinen je in einer Kirche zu einer gottesdienstlichen Gemeinschaft zusammengeschlossen zu sein. Eine Absonderung der « Bundestöchter » von den Männern während der Horen ist kaum wahrscheinlich. Es sind wohl nur nach Geschlechtern getrennte Plätze vorgesehen. Overbeck ist 218, 15 ein Druckfehler unterlaufen. Statt ܘܒܡܙܒܘܪ̈ܐ muß es heißen: ܘܒܡܙܡܘܪ̈ܐ.

[53] Zu den monastischen Horen im syrischen Raum cf. die Ausführungen von Maters, *Office*, 64ss.

[54] Cf. Nr. 18; Vööbus, 40 und besonders Nr. 42; Vööbus, 46. Zur Interpretation der beiden Bestimmungen cf. supra, 46.

[55] Nr. 20; Vööbus, 41. Die Hymnen werden hier als Proprium für die « Bundestöchter » angesehen. Den Männern muß also in erster Linie der Psalmengesang zugestanden haben. Es ist möglich, daß hier ein Einfluß Ephräms vorliegt, denn wir wissen von ihm, daß er sich um die Organisation der benāt qeyāmā kümmerte und mit ihnen Hymnen einübte, cf. A. Vööbus, *Literary studies*, 54 n. 3 die betreffenden Belege. Die Übereinstimmung aber, die Vööbus, ibid., 132-133 zwischen Ephräm und den Canones Rabbulas aufzeigen möchte, ist nicht überzeugend.

[56] Nr. 33; Vööbus, 44.

vorbehalten [57]. Er ist auch verantwortlich für die äußere Ordnung des Hauses Gottes, vor allem dafür, daß keine Tiere in der Kirche gehalten werden [58]. Auch soll die Heiligkeit des Altarraumes gewahrt werden. Bei der eucharistischen Darbringung dürfen die benai qeiāmā nicht die Stufen zum Altar hinaufgehen, um Nahrungsmittel in die Apsis zu bringen. Den Priestern ist es verboten, in diesem Raum zu essen, und überhaupt ist das Essen in der Kirche untersagt. In der Apsis soll nichts anderes als die heiligen Geräte aufgestellt sein [59].

Im Hintergrund dieser Bestimmungen stehen Erfahrungen mit störenden Unsitten bei der Darbringung und der Verteilung und dem Verzehr der nicht für den heiligen Gebrauch ausgesonderten Gaben. Es scheint noch häufig vorgekommen zu sein, daß alle mitgebrachten Nahrungsmittel wie bei einem Erntedankfest von den « Bundessöhnen » in die Apsis gebracht wurden. Dort hat dann im Anschluß an den Gottesdienst, zumindestens für die Presbyter, das Liebensmahl stattgefunden. Hinfort sollen nur noch die für die Konsekration benötigten Elemente zum Altar gebracht werden. Die Agapen dürfen nur noch außerhalb der Kirche stattfinden. Es scheinen sich in Edessa also noch lange frühchristliche Verhältnisse bei der Feier der Eucharistie erhalten zu haben, die allerdings sich mehr und mehr als störend für den ungehinderten Ablauf des Gottesdienstes herausstellten. Im 4.Jahrhundert hatten sich schon die Synoden von Laodicea [60] und Gangra [61] mit diesem Problem beschäftigt und die Trennung von Liebesmahl und Eucharistiefeier verfügt. Deshalb ist zu fragen, ob die vorliegenden Bestimmungen nicht aus dieser älteren Zeit stammen

57 Nr. 44; Vööbus, 47. Hier wird damit gerechnet, daß Gottesdienste auch ohne einen Presbyter stattfinden und dann ein Diakon seine Aufgaben zu übernehmen hat. Es handelt sich also um Wortgottesdienste wie das Stundengebet.

58 Nr. 39; Vööbus, 46. Es geht hier keineswegs um das gelegentliche Füttern von Tieren, sondern um regelrechte Tierhaltung innerhalb der Kirche.

59 Nr. 58; Vööbus, 49-50. In der verhältnismäßig hoch gelegenen Apsis befand sich nicht wie in den Kirchen des Westens der Bischofsthron, sondern der Altar. Zu der Stellung des Altars im syrischen Kirchenbau cf. Lassus, *Sanctuaires*, 198ss, besonders die Abbildungen 1-2, Planche XXXVI. Was die heiligen Geräte anbetrifft, so ist auch noch die Bestimmung Nr. 32; Vööbus, 44 heranzuziehen, durch die vor einem Nebeneinander von profanen und sakralen Utensilien gewarnt wird.

60 Cf. Lauchert, *Kanones*, 75 Nr. XXVIII: *Ὅτι οὐ δεῖ ἐν τοῖς κυριακοῖς ἢ ἐν ταῖς ἐκκλησίαις τὰς λεγομένας ἀγάπας ποιεῖν καὶ ἐν τῷ οἴκῳ τοῦ θεοῦ ἐσθίειν καὶ ἀκούβιτα στρωννύειν.*

61 Cf. Lauchert, *Kanones*, 82 Nr. XI. Dieser Canon wendet sich gegen falsche Sparsamkeit bei den Agapenfeiern. Die Trennung vom Gottesdienst ist schon vorausgesetzt.

und im 5.Jahrhundert noch wirklich aktuell waren. Bedenkt man jedoch, daß im Jahre 410 die Synode von Seleucia-Ctesiphon und selbst die Trullanische Synode von 692 noch einmal diese Frage aufgriff [62], kann ihre Aktualität für unseren Zeitraum nicht von vornherein ausgeschlossen werden.

Der Rede Rabbulas schließt sich ein Bericht über sein Verhältnis zu seinem Klerus an. «Diejenigen, die seine Liebe nicht in Güte überredete, unterwarf mit Gewalt die Furcht vor ihm. Die Hochmütigen unter ihnen züchtigte (schlug) er gerechterweise, damit sie sich bekehrten» [63]. Es wäre verfehlt, die körperliche Züchtigung vom modernen Standpunkt her als die tyrannische Amtsanmaßung eines gewalttätigen Bischofs zu beurteilen. Daß diese Form der Bestrafung durchaus im Rahmen der legalen Möglichkeiten lag, zeigt eine kanonische Bestimmung, die zwar zuerst einmal das Schlagen generell verbietet, aber dann doch offenbar mit Grenzfällen rechnet, bei denen die körperliche Züchtigung die ultima ratio darstellt, anderenfalls die Auslieferung an die weltlichen Richter erfolgen müßte [64]. Diese Art der Strafe war also durchaus üblich und keineswegs ein Vorrecht des Bischofs; auch die Kleriker waren für sie kompetent. Allerdings war sie wiederum auch nicht so selbstverständlich, daß sie aller Kritik enthoben war. Der Bericht eines nestorianischen Historikers, daß gegen Rabbula auf einer Synode die Anklage erhoben worden sei, er hätte seine Kleriker geschlagen, könnte den Tatsachen entsprechen [65]. Seiner Rechtfertigung, daß Jesus in gleicher Weise an den Geldwechslern bei seiner Tempelreinigung gehandelt habe, soll hiernach Theodor von Mopsuestia mit der Antwort entgegengetreten sein, daß Jesus nur die Tische der Händler umgestoßen

[62] Cf. Canon 13, Chabot, *Synodicon*, 27, 8-11; Übers. Braun, *Synhados* 21: «Das reine, heilige Opfer soll auf einem Altar in allen Kirchen dargebracht werden. Die Tradition jenes alten Gedächtnisses soll nicht mehr unter uns stattfinden und in den Häusern soll das Opfer nicht mehr dargebracht werden». Zur Trullanischen Synode cf. Lauchert, *Kanones*, 130 Nr. LXXIV, wo die Bestimmung von Laodicea aufgenommen ist.

[63] Overbeck, 175, 5-8.

[64] Nr. 35; Vööbus, 45. In dieser Bestimmung wird ein viel stärkerer Ausdruck als in dem Bericht des Hagiographen verwandt. Während dort nur von 'züchtigen' und 'schlagen' die Rede ist, ist es möglich, daß hier sogar an eine Geißelung gedacht ist. Leider wissen wir nichts über die konkreten Fälle, bei denen diese Strafe angewandt wurde.

[65] Barhadbšhabba, Scher, 380, 6-381, 5. Das vollständige Zitat dieser Stelle findet sich *infra*, 167 n. 14.

habe [66]. Allerdings verschweigt der nestorianische Erzähler, daß bei dieser Anklage wahrscheinlich auch tiefgreifende dogmatische Meinungsverschiedenheiten im Hintergrund standen und dieser Vorwurf nur als Vorwand benutzt wurde, um Rabbula zu diskreditieren. Es ist ausgeschlossen, daß in dieser persönlichen Auseinandersetzung der Grund für den sachlich bedingten schroffen theologischen Gegensatz zwischen Rabbula und Theodor zu suchen ist. Hingegen paßt es durchaus zum Charakterbild Rabbulas, wenn wir ihm eine gewisse Härte im Umgang mit den ihm Untergebenen zuschreiben, die deshalb noch nicht einer tiefen Liebe zu entbehren braucht.

Nach der Schilderung des Hagiographen hat sich Rabbula mit besonderer Sorgfalt seinen Ordinanden gewidmet [67]. Er prüfte ihre Tugenden und versuchte, von zuverlässigen Leuten Referenzen über sie zu erhalten. Nach der Weisung des Apostels (1.Tim.5,11) war er nicht leichtfertig, jemand die Hand für «das heilige Mysterium des Priestertums» aufzulegen [68]. Vor der Ordination wurden deshalb die Namen der Anwärter öffentlich bekanntgegeben, damit eventuelle Einsprüche gegen sie erhoben werden konnten. Auch führte Rabbula mit ihnen persönliche Gespräche, um ihre Berufung zu prüfen. Diesen Bemühungen um eine verantwortungsvolle Ordinationspraxis soll eine Bestimmung dienen, die Periodeuten untersagt, für den «Rang des Priestertums» jemand «darzubringen», der unter einer Anklage steht oder sich noch im Sklavenstande befindet. Auch hier steht die Berufung auf die Anweisungen des Apostels. Wahrscheinlich sind die betreffenden Ausführungen der Pastoralbriefe gemeint [69].

66 Diese Bemerkung macht der exegetischen Beobachtungsgabe Theodors alle Ehre. In der Tat ist bei den Synoptikern nicht davon die Rede, daß Jesus bei der Tempelreinigung irgenjemand geschlagen habe. Lediglich aus *Joh.2,15* erfahren wir, daß er sich eine Geißel aus Stricken machte. Ob sie nur zur Abschreckung oder dem tatsächlichem Zuschlagen diente, muß dahingestellt bleiben.

67 OVERBECK, 175, 15-176, 14. Im Verhältnis zu den übrigen Ausführungen ist diese Schilderung sehr ausführlich.

68 OVERBECK, 175, 27-176, 1.

69 Nr. 13, VÖÖBUS, 39. Die Appellation an die apostolische Weisung ist hier nur allgemeiner Natur, denn *1.Tim.* 3, *2ss* und *Tit.*1, *6ss* ist nicht direkt von den in diesem Kanon erwährten Fällen die Rede. Einen etwas anderen Skopus hat der 16.Canon der Synode von Seleucia-Ctesiphon aus dem Jahre 410, bei dem es in erster Linie um das Alter und den Bildungsstand der Ordinanden geht, ebenso aber auch um den Ordinationsort, cf. CHABOT, *Synodicon* 29, 19-30, 5. Die scharfen Formulierungen weisen auf erhebliche Mißstände hin.

Die Periodeuten, die Vertreter des Stadtbischofs auf dem Lande, haben also die wichtige Aufgabe, dem Bischof geeignete Kandidaten zur Ordination vorzuschlagen und diese vorher einer Prüfung zu unterziehen. Es ist nun auffallend, daß die dieser Bestimmung zugrundeliegende theologische Idee, die die Aufstellung eines Kandidaten zum Priestertum in Analogie zur Darbringung des eucharistischen Opfers versteht, nach der Meinung des Hagiographen auch die tiefste Intention der Bemühungen Rabbulas um eine einwandfreie Ordinationspraxis charakterisiert. « Er gab sich die sorgfältigste Mühe, daß, gleich dem auserwählten Opfer und der wohlgefälligen Darbringung Abels, des ersten Priesters, durch seine Hand Gott makellose Söhne dargebracht wurden » [70]. Wenn auch durch diese Übereinstimmung nicht unbedingt Rabbula als der Autor des Canons Nr.13 erwiesen ist, so ist doch die Folgerung erlaubt, daß Rabbula im Sinne des theologischen Grundgedankens dieses Canons sein Reformwerk betrieben hat. Die zweite Deutung seiner Bemühungen, « daß die Priester in ihrem Dienst den Engeln des Himmels so ähnlich werden sollen, wie es die menschliche Natur gestattet » [71], beruht auf einer in der griechischen Kirche zu dieser Zeit schon weit verbreiteten Anschauung, daß der priesterliche Dienst bei der Eucharistie in Gemeinschaft und in Angleichung an die Engel ausgeübt werde [72]. Wenn der Hagiograph seinen verehrten Bischof als « einen Engel im Fleische » bezeichnet [73], so wird er damit in gleicher Weise die asketischen wie auch die priesterlichen Tugenden Rabbulas im Auge gehabt haben.

Der Bericht des Hagiographen und die von Rabbula für seine Reformtätigkeit benutzten Canones vermitteln uns ein anschauliches Bild der inneren Struktur der syrischen Kirche im Raume Edessas in der ersten Hälfte des 5.Jahrhunderts. Im Vergleich mit den tatsächlichen Verhältnissen und dem theologischen Ideengut in allen christlichen Konfessionen des 20.Jahrhunderts fällt zuerst ins Auge,

[70] OVERBECK, 176, 8-12.

[71] OVERBECK, 176, 12-14.

[72] Cf. z.B. JOHANNES CHRYSOSTOMUS, *De sacerdotio* VI 4, MPG 47, 681 oder GREGOR VON NAZIANZ, *Oratio II*, 73, MPG 35, 489. Auch in der byzantinischen Liturgie sind mannigfaltige Spuren für diese Anschauung zu finden.

[73] OVERBECK, 186, 14-16. Über das monastische Ideal der Engelgleichheit cf. *supra*, 34, n. 97.

daß die syrische Kirche weder von der Gemeinde, von den « Laien », noch von der Hierarchie her strukturiert und konzipiert ist. Den Kern, das Lebenselement und die tragende Schicht dieser Kirche bilden die Asketen, die weder dem Klerus noch dem Stand der Mönche oder dem Anachoretentum angehören. Sie bilden den « Bund » [74]. Sie sind die « Söhne des Bundes » und die « Töchter des Bundes » [75]. Sie sind die « keuschen Brüder » [76] und die « Brüder der Ordnung » [77], die « Jünger des Messias » [78] und die « Söhne der Kirche » [79]. Sie haben Jungfräulichkeit und Heiligkeit gelobt [80]. Es werden von ihnen die evangelischen Räte der Armut und der Keuschheit befolgt, wobei offen bleiben muß, ob analog des Mönchsgelübdes ein spezielles und formelles Versprechen in dieser Hinsicht von ihnen verlangt wurde. Es ist eher anzunehmen, daß sie ihre asketischen Verpflichtungen als Konsequenz der empfangenen Taufe betrachteten. Der ihren Stand bezeichnende sich differenzierende Sprachgebrauch läßt darauf schließen, daß die benai qeyāmā sich im 5.Jahrhundert nicht mehr als « Söhne der Auferstehung » verstanden, die durch ihre völlige Askese und ihr engelgleiches Leben jetzt schon der zukünftigen Güter teilhaftig wurden [81]. Dieser dem frühen syrischen Christentum eigen-

[74] ܩܝܡܐ ist der vom Hagiographen am häufigsten gebrauchte Ausdruck, cf. Overbeck, 178, 17 und 207, 9. Es wird dann auch generell vom « Bund der Männer und Frauen » gesprochen, wie in 206, 2 und 206, 4-5, oder auch zwischen ihnen differenziert. 176, 15 wird der « keusche Bund der Männer » erwähnt, 177, 7 der « Bund der Frauen ».

[75] ܒܢ̈ܝ / ܒܢ̈ܬ ܩܝܡܐ ist die durchgehende Bezeichnung der Canones. Der Hagiograph spricht nur einmal von den « Töchtern des Bundes », cf. Overbeck, 203, 21, er bevorzugt also eindeutig die in n. 74 belegte Terminologie vom « Bund ».

[76] Overbeck, 203, 14: ܐܚ̈ܐ ܢܟ̈ܦܐ.

[77] Overbeck, 204, 2: ܐܚ̈ܐ ܕܬܘܩܢܐ.

[78] Overbeck, 180, 21. Ebenso findet sich diese Bezeichnung in den Canones, wie zum Beispiel in Nr. 24; Vööbus, 42.

[79] Diese Bezeichnung findet sich nur in den Canones, cf. Nr. 11; Vööbus, 39, Nr. 48; Vööbus, 48 und Nr. 55; Vööbus, 49. In ihr wird das Selbstverständnis der benai qeyāmā als gelebte und verwirklichte Kirche gegenüber den « Weltleuten » sichtbar.

[80] Overbeck, 180, 13-14.

[81] Zum ursprünglichen Verständnis des frühsyrischen Asketentums cf. supra, 18 und 34-35 die betreffenden Ausführungen und Belege. Die von Anfang an in qeyāmā mitenthaltene Bedeutung von 'Bund' ist schließlich dominierend geworden. In der Wort- und Frömmigkeitsgeschichte hat also eine Verschiebung vom Eschatologischen zum Ekklesiologischen stattgefunden. Einen guten Überblick über die Forschung bis 1950 bietet J. Jargy, *Les « fils et filles du pacte »* dans la litterature monastique syriaque, OCP 17 (1951), 304-320, 308ss.

tümliche Bedeutungsinhalt dieser Bezeichnung ist fast ganz verloren gegangen. Das Selbstverständnis dieses Standes wird jetzt fast ausschließlich vom Gedanken des Bundes und der Gemeinschaft bestimmt, die durch eine entschlossene Weltentsagung die mit der Taufe gelobte Nachfolge des Herrn in einem gemeinsamen Leben verwirklicht. Es kann kein Zweifel darüber bestehen, daß es sich bei den benai und benat qeiāmā um eine breite Volksbewegung handelte, die auch zahlenmäßig das Gros der Kirche ausmachte. Diese Asketen sind sozusagen die Normalchristen ihrer Zeit, während die Laien im modernen Sinne ganz am Rande der Kirche stehen. Es ist auffallend, daß die « Weltleute », also getaufte, aber verheiratete Christen, nur ein einziges Mal vom Hagiographen in einer neutralen Bedeutung genannt werden [82], in den Canones aber nur der Erwähnung für wert gehalten werden, wenn es darauf ankommt, den « Bundessöhnen » einzuschärfen, sich möglichst von ihnen fernzuhalten [83]. « Söhne der Kirche » und « Jünger des Messias » im vollen und eindeutigem Sinne können nur diejenigen sein, die auf Besitz und Ehe verzichten [84]. Die Bemühungen Rabbulas und die entsprechenden Bestimmungen können kaum so verstanden werden, daß dadurch in erster Linie einer verbreiteten Laxheit und einem allgemeinen Niedergang dieses Asketentums gesteuert werden sollte. Rabbula scheint vielmehr sein Hauptziel darin gesehen zu haben, die « im Bunde stehenden » Männer und Frauen besser zu organisieren, sie enger an den Klerus zu binden [85] und ihnen konkrete Aufgaben im Gottesdienst und in der kirchlichen Verwaltung zuzuweisen [86]. Dabei ist es wohl eher nötig gewesen, dem Übermaß weltent-

[82] Overbeck, 207, 9 zusammen mit den Juden!

[83] So in den Canones Nr. 11, 25 und 28.

[84] Diese Bedingungen sind zwar nicht in den n. 78-79 angeführten Canones genannt. Es ist jedoch höchst unwahrscheinlich, daß hier auch « Weltleute » angesprochen werden. « Söhne der Kirche » und « Jünger des Messias » sind Sammelbezeichnungen für Klerus, Mönche und Bundessöhne.

[85] Daß es sich hierbei um eine Volksmasse handelte, geht aus Overbeck, 207, 8-9 deutlich hervor. Zur Bindung an den Klerus cf. die oben besprochenen Bestimmungen.

[86] Zu den gottesdienstlichen Aufgaben, cf. supra. Daß die « Bundessöhne » als Ökonomen fungierten, zeigt die Bestimmung Nr. 45; Vööbus, 47. Hiernach dürfen nur dann « Weltleute » ܪ̈ܒܝ ܒ̈ܬܐ werden, wenn keine geeigneten benai qeyāmā vorhanden sind.

sagenden Eifers zu steuern als der Lauheit zu wehren [87]. Im tiefsten Grunde ging es darum, die aus der Tiefe des religiösen Erlebens kommenden asketischen Impulse vor selbstgerechter Introversion zu bewahren, sie im kirchlichen Sinne zu domestizieren und sie den kirchlichen Zielen nutzbar zu machen. Die Lösung vom Besitz, von familiären Bindungen und von weltlichen Geschäften, ebenso wie das Zusammenleben mit dem Klerus, sollen dazu dienen, die « im Bunde Stehenden » für den geregelten Gottesdienst zu aktivieren und sie für kirchliche Dienste freizumachen. Besondere Erwähnung verdient hier ihre Rolle bei der Krankenpflege und bei der Obhut der Aussätzigen [88]. Es sind diese Verwaltungsaufgaben und karitativen Tätigkeiten, die eine gemilderte Observanz der asketischen Forderungen bedingen und neben der engen Zusammenarbeit mit dem Klerus den eigentlichen Unterschied zu dem coenobitischen Mönchtum und natürlich noch mehr zum Anachoretentum markieren.

Mehr als die « Bundessöhne » scheinen die « Bundestöchter » der Kommunität verpflichtet zu sein und sich dadurch den monastischen

[87] In diesem Zusammenhang ist besonders die Bestimmung Nr. 55; Vööbus, 49 zu beachten, durch die den « Söhnen der Kirche, über denen der Name des Messias genannt ist », die Kastration verboten wird. Denkt man an Origenes, scheint diese Mahnung nicht übertrieben zu sein. Hinzu kommt noch, daß es sich hierbei um eine spezifisch heidnische, in Edessa gepflegte Sitte handelte. Cf. BARDESANES, *Liber legum regionum*, ed. F. NAU, PS I 2, Paris 1907, 490-658, p. 606 : « In Syrien und Edessa pflegten sich Männer zu Ehren der Taratha zu kastrieren. Als dies König Abgar erfuhr, befahl er, daß demjenigen, der sich entmannte, die Hand abgehauen würde, und von jenem Tage bis zur heutigen Zeit kastriert sich niemand mehr in der Gegend Edessas ». Trotzdem scheint diese heidnische Sitte verchristlicht worden zu sein, denn in den wahrscheinlich im 4.Jahrhundert in Syrien entstandenen Apostolischen Konstitutionen ist ein Gebet für Eunuchen enthalten, cf. FUNK, *Didascalia*, 490, *Constitutiones apost.* VIII 3 : *ὑπὲρ εὐνούχων ὁσίως πορευομένων δεηθῶμεν, ὑπὲρ τῶν ἐν ἐγκρατείᾳ καὶ εὐλαβείᾳ δεηθῶμεν.* Aber schon im 2.Canon von Seleucia-Ctesiphon (410) wird nach dem Vorbild des 1.Canons von Nicäa das Verbot ausgesprochen, Verschnittene in die Kirche aufzunehmen, cf. CHABOT, *Synodicon*, 23, 26-24, 5. Vielleicht soll auch die Bestimmung Nr. 56; Vööbus 49, daß niemand außer im Falle des Ehebruchs seinen Ehepartner verlassen darf, die Auflösung einer Ehe aus asketischen Gründen verhindern. Es ist nicht anzunehmen, daß Verheiratete dem Bunde angehörten. Das Zusammenleben mit der Tochter wird in Nr. 2; VÖÖBUS 36 wohl Bundessöhnen im Witwenstande erlaubt sein.

[88] Unter der Führung von Diakonen und Diakonissen sind « keusche Brüder » und « Bundestöchter » zur Krankenpflege eingesetzt, cf. OVERBECK, 203, 14-21, Für die Aussätzigen stehen ebenso den Diakonen « Brüder der Ordnung » zur Verfügung, cf. OVERBECK, 204, 1-3.

Lebensformen anzunähern. Hierüber geben uns die eindringlichen Mahnungen Rabbulas [89] und die betreffenden kanonischen Bestimmungen hinreichend Auskunft [90]. Bemerkenswert ist in diesem Zusammenhang auch die Tatsache, daß es 18 Versammlungen von Diakonissen in den Höfen der Kirchen in Edessa gegeben hat [91]. Die « Bundestöchter » bildeten je eine, einer Kirche zugehörige feste Gemeinschaft, die unter der Führung einer Diakonisse stand [92]. Über eine ähnliche, dem Mönchtum analoge Organisation für die « Bundessöhne » haben wir keine sicheren Anhaltspunkte. Zweifellos wünschte aber Rabbula, auch die benai qeyāmā in gleicher Weise zu organisieren. Er gab ihnen den Rat, nach Möglichkeit zusammen zu wohnen [93], und auch seine Empfehlungen über Kleidung, Schuhe und Haarschnitt zielen in diese Richtung einer verpflichtenden coenobitischen Lebensform [94].

Neben dem Klerus und der Masse des Bundesvolkes scheinen Mönche im engeren Sinne, also ausgesprochene Coenobiten, die unter der Autorität eines Oberen nach einer gemeinsamen Regel in einem Kloster leben, in Edessa keine bedeutende Rolle gespielt zu haben. Über ihre Stellung im kirchlichen Leben der Stadt erfahren wir keine näheren Einzelheiten. Nur zweimal werden sie überhaupt vom Hagiographen erwähnt [95]. Die Standorte der Eremiten und die Kolonien der Mönche haben sich hauptsächlich außerhalb Edessas befunden,

[89] Overbeck, 177, 12-14.

[90] Zum Beispiel wird in der Bestimmung Nr. 18; Vööbus, 40 das Zusammenleben bei der Kirche empfohlen. In Nr. 2 und Nr. 10 finden wir die negativen Entsprechungen zu dieser Forderung, die auch Nr. 42; Vööbus, 46 für die benai qeyāmā erhoben wird.

[91] Overbeck, 207, 4-5. An jede Kirche war also ein größerer Hof angeschlossen, um den sich Nebengebäude gruppierten. Einen sehr guten Eindruck von diesen Gegebenheiten des syrischen Kirchenbaues geben die Grundrisse bei Lassus, *Sanctuaires*, 22-38.

[92] Dies geht eindeutig aus Overbeck, 177, 12-14 hervor und aus der Bestimmung Nr. 37; Vööbus, 45, daß die benāt qeyāmā nur in Begleitung einer Diakonisse eine Versammlung besuchen dürfen.

[93] Overbeck, 176, 26-177, 1.

[94] Overbeck, 177, 4-6.

[95] Cf. Overbeck, 178, 16, wobei hier noch offen bleiben muß, ob überhaupt in der Stadt lebende Mönche gemeint sind. Daß es aber in Edessa Mönche gegeben hat, wird durch Overbeck, 206, 6 erwiesen, wo berichtet wird, daß vor seinem Tode Rabbula Geschenke an Bedürftige, Mönche und im Bunde stehende Männer und Frauen in Edessa verteilen läßt.

wie zum Beispiel auf dem Felsplateau des Nemrud Dağ im Westen und Südwesten der Stadt [96] und in der weiteren Umgebung, wo sich die Diözese Rabbulas in die ländlichen Gebiete erstreckte [97]. Hier sind alle Möglichkeiten und Spielarten der christlichen Existenz vertreten, die Priester, die im Bunde stehenden Männer und Frauen, die Anachoreten und die Mönche [98]. Nur die « Weltleute » fehlen in dieser Aufzählung. Sie stehen ganz an der Peripherie der Gemeinde und werden kaum als Vollchristen angesehen.

Die Kirche Edessas ist also durch und durch vom asketischen Ideal her konzipiert und strukturiert [99]. Das Gottesvolk im strikten Sinne besteht aus den Asketen als den entschiedenen Nachfolgern des Herrn. Sie sind die « Söhne der Kirche » und die wahrhaften « Jünger des Messias ». Aber gerade durch ihre Weltentsagung besitzt diese Kirche die Fähigkeit, auf diese Welt eine tiefgreifende Wirkung auszuüben. Rabbulas seelsorgerliche und karitative Tätigkeit ist ein eindringlicher Beweis für diesen Sachverhalt.

II. Der Seelsorger, Prediger und Wohltäter

An zwei Stellen versucht der Hagiograph, mit wenigen Worten sozusagen eine Summe des von ihm beschriebenen Lebens zu geben. Bevor wir uns der Darstellung der Einzelzüge zuwenden, ist es ange-

[96] Die heute noch sichtbaren Höhlen sind beschrieben von E. Sachau, *Reise in Syrien und Mesopotamien*, Leipzig 1883, 200s. Die Quellenbelege, daß dieses Gebiet schon im 4.Jahrhundert von Anachoreten und Mönchen bevölkert war bei Kirsten, *Edessa*, 583 und H. Leclercq, Artikel *Edesse*, DAL 4, 2058-2110. Weitere Einzelheiten hierzu cf. infra, 86.

[97] Mit dieser Beobachtung stimmt die auffallende Tatsache überein, daß bei der Aufzählung der syrisch-jakobitischen Klöster bei Hage, *Jakobitische Kirche*, 107-109 nur drei in der Nähe Edessas, aber keines in der Stadt selbst genannt werden.

[98] Overbeck, 206-2-4. Daß Diakone und Diakonissen hier nicht angeführt sind, hängt wohl auch mit den Bedingungen des kirchlichen Lebens auf dem Lande zusammen.

[99] Damit ist die von Vööbus herausgearbeitete Bedeutung des Asketentums für die frühe syrische Kirche auch für die Verhältnisse in Edessa während des 5.Jahrhunderts erwiesen, cf. Vööbus, *Asceticism*, I, 90ss : The bearing of asceticism upon the concept of the church und Vööbus, *Asceticism*, II, 326ss : The role of asceticism in the church.

bracht, sich diese beiden Rekapitulationen vor Augen zu führen, um alle Details in den rechten Proportionen sehen zu können.

In einer knappen und bündigen Form wird ein Gesamtbild von Rabbulas Leben entworfen in der Klage, die der Hagiograph dem Volke Edessas nach dem Sterben seines geliebten Bischofs in den Mund legt. Was ist er alles diesen Menschen gewesen? Er war ein Freund Gottes und der Menschen, ein wahrer Hirte und gerechter Vorsteher, ein gütiger Wohltäter und vortrefflicher Fürsorger, ein Lehrer der rechtgläubigen Wahrheit, ein heilsamer Ratgeber und Ansporner zur Vollkommenheit, ein barmherziger Arzt, ein Vater der Waisen und ein Bruder der Armen, ein Gefährte der Anachoreten, ein Freund der Heiligen und ein aufopferungsvoller Arbeiter für das Heil aller [1].

Ausführlicher ist das Summarium, das der Hagiograph dem Leser mit eigenen Worten in einer kunstvollen Periode darbietet, bevor er mit der Schilderung des Sterbens seines Heiligen beginnt. Nach der schriftstellerischen Form handelt es sich hier um einen zusammenfassenden Rückblick auf die vorausgehende Darstellung und damit zugleich um eine Deutung des beschriebenen Lebens [2]. Das wahre Priestertum des ruhmvollen Heiligen wurde durch seine guten Werke verherrlicht. Die frechen Gottlosen werden durch seine Gerechtigkeit erschreckt und die Bedürftigen durch seine Almosen unterstützt. Er stand den Unterdrückten und den Unrecht Leidenden bei. Er spornte die Guten durch sein Wort und Beispiel zur Vollkommenheit an und richtete die Gefallenen wieder auf. Er verkörperte in seiner Person die Werke des Gesetzes [3]. Er trug das Gebot seines Herrn als lebendiges Muster der Nachahmung in seiner Seele. Es zeigten sich bei ihm die «Typen des göttlichen Erbarmens» [4], und

[1] Overbeck, 207, 11-26. Im Vergleich zu seiner eigenen Zusammenfassung ist hier durchaus ein mehr volkstümlicher Ton angeschlagen.

[2] Overbeck, 204, 17-205, 8. Der ganze Abschnitt besteht aus einer Reihe von Nebensätzen, die achtmal mit ܟܕ eingeleitet werden. Der Hauptsatz folgt erst 205, 8ss.

[3] Overbeck, 204, 27. Die paulinische Sicht der «Gesetzeswerke» scheint nicht im Bereich des theologischen Horizontes des Hagiographen zu liegen, wie überhaupt kaum Spuren paulinischen Denkens in seiner Vita zu finden sind. Das heißt natürlich nicht, daß der Hagiograph pelagianischen Anschauungen verschrieben sein müßte. Wie das Zitat von n. 5 zeigt, sind ihm die Kategorien der Rechtfertigungslehre durchaus nicht fremd.

[4] Overbeck, 205, 2. Cf. *supra*, 9 die Ausführungen zum Typusverständnis des Hagiographen.

sein Ruhm erfüllte seine ganze Diözese. Während aber die Edessener sich seiner rühmten und auf ihn stolz waren, rühmte er sich seines Herrn und wurde durch ihn gestärkt. Er erkannte Gott als seinen Erlöser und vertraute nicht auf seine eigene Gerechtigkeit [5].

Obwohl also die « Gesetzeswerke » sich gleichsam in Rabbula inkarnierten, sind sie nicht der Grund seiner Gerechtigkeit vor Gott, sondern vielmehr Ausdruck der lebensmächtigen Aktivität der Barmherzigkeit Gottes. Mag auch das zentrale Problem paulinischer Theologie theoretisch unerörtert bleiben, so ist doch hier eindeutig zum Ausdruck gebracht, welche Rolle alle Werke des Heiligen im Verhältnis zur göttlichen Gerechtigkeit spielen. Wie groß auch immer die Anstrengungen des durch und durch asketisch verstandenen christlichen Existenzvollzuges sein mögen, wir finden bei Rabbula und seinem Biographen nie das Vertrauen auf eigene Gerechtigkeit. An dieser wichtigen Stelle, wo der Hagiograph zurückschaut auf das vollendete Leben seines Bischofs, wird also ein entscheidender Zug seines Christseins zur Sprache gebracht, der das Vorzeichen aller Einzeltaten bildet. Der in Rabbula lebendige legitime neutestamentliche Lohngedanke ist allein unter diesem Gesichtspunkt zu verstehen. « Er glaubte an die gesegnete Hoffnung, die ihm als Lohn für seine Arbeit bewahrt werde, gemäß dem Zeugnisse Gottes, der zu ihm in der Person dessen mit den Talenten gesagt hat : O du guter und getreuer Knecht, weil du über weniges getreu gewesen bist, will ich dich über vieles setzen. Gehe ein zu deines Herrn Freude » (Mt.25,23) [6]. Die andere Seite dieses Lohngedankens ist die hohe seelsorgerliche Verantwortung Rabbulas, die ihn die Strafe Gottes fürchten läßt, im Falle er seine Herde vernachlässigt. Er glaubt fest an die gerechte Rechenschaft, die beim Endgericht von den Hirten gefordert wird, und der Sinn des Gleichnisses von den anvertrauten Talenten ist für ihn in dem fingierten Herrenwort zusammengefaßt « Wem viel anvertraut ist, von dem wird auch viel gefordert werden » [7]. In dieser an dem letzten Gericht orientierten Verantwortung liegt die Triebfeder von Rabbulas seelsorgerlichen Tätigkeit [8].

[5] Overbeck, 205, 6-8.

[6] Overbeck, 178, 11-15.

[7] Overbeck, 181, 19-21. Das Wort findet sich selbst nicht in dem Gleichnis von den anvertrauten Talenten.

[8] Overbeck, 181, 17-19 kommt zum Ausdruck, daß Rabbula beim Endgericht eine besondere Rechenschaft der Hirten erwartet.

«Es drängte ihn auf jede Weise, die Menschen der Sünde zu entreißen und der Gerechtigkeit zuzuführen» [9]. Dies ist gleichsam die Überschrift über den umfangreichen Abschnitt, in dem Rabbulas Wirken als Seelsorger beschrieben wird. Das schönste Zeugnis, das der Hagiograph Rabbula, dem Seelsorger, ausstellen kann, ist seine Bereitschaft, für seine Herde ein Verworfener zu werden, wenn es dadurch möglich gewesen wäre, sie zum Tun des Guten zu bewegen [10]. An einer anderen Stelle schreckt er zwar davor zurück, auch Rabbula nach dem Vorbild des Paulus wünschen zu lassen, zum Besten seiner Brüder und Verwandten selbst ein Verfluchter zu sein fern von Christus (Röm.9,3), aber er modifiziert sofort diesen radikalen Gedanken in die Vorstellung vom Selbstopfer des Hirten für die anvertrauten Menschen [11], deren Sitz im Leben wahrscheinlich in der Darbringung der Opfergaben bei der Feier der Eucharistie zu suchen ist. Die Interpretation des Heiligen Mahles als Opferhandlung hat seit der neutestamentlichen Zeit weitgehende Konsequenzen für das Verständnis des christlichen Existenzvollzuges gehabt [12].

Die Verantwortung für seine Herde findet weiterhin ihren Ausdruck in Rabbulas Gebetsleben. Die Fürbitte für die Irrenden und die Sünder scheint eine wichtige Rolle gespielt haben [13]. Das fürbittende Gebet wird als eine wohlgefällige Opfergabe bezeichnet und im Hinblick auf die Sünden der Welt ihm sogar eine sühnende Wirkung zugeschrieben [14]. Wenn Rabbula an der Spitze des Volkes zum Gebet niederkniete und wenn er während des Gottesdienstes «auf dem Thron saß», ergriff ihn eine solch starke Gemütsbewegung und Anteilnahme, daß er in Tränen ausbrechen konnte [15]. Die Wirkung

[9] Overbeck, 177, 16-17.

[10] Overbeck, 177, 26-178, 2.

[11] Overbeck, 200, 25-201, 2. Wenig später taucht noch einmal dieser Opfergedanke auf, cf. Overbeck, 201, 26. Vielleicht ist hier auch an das paulinische Vorbild von *Phil.* 2, *17* gedacht.

[12] Cf. die betreffenden Ausführungen bei Blum, *Eucharistie,* 18ss.

[13] Cf. Overbeck, 177, 24ss und 178, 2-3.

[14] Overbeck, 185, 12ss. Es handelt sich hier um besondere Gebetszeiten, zu denen sich Rabbula in ein Kloster zurückzieht.

[15] Overbeck, 186, 5-12. Im Unterschied zum westlichen Kirchenbau stand in Syrien der Bischofsthron, die Kathedra, im Schiff auf einem besonderen Podium (Bema), während sich der Altar in der Apsis befand. Cf. *Bildatlas,* die Abbildungen Nr. 302, 308, 441 und 442, die eine gute Anschauung der Stellung der Kathedra in syrischen Kirchen vermitteln.

seiner Fürbitte war außerordentlich und für jedermann sichtbar. Durch die Kraft seines Gebets wurden Kranke geheilt und andere von den Plagen böser Geister befreit [16]. Streitende schlossen auf sein Gebet hin Frieden [17].

Diese weitreichende Ausstrahlung seines Betens ist eine wesentliche Ursache der Verehrung Rabbulas zu seinen Lebzeiten und über seinen Tod hinaus. Mit wohlwollender Nachsicht berichtet der Hagiograph von einer Art Fetischismus des Volkes, « das im Enthusiasmus des Glaubens ihm seine Gewänder zu zerreißen versuchte, um sie wie Reliquien untereinander zu verteilen, damit der von seinen Sachen ausströmende Segen auf viele übergehe [18]. Ebenso wurde es Sitte, « aus Glauben » Kindern Rabbulas Namen zu geben [19]. « Denn unter den Schutz seines Namens und seiner Gebete flüchtete sich seine Herde, um vom Unheil bewahrt zu bleiben... » [20]. In diesem Zusammenhang wird Rabbula mit einer mächtigen Mauer verglichen, die den in ihrem Schutze Wohnenden Ruhe und Frieden gibt. In bezug auf die ihm anvertrauten Armen, für die er Zeit seines Lebens tatkräftig sorgte, heißt es an anderer Stelle, daß er ihnen « nach seinem Verscheiden das kostbare Erbe seines Gebets hinterließ und sie der göttlichen Gnade anvertraute, dieser Mutter aller, damit sie ihnen den täglichen Lebensunterhalt auch weiter nach Bedarf gebe » [21]. Hier wird wieder der eigentliche Skopus der Lebensbeschreibung Rabbulas sichtbar. Es soll den Lesern ein Beter vor Augen geführt

[16] OVERBECK, 186, 16ss.

[17] OVERBECK, 186, 23.

[18] OVERBECK, 186, 25-187, 2. ܚܢܢܐ sind kleine Stücke von Reliquien, die mit Öl, Wasser oder Erde vermengt dann Kranken zur Heilung aufgelegt werden. In der Sicht des Hagiographen dürfen jedoch diese magischen Praktiken nicht überbewertet werden.

[19] OVERBECK, 187, 2. Erstaunlich ist hierbei, daß sogar Mädchen Rabbulas Name verliehen wurde. Für die Verbreitung des Namens Rabbula bis ins 6.Jahrhundert zeugt die griechische Inschrift an den Chorschranken der Basilika von Zebed, südöstlich von Beroea, cf. die Abbildung 86 bei LASSUS, *Sanctuaires*, 203.

[20] OVERBECK, 187, 5-6.

[21] OVERBECK, 202, 3-6. Es ist nicht deutlich, ob die Bezeichnung der göttlichen Gnade als « Mutter aller » frei konzipiert ist, oder ob es sich hier um eine Variation von *Gal.* 4, *26* handelt : « Das Jerusalem droben..., das ist unsere Mutter ». Die ekklesiologische Konzeption wäre dann ins Soteriologische transponiert, ein schönes Zeugnis der Theologie und Frömmigkeit des Hagiographen.

werden, dessen Fürbitte und Hilfe die Gläubigen auch nach seinem Tode gewiß sein dürfen [22].

Der zweite wichtige Faktor von Rabbulas seelsorgerlicher Wirksamkeit liegt in der besonderen Ausstrahlungskraft seiner Persönlichkeit und in den Qualitäten seines christlichen Charakters. Seine Askese, Disziplin und Selbstbeherrschung wird in folgender Weise zutreffend beschrieben : « Obwohl die Kraft seiner Natur der Disposition seines Willens nicht adäquat war, erwies sich sein guter Wille stärker als die Kraft seiner Natur » [23]. Auch die andere Beobachtung des Hagiographen dürfte richtig sein, daß es Rabbula verwehrt war, sich ungezwungen und sorglos gehen zu lassen, weil die dauernde Anstrengung seines Willens ihm dies nicht gestattete [24]. Deshalb entbehrte der Umgang mit seinen Hausgenossen völlig des familiären Charakters. Trotz des langen Zusammenlebens herrschte in seiner Hausgemeinschaft die Atmosphäre scheuer Ehrfurcht und hochachtungsvoller Distanz. Rabbulas Wesen, seine durch einen übermenschlichen Willen gebändigte Natur, flößte allen eine scheue Bewunderung ein [25]. In diesem Charakterzug ist wohl auch der Grund dafür zu suchen, daß Rabbula radikal mit der bisherigen Sitte brach, daß der Bischof und seine Kleriker nach echt orientalischem Brauch von dem Volke sogenannte « Ehrengeschenke » entgegennehmen konnten [26]. Dadurch sollte nicht nur die naheliegende Gefahr der Bestechung ausgeschaltet werden, sondern es war ein seinem Charakter entsprechender Grundsatz Rabbulas, daß es nur für den Inhaber der höheren Würde geziemend sei, solche Gaben zu verteilen [27].

Gerühmt wird vom Hagiographen die Schärfe des Verstandes Rabbulas und die Klarheit seiner Einsicht [28]. Er vermag in ihm den

[22] Cf. supra, 10 die Ausführungen und Belege.

[23] OVERBECK, 181, 24-25.

[24] OVERBECK, 183, 20ss.

[25] OVERBECK, 184, 5ss.

[26] OVERBECK, 184, 13-22. Diese Geschenke konnten auch den Namen einer « Segensgabe » erhalten (184, 18). Wahrscheinlich wurden sie unter dem Vorwand überreicht, daß man sie bei der eucharistischen Darbringung verwenden sollte. Von daher ist auch die kanonische Bestimmung zu erklären, die den Priestern und Diakonen verbietet, bei der Eucharistie von den Kommunikanten Geschenke anzunehmen (Nr. 59; VÖÖBUS, 50).

[27] OVERBECK, 184, 20-22 und 206, 10-11, wo berichtet wird, wie Rabbula vor seinem Tode dem Klerus « Segensgaben » verteilt.

[28] OVERBECK, 190, 24.

Geist der göttlichen Weisheit zu erkennen und vergleicht seine Weisheit und Gerechtigkeit mit der Salomos. Bei Rechtsangelegenheiten, deren Schlichtung offenbar zu den Aufgaben des Bischofs gehörte, wurde durch ihn die Wahrheit ans Licht gebracht und die Lüge entlarvt, und sein Urteilsspruch war immer gerecht [29]. Im engeren kirchlichen Bereich bewies er besondere Fähigkeiten im Umgang mit den Gefallenen, die er je nach den einzelnen Fällen mit Milde oder mit Strenge behandelte. Die Züchtigung der Bosheit, die drohende Zurechtweisung und die sanfte Mahnung standen ihm zu Gebote [30]. Er heilte die Wunden der Sünden und war ein Arzt der Seelenkrankheiten [31]. Zwischen ihm, den Klerikern und den « Bundessöhnen » scheint ein enges seelsorgerliches Verhältnis bestanden zu haben. Bei den « Weltleuten » sorgte er dafür, daß die Ehegesetze beachtet wurden. Eine Heirat unter Verwandten war ausgeschlossen [32], ebenso eine Scheidung [33]. Auch scheint Rabbula auf die allgemeine Sexualmoral und das Verhalten gegenüber Frauen geachtet zu haben [34]. Ebenso konnten wohl bestimmte Auswüchse des Gesellschaftslebens beschnitten werden, so zum Beispiel die Sucht nach prunkvoller modischer Kleidung, der sogar die « Jünger Christi » verfallen waren [35], und das Übermaß im Essen und Trinken [36].

Über Kirchenzucht im engeren Sinne wird uns vom Hagiographen nichts berichtet. Es ist jedoch sicher, daß Rabbula die beiden Bestimmungen praktizierte, niemand zum Taufunterricht zuzulassen, der ein außereheliches Verhältnis unterhielt, und dem Unzüchtigen die Eucharistie zu verweigern [37]. Das gleiche Reglement sollte auch

[29] Overbeck, 193, 3ss.

[30] Overbeck, 180, 13ss.

[31] Overbeck, 180, 13ss.

[32] Overbeck, 188, 25s. Allerdings befindet sich hier eine Lücke in der Handschrift. Über das Verbot der Verwandtenehe cf. Canon Nr. 57; Vööbus, 49.

[33] Overbeck, 189, 5s. Cf. Canon Nr. 56; Vööbus, 49.

[34] Overbeck, 189, 12s.

[35] Overbeck, 189, 18s. Diese Bemerkung läßt doch auf eine gewisse Gefahr der Verweltlichung der « Bundessöhne » schließen.

[36] Overbeck, 189, 23s. Gemeint ist ein üppiger Lebensstil und vielleicht auch die Exzesse besonderer Festgelage.

[37] Nr. 30-31; Vööbus, 44. Die oberste Entscheidung über die Kommunion eines Fornikanten hat hiernach der Bischof.

gegenüber demjenigen gelten, der von bösen Geistern versucht war [38]. Nach der Darstellung des Hagiographen scheint es überhaupt nicht nötig gewesen zu sein, solche kirchenrechtlichen Vorschriften anzuwenden, da allein durch die Persönlichkeit Rabbulas eine klärende Wirkung auf seine Umgebung ausging. Sein persönliches Vorbild war der wichtigste Faktor in seiner seelsorgerlichen Tätigkeit. Wenn « die erbauliche Kunde von seiner Vollkommenheit in Gott » selbst die Bewohner Konstantinopels und anderer Gegenden des römischen Reiches zu guten Werken aneiferte [39], so galt dies natürlich im besonderen Maße für die Christen seiner eigenen Diözese.

Rabbulas Predigt muß von dieser Voraussetzung her betrachtet und gewürdigt werden. Sein Wort wurde den Hörern beglaubigt durch das Beispiel seiner Werke [40], und es trieb jeden an zur Nachahmung seiner Tugend [41]. Das oberste Ziel dieser Predigt bestand darin, den Menschen zu Gott zu bekehren, von seinen bösen Werken zu den Werken der Gerechtigkeit [42]. Die Predigt der Buße ist für ihn immer verbunden mit dem Ruf zur Verwirklichung ihrer praktisch-ethischen Konsequenzen. Mit einem gewissen Recht vergleicht ihn deshalb der Hagiograph mit dem Propheten Jeremia [43]. Ein besonderes markantes Beispiel für Rabbulas Ruf zur Buße und Bekehrung ist für ihn seine Predigt gegen das Theater und den Circus in Edessa. Dieses Beispiel ist ihm so wichtig, daß er einen kleinen Ausschnitt dieser Predigt sozusagen als Paradigma wiedergibt [44]. Während die Rolle des Theaters nicht weiter erwähnt wird, richten sich seine Angriffe in erster Linie gegen die Spiele. Dabei führt er ein wichtiges Argument ins Feld, um seine Hörer von diesem heidnischen Vergnügen abzubringen. Den Christen sollte deshalb verwehrt sein, zuzuschauen, wie das Fleisch ihrer Mitmenschen in der Arena von wilden Tieren gefressen wird, weil « sie gläubig den Leib

[38] Nr. 52; Vööbus, 48. Es bleibt unklar, nach welchen äußeren Erkennungszeichen solche bösen Geister erkannt werden können.

[39] Overbeck, 199, 9ss. Dies zeigt sich bei Rabbulas Besuch der Hauptstadt.

[40] Overbeck, 178, 21-22.

[41] Overbeck, 178, 27-179, 2. Wörtlich: « Seine Lippen... ließen jeden sorgfältig sein bei der Tugend seiner Taten ».

[42] Overbeck, 179, 3-5.

[42] Overbeck, 179, 3-5.

[43] Overbeck, 179, 15-16.

[44] Overbeck, 179, 19ss. Das wörtliche Zitat 179, 25-180, 1,

Gottes essen und sein Blut trinken» [45]. Von der Eucharistie her, von einer der wichtigsten Quellen eines praktizierten Glaubens, wird hier eine neue christliche Humanität gegenüber der Ethik des Heidentums begründet. Es wird berichtet, daß es Rabbula gelingt, überhaupt die Spiele zu verbieten, die also noch bis zu dieser Zeit sich der Beliebtheit der christlichen Bevölkerung erfreuten [46]. Wie in anderen Gebieten des römischen Reiches scheinen auch in Edessa die breiten Volksmassen nur sehr oberflächlich christianisiert gewesen zu sein. Dies kann selbst bei der idealisierenden Tendenz des Hagiographen nicht verborgen bleiben.

Soweit wir uns aus den wenigen Andeutungen der Lebensbeschreibung ein ungefähres Bild machen können von dem inhaltlichen Skopus der Predigt Rabbulas, so hatte sie in erster Linie eine geistlich-praktische Intention. Dieser Befund wird bestätigt durch die in Konstantinopel gehaltenen Ansprache, die uns fast vollständig erhalten ist [47]. Die Übereinstimmung gilt besonders in bezug auf die Bemerkung, daß Rabbula fast vollständig auf Gelehrsamkeit und Rhetorik verzichtete [48], weil er wahrscheinlich diese Elemente für seine Bekehrungs- und Erweckungspredigt für unangemessen hielt. Als einem Mönchsbischof hat es ihm gänzlich ferngelegen, mit der zeitgenössischen Bildung und Wissenschaft zu konkurrieren, wenn wir uns auch seine Askese in dieser Hinsicht nicht als bloße Ignoranz vorzustellen haben. Was die äußere Form anbetrifft, möchte sich Rabbula offensichtlich bewußt von der Predigtweise seiner Zeit, besonders aber von den großen Rhetoren der antiochenischen Schule distanzieren. Es ist anzunehmen, daß er in den meisten Fällen Themapredigten hielt, die allerdings sehr stark biblisch geprägt waren [49].

[45] OVERBECK, 179, 25-27. Auffallend ist hier die undifferenzierte, im späteren Sinne monophysitisch gefärbte Terminologie.

[46] Dieser Tatbestand stimmt überein mit den uns von JOHANNES CHRYSOSTOMUS geschilderten Zuständen in Konstantinopel. Cf. *Contra circenses ludos et theatra*, MPG 56, 263-270 und B.H. VANDENBERGHE, *Saint Chrysostome et les spectacles*, ZRGG 7 (1955), 34-46.

[47] Cf. *infra*, die genaue Analyse der Konstantinopler Rede.

[48] OVERBECK, 179, 5-15. Es kennzeichnet den äußerst einfachen Stil dieser Predigt, daß der Hagiograph sich genötigt fühlt, ausdrücklich zu betonen, daß dieser nicht auf einen Mangel an Wissen zurückzuführen sei (179, 5).

[49] Cf. OVERBECK, 178, 4-5, wo vom « Weiden der Herde auf den Fluren der heiligen Schriften mit geistlichen Sprüchen » die Rede ist. ܡܠܬܐ kann das Wort, den Ausspruch, aber auch den Schrifttext bedeuten.

Die Bekehrung und das geistliche Leben waren sein primäres Anliegen, neben dem selbst die Lehrverkündigung gegenüber den dogmatischen Irrtümern seiner Zeit nur eine periphere Rolle spielen konnte. Aus dem gleichen Grunde finden wir auch keine theologische Theorie der Predigt oder des Wortes Gottes. Wenn der christliche Existenzvollzug so im Vordergrund des Interesses steht, ist die hermeneutische Fragestellung und die moderne Grundlagenproblematik der Verkündigung von geringerer Bedeutung [50].

In einem engen Zusammenhang mit Rabbulas Tätigkeit als Seelsorger und Prediger steht sein Wirken für die Armenfürsorge, die Krankenpflege und für die soziale Gerechtigkeit. Diese tiefe Verbindung zwischen Verkündigung und Diakonie im weitesten Sinne muß als charakteristisch für die ganze Kirche dieser Zeit angesehen werden [51]. In den Augen des Hagiographen ist das Zeugnis der Werke der Glaubwürdigkeitserweis seines Lebens und seiner Verkündigung [52].

Über die Verwendung des Kirchengutes für die Armenpflege scheint Rabbula grundsätzliche Gedanken geäußert zu haben. Mit seinen eigenen Worten wird uns gleichsam eine Theorie der Haushalterschaft überliefert [53]. Im Anschluß an die Bemerkung, daß er keinen einzigen Bau ausgeführt habe « außer der halben nördlichen Mauer des Gebäudes der Kirche der Stadt » [54], wird diese auf den

[50] Zum Ganzen ist hier zu vergleichen die summarische Darstellung von A. Niebergall, *Die Geschichte der christlichen Predigt*, in : Leiturgia Bd. II, Kassel 1955, p. 217-227 : Blütezeit und Verfall der griechischen Predigt.

[51] Über das Gesamtthema gibt bis heute noch den besten Überblick Uhlhorn, *Liebestätigkeit.*

[52] Overbeck, 178, 21-22 : « Sein Wort erschien den Hörern glaubwürdig durch das Beispiel seiner Werke ».

[53] Über die tatsächlichen Verhältnisse zu dieser Zeit gibt einen guten Überblick Uhlhorn, *Liebestätigkeit,* 239ss : « Blüte und Verfall der Gemeindearmenpflege ».

[54] Overbeck, 190, 13-14. Die gleiche auffallende Ausdrucksweise findet sich in *Edessenische Chronik,* 146. Bauer, *Rechtgläubigkeit,* 18 versteht ܗܝܟܠܐ ܕܥܕܬܐ als einen umständlichen Pleonasmus, der nicht von einem heidnischen, sondern nur von einem christlichem Autor stammen könne und damit die Unglaubwürdigkeit der Nachricht von der Überschwemmung der Kirche in Edessa im Jahre 201 beweise. Dabei wird völlig die andere Möglichkeit übersehen, daß ܥܕܬܐ auch im Sinne von congregatio und communio und ܗܝܟܠܐ nicht nur als Heiligtum, sondern auch einfach als Haus und Gebäude verstanden werden kann. Am wahrscheinlichsten ist deshalb die Übersetzung : das Haus (Gebäude) der Gemeinde (Kirche) der Christen (oder beim Hagiographen : der Stadt). Diese Ausdrucksweise ist im 3. und 5. Jahrhundert sowohl von heidnischer wie auch von christlicher Seite denkbar. Gemeint ist damit einfach das zentrale Kirchengebäude der Stadt, die spätere Bischofskirche.

ersten Blick laxe und verantwortungslose Einstellung gerechtfertigt mit dem Hinweis, « daß wir von der Gunst der Armen leben..., nicht aber sie von dem unterhalten werden, was uns gehört. All das, was die Kirche von den Gläubigen erhält, besitzt sie zur Unterstützung der Witwen, Waisen und Bedürftigen. Als die Verwalter dürfen wir nur soviel für uns verwenden, wie es unser eigenes Bedürfnis fordert... » [55]. Diese Auffassung ist allgemeinkirchliches Gedankengut, das sich in den im Osten geltenden kanonischen Bestimmungen niedergeschlagen hat [56] und ebenso bei führenden Theologen des Westens zu finden ist [57]. Rabbula ging es dabei nicht nur um die karitative Unterstützung der Notleidenden, sondern überhaupt um die großzügige und gerechte Verteilung all dessen, was der Kirche zur Verfügung stand. Alljährlich im Monat Kānūn pflegte eine solche Austeilung unter Rabbulas persönlicher Leitung stattzufinden [58]. Als aber die Ahnung des herannahenden Todes ihn überkam, verlegte er sie in den Tāmmūz [59].

Durch den Bericht des Hagiographen sind wir hinlänglich unterrichtet über den Kreis derer, die bei dieser Aktion bedacht wurden. Die Hauptsorge Rabbulas gilt nicht den Bedürftigen in einem allgemeinen Sinne, sondern den « heiligen Armen » [60]. Zuerst werden von den Diakonen die Gaben den Klöstern in allen Himmelsrichtungen überbracht. Ja selbst bis in die Wüste bei Jerusalem gelangen die Spenden [61]. Die Klöster sind auf diese Unterstützung angewiesen. « Sie

[55] Overbeck, 190, 16-23. Ohne jegliche Vorbereitung geht hier der Bericht unvermittelt in die 1.Person Pluralis über.

[56] Cf. den Canon Nr. XXXIX der Canones Apostolorum, Lauchert, *Kanones*, 6, 5-10 und Canon XXV der Synode von Antiochien (341), der mit folgenden Worten beginnt, *Lauchert*, *Kanones*, 50, 5-7 : Ἐπίσκοπον ἔχειν τῶν τῆς ἐκκλησίας πραγμάτων ἐξουσίαν ὥστε διοικεῖν εἰς πάντας τοὺς δεομένους μετὰ πάσης εὐλαβείας καὶ φόβου θεοῦ, ...

[57] Zum Beispiel verteidigt sich Ambrosius, *De officiis ministrorum* II 28, MPL 16, 139-142 gegen den Vorwurf der Arianer, daß er die heiligen Gefäße verkauft habe, um die Armen zu unterstützen, mit dem Argument, daß die Kirche das Gold nicht besitze, um es aufzubewahren, sondern in Notfällen damit zur Hilfe zu kommen.

[58] Die Organisation scheint ausschließlich in den Händen des Bischofs gelegen zu haben. Die « Haushalter » (Verwalter) von Canon Nr. 45; Vööbus, 47 werden nicht erwähnt.

[59] Overbeck 205, 18-20. Kānūn und Tāmmūz entsprechen etwa unseren Monaten Dezember oder Januar und Juli.

[60] Overbeck, 201, 14.

[61] Overbeck, 205, 21-26.

bestehen nur in der Hoffnung auf die göttliche Güte » [62]. Sie können also nicht für ihren eigenen Lebensunterhalt sorgen. Bei der Hilfe für die Klöster im Heiligen Land handelt es sich um eine auch im Westen geübte ökumenische Liebespflicht [63]. Für Rabbula scheint diese Aktion mit bestimmten theologischen Vorstellungen verbunden zu sein. Zweimal wird auf das Vorbild des Apostels Paulus angespielt, der für die Armen in Jerusalem eine Kollekte sammelte [64]. Damit soll zum Ausdruck kommen, daß die « heiligen Armen » stellvertretend für die Urgemeinde stehen und die Mönche um Jerusalem diesen Zusammenhang besonders deutlich werden lassen. Rabbula hatte hier ein ins monastische Leben transponiertes Idealbild einer stets gegenwärtigen Urgemeinde vor Augen. Die betreffende kanonische Bestimmung sieht hingegen die Versorgung der Klöster in einem nüchternen und sachlichen Lichte. Danach sind die Priester und Diakone verpflichtet, für die Mönche in ihren Gebieten zu sorgen und sich ihrer anzunehmen wie ihrer eigenen Glieder. Weltleute sollen dazu angehalten werden, sich um die körperlichen Bedürfnisse der Mönche zu kümmern [65].

Abgesehen von den Klöstern werden folgende Empfänger der verteilten Gaben in der Diözese aufgezählt: Priester, im Bunde stehende Männer und Frauen, Anachoreten, Mönche und andere Bedürftige [66]. Für die Stadt werden genannt : Bedürftige, Mönche, im Bunde stehende Männer und Frauen, Witwen, Aussätzige und

[62] OVERBECK, 205, 24. Es handelt sich hier also um eine Art Bettelorden mit einer stabilitas loci. Die Verbindung Rabbulas zu diesen Klöstern wertet VÖÖBUS, *Asceticism*, II, 156 als ein Indiz seiner Opposition gegen das coenobitische Mönchtum. Dies ist jedoch nach dem Befund der Canones Rabbulas für Mönche unwahrscheinlich, cf. das folgende Kapitel.

[63] HIERONYMUS, *Contra Vigilantium*, MPL 23, 353-368, p. 364-365 verteidigt die consuetudo eleemosynarum apud Hebraeos et Christianos und wendet sich gegen die Forderung seines Gegners, man solle lieber die Armen im eigenen Lande ernähren, statt von Rom nach Jerusalem Almosen zu senden. Diese Apologie des Hieronymus wurde im Jahre 406 verfaßt.

[64] OVERBECK, 201, 8ss und 205, 26-27. Cf. *1. Kor.* 16, *1-4*; *2. Kor.* 8, *1-2*; *Gal.* 2, *10* und *Apg.* 11, *29*.

[65] Nr. 15; VÖÖBUS, 40. Hinzugefügt ist noch die Bestimmung, daß Frauen die Klöster nicht betreten dürfen, wahrscheinlich dann, wenn Nahrungsmittel gebracht werden.

[66] OVERBECK, 206, 2-5.

Kleriker [67]. Außerdem ist an anderer Stelle noch von den « Söhnen des Dienstes » und « allen Eingeschriebenen der Stadt » die Rede [68]. Bei dem ersteren Ausdruck handelt es sich um eine Sammelbezeichnung für all diejenigen, die in irgendeiner Weise im Dienste der Kirche stehen. Es sind also wohl Kleriker und « im Bunde Stehende » gemeint. Sie erhalten aber wahrscheinlich weniger Almosen und Spenden als einen festgesetzten Unterhalt. Hingegen umfassen die « Eingeschriebenen » alle Bedürftigen der Stadt, die in einer Liste geführt werden. Auf Grund dieses Katalogs erhalten sie eine Art von regelmäßiger Wohlfahrtsunterstützung. Dieses System der Armenpflege ist uns auch aus anderen Kirchengebieten bekannt [69].

Ganz beiläufig erfahren wir auch etwas über die Höhe des Betrages dieser jährlichen Spendenaktion. Abgesehen von den Aufwendungen für die « Söhne des Dienstes » und die « Eingeschriebenen » werden in einem Jahr für die übrigen Armen 7000 Dariken aufgebracht [70], für das 5.Jahrhundert eine ungemein hohe Summe. Wir erfahren auch aus dieser Notiz, daß ein Unterschied besteht zwischen den Bedürftigen, die im Dienst der Kirche stehen oder in eine kirchliche Liste aufgenommen wurden, und den übrigen, die nicht in dieser Weise organisiert sind [71]. Beide Gruppen empfangen aber in gleicher Weise

67 OVERBECK, 206, 5ss. Die Kleriker empfangen jedoch nicht Almosen, sondern « Segensgaben » (206, 11). Es scheint sich also hier um eine andere Art von Zuwendung gehandelt zu haben als bei den übrigen. Vielleicht stand sie im Zusammenhang mit dem Gemeindeopfer bei der Eucharistie. Ebenso erfahren wir hier noch, daß Rabbula bei dieser Gelegenheit Schuldforderungen über ausgeliehene Gelder annulierte (206,8s). Hatte die Kirche die Funktion eines Kreditinstitutes ?

68 OVERBECK, 190, 7-8. BICKELL, 194 übersetzt : Diener und einregistrierte Stadtarme.

69 Bei JOHANNES CHRYSOSTOMUS finden sich Belege über die Organisation der Armenpflege in Antiochien und Konstantinopel. *In Mt. hom. 66*, 3 ; MPG 58, 630 : ... *ἐννόησον ὅσαις ἐπαρκεῖ καθ' ἑκάστην ἡμέραν χήραις, ὅσαις παρθένοις · καὶ γὰρ εἰς τὸν τῶν τρισχιλίων ἀριθμὸν ὁ κατάλογος αὐτῶν ἔφθασε*, *Hom. in ep. 1.Kor*, 21, 7 ; MPG 61, 179 : *ἐννόησον καὶ τῶν ἐγγεγραμμένων πενήτων τὰς ἀγέλας τῶν ἀῤῥωστούντων τὰ πλήθη, τῶν μυρίων χορηγιῶν ὑποθέσεις.* Bei dem ersten Zitat sind « Witwen und Jungfrauen » als kirchliche Stände zu fassen, die der Unterstützung bedürfen. Cf. PALLADIUS, *Vita Chrysostomi* V ; MPG 47, 20 : *τὸ τῶν χηρῶν τάγμα.*

70 OVERBECK, 190, 5. Wenn 1903 im *Compendions Syriac Dictionary* von J. PAYNE SMITH p. 91 der Wert dieser ursprünglich persischen Münze mit einem Guinea = 21 Schillinge angegeben wird, entspräche dieser Betrag etwa 147.000 Goldmark.

71 Aus den in n. 69 angeführten Zitaten ist ersichtlich, daß es sich bei den « Eingeschriebenen » in erster Linie um kirchliche Stände, wie z.B. die Witwen und Jung-

die wohltätigen Zuwendungen des Bischofs. Darüberhinaus sind sogar die Juden von der kirchlichen Liebestätigkeit nicht ausgeschlossen [72]. Offensichtlich läßt sich diese Großzügigkeit aus einem missionarischen Interesse heraus erklären.

Über die Herkunft des hohen Betrages, der jährlich für die Unterstützung der Bedürftigen ausgegeben wird, lassen sich nur Vermutungen anstellen. Steuereinnahmen und Einkünfte aus staatlichen Zuwendungen hat es nicht gegeben [73]. Ebenso wie in Antiochien und Konstantinopel werden zu dieser Zeit auch in Edessa die Oblationen bei der Eucharistie nur noch sehr gering gewesen sein [74]. Ein größerer Posten der kirchlichen Einkünfte bestand sicherlich aus testamentarischen Schenkungen [75]. Ihr Hauptteil wurde jedoch wahrscheinlich aus freien Spenden aufgebracht. Wie andere Bischöfe seiner Zeit wird auch Rabbula über das Almosengeben gepredigt haben, obwohl wir gerade über diese Seite seiner Verkündigung keine Nachrichten besitzen [76]. Nach der Darstellung des Hagiographen bewirkt allein schon die Kunde von Rabbulas Vollkommenheit, daß selbst aus den entfernteren Gebieten des römischen Reiches tausende von Goldstücken in Edessa eintreffen [77]. Auch während seines Aufenthaltes in Konstantinopel konnte Rabbula wertvolle Geschenke von Geld, Ringen und kostbaren Gewändern in Empfang nehmen [78]. Was

frauen handeln muß. Über das Vorhandensein solcher Stände in Edessa erfahren wir jedoch nichts. An ihre Stelle sind die « im Bunde Stehenden » getreten.

[72] Overbeck, 195, 1-3. Insofern besteht ein wesentlicher Unterschied zwischen den Juden und den Häretikern, die im vorangehenden Abschnitt aufgezählt werden.

[73] Cf. *supra*, 50, die Besprechung der kanonischen Bestimmungen, die steuerähnliche Einkünfte ausschließen und nur freiwillige Spenden der Gläubigen zulassen.

[74] Cf. die Klage des *Johannes Chrysostomus*, daß nur noch beim Gedächtnis der Verstorbenen reichlich auf den Altar gelegt werde : *In ep. I ad Cor. hom.* 27, *4*; MPG 61, 229-230.

[75] Cf. Canon. Nr. 40, Vööbus, 46, nach dem Periodeuten, Priester und Diakone ihren Besitz der Kirche hinterlassen sollen.

[76] Berühmt sind die Almosenpredigten des *Johannes Chrysostomus*, z.B. *De eleemosyna*, MPG 51, 261-272 ad *1.Kor.* 16, *1-4*.

[77] Overbeck, 199, 9-14.

[78] Overbeck, 199, 17ss. Es scheint für Rabbula unangenehm gewesen zu sein, persönlich die Geschenke von den « Kaisern und Vornehmen » entgegennehmen zu müssen. Er bemüht sich, das Mißverständnis abzuwehren, er wäre nur zum Zwecke einer solchen Spendenaktion nach Konstantinopel gekommen. Worin die « geschäftlichen Angelegenheiten » (199, 22) bestehen, die als Grund seiner Reise angegeben werden, wird an dieser Stelle nicht gesagt.

eigentlich der Zweck dieser Reise in die Hauptstadt gewesen ist, bleibt unklar. Es ist nicht ausgeschlossen, daß es sich dabei in erster Linie um Angelegenheiten sozialer Gerechtigkeit gehandelt hat [79].

Durch seinen aufopferungsvollen Einsatz und die Ausstrahlungskraft seiner Persönlichkeit konnte es Rabbula erreichen, daß ein ständiger Spendenstrom nach Edessa geflossen ist, der es ihm ermöglichte, in großzügiger und weitschauender Weise für die notwendigsten materiellen Bedürfnisse seiner Gläubigen zu sorgen. Selbst nach seinem Tode hörte Rabbula nicht auf, Anreger und Initiator einer regen Spendentätigkeit zu sein. Aus Verehrung und Liebe zu dem Verstorbenen wurden immer wieder reichlich Almosen gegeben, sodaß durch die Kraft seines Namens die Bedürftigen ihren Unterhalt bestreiten konnten [80]. In der Sicht des Hagiographen ist natürlich diese fortdauernde Wirkung seines geliebten Bischofs auch auf seine Fürbitte zurückzuführen [81]. Die Wohltätigkeit dieses Hirten ist nicht auf sein irdisches Leben begrenzt, sondern reicht über seinen Tod hinaus.

Der « Schutz seines Namens und seiner Gebete » [82] erstreckte sich aber noch auf ein weiteres Gebiet, nämlich das der sozialen Sicherheit und Gerechtigkeit [83]. Rabbula kann verhindern, daß die unteren Schichten der Bevölkerung der Übervorteilung, der Willkür und der Ausbeutung der « Reichen », der « Habgierigen » und der « Plünderer » ausgeliefert sind [84]. Gegenüber den « Vornehmen seiner Stadt » nimmt er die Armen in Schutz [85]. Auch tritt er denen entgegen, die mit der

[79] Canon VII der Synode von Sardica (343), LAUCHERT, *Kanones*, 57-58, bestimmt, daß Reisen an den kaiserlichen Hof nur gestattet sind zum Zwecke der Interzession bei der Bedrückung von Witwen und Waisen. Rabbulas Canon Nr. 38, VÖÖBUS, 45-46 verbietet generell ohne Ausnahme den Klerikern und Bundessöhnen die Reise nach Konstantinopel.

[80] OVERBECK, 202, 4-17.

[81] OVERBECK, 202, 3-4.

[82] OVERBECK, 187, 5-6.

[83] Zum Gesamtthema ist zu vergleichen die Darstellung von UHLHORN, *Liebestätigkeit*, 355ss : « Die Kirche die Zuflucht aller Unterdrückten und Notleidenden » und S. GIET, *La doctrine de l'appropriation des biens chez quelques-uns des Pères*, RSR 38 (1948), 55-91.

[84] Die Schilderung der sozialen Problematik beginnt OVERBECK, 187, 13ss. 187, 18 : Reiche; 187, 24 : Habgierige; 187, 27 : Plünderer.

[85] OVERBECK, 188, 2s. Mit den « Vornehmen » ist wohl die blutsmäßige Aristokratie Edessas gemeint, die den alten Familien entstammt.

Protektion der staatlichen Verwaltungs- und Aufsichtsbehörden ihre Machenschaften betreiben [86]. Diejenigen, « die Gewalt innehaben », nehmen auf ihn Rücksicht [87], und die Richter respektieren seine Entscheidungen [88]. Die Witwen und Waisen in seiner Diözese sind vor Unterdrückung und Ausbeutung sicher [89], ja, sein Einfluß ist so stark, daß selbst die Soldaten sich gesittet verhalten gegenüber den Handwerkern, den Landleuten und den Mönchen, die bisher unter ihren Übergriffen schwer zu leiden hatten [90].

Es wäre wohl zu weitgehend, Rabbula im modernen Sinne als einen Sozialreformer zu bezeichnen. Die Idee einer grundsätzlichen Änderung der bestehenden gesellschaftlichen Zustände wird außerhalb seines Gesichtskreises gelegen haben. Es kann aber kein Zweifel darüber bestehen, daß er als Bischof von Edessa kraft seines Amtes und vor allen Dingen durch seine Persönlichkeit einen tiefgehenden Einfluß auf die sozialen Verhältnisse seiner Diözese ausübte und tatsächlich der einzige Anwalt und Helfer der in Not und Rechtlosigkeit lebenden breiten Bevölkerungskreise gewesen ist. Die sehr bewegte und fast sozialistisch inspirierte Darstellung dieses Themas durch den Hagiographen läßt darauf schließen, daß das Interesse der Kirche an den brennenden sozialen Problemen der Zeit sehr stark gewesen sein muß. Dies wird auch erwiesen durch eine Reihe von kanonischen Bestimmungen, die auf Rabbula zurückgeführt werden. Danach dürfen die « Jünger des Messias » nicht mehr als das Notwendige besitzen und müssen das Übrige an die Bedürftigen austeilen [91]. In jeder Gemeinde soll es ein Haus geben, in dem die Armen sich niederlassen können [92]. Alle Dorfpriester sind verpflichtet, die Armen, die

[86] Overbeck, 188, 2-6. Fast könnte man in diesem Zusammenhang von einer Protektion der Besatzungsmacht sprechen. Es ist die Frage, ob sich hier schon der spätere Gegensatz zwischen der byzantinischen Verwaltung und der eingeborenen Bevölkerung abzeichnet.

[87] Overbeck, 188, 8ss. Die Handschrift weist hier allerdings eine Lücke auf, die aber nicht groß gewesen sein kann.

[88] Overbeck, 188, 6-8. Daß es eine besondere kirchliche Gerichtsbarkeit neben den weltlichen Behörden gegeben haben muß, wurde oben schon festgestellt. Cf. supra 51.

[89] Overbeck, 188, 13ss.

[90] Overbeck, 188, 17ss.

[91] Nr. 24; Vööbus, 42. Die asketische Forderung wird hier ins Soziale gewendet und gilt damit allen ernsthaften Christen.

[92] Nr. 16; Vööbus, 40. Gemeint ist eine Art von Armenherberge, die für Zeit die Bedürftigen aufnehmen kann.

zu ihnen kommen, zu versorgen und sie zufriedenzustellen; besonders gilt dies gegenüber den « Bundessöhnen » [93]. Wenn für sie und die « Bundestöchter » keine wirksame Hilfe möglich ist, soll man sich an den Bischof wenden, da sonst die Gefahr besteht, daß sie aus ihrer Not heraus etwas Ungeziemliches tun [94]. Besonders bemerkenswert und charakteristisch für den Geist sozialer Gerechtigkeit ist ein Canon, der dem Verhalten gegenüber den « Herren der Dörfer » gewidmet ist. Man soll ihnen die Ehre erweisen, die ihnen zusteht, indem man sie aber nicht so begünstigt, daß die Armen dadurch unterdrückt werden [95]. Wiederum wird hierdurch die Selbständigkeit Rabbulas gegenüber den Behörden und der Oberschicht bestätigt. Die Rechte der Bedürftigen dürfen auf keinen Fall durch die Begünstigung der herrschenden Klasse geschmälert werden.

Aus den auf Rabbula zurückgehenden kanonischen Bestimmungen geht hervor, daß es in der Diözese Edessa eine Reihe von Xenodochien gegeben hat [96]. Dabei handelt es sich um eine Einrichtung, die schon im 4.Jahrhundert in den östlichen Kirchengebieten weit verbreitet gewesen ist [97]. Ihre besondere Bedeutung für die syrische Kirche

[93] Nr. 12; Vööbus, 39. Mit ܢܘܚ im Aphel ist hier sicherlich « beherbergen » gemeint.

[94] Nr. 19; Vööbus, 41. Auch dieser Canon ist ein Beweis dafür, daß die Armenpflege und soziale Fürsorge letzlich im Bischof zentralisiert ist.

[95] Nr. 34; Vööbus, 45. In dieser Weise kann etwa der Inhalt des Canons umschrieben werden. ܢܣܒ ܒܐ̈ܦܐ heißt « Gunst erweisen ». Hieraus soll jedoch keine Begünstigung auf Kosten und zum Nachteil der Armen werden.

[96] Cf. supra, n. 92. Ebenso ist hier Nr. 22; Vööbus, 42 heranzuziehen. Danach dürfen Periodeuten, Priester und Diakone sich nicht in öffentlichen Gasthäusern aufhalten, sondern nur in den Xenodochien der Kirche oder in den Klöstern.

[97] Dies geht zum Beispiel hervor aus einem Erlaß an den Oberpriester Galatiens, durch den Kaiser Julian den Bau von Xenodochien anordnet, um den Christen in der Armenfürsorge den Rang abzulaufen, cf. Sozomenus, HE, V 16, 9-11; 218, 8-17 : *Χενοδοχεῖα καθ' ἑκάστην πόλιν κατάστησον πυκνά, ἵν' ἀπολαύσωσιν οἱ ξένοι τῆς παρ' ἡμῶν φιλανθρωπίας, οὐ τῶν ἡμετέρων μόνον, ἀλλὰ καὶ τῶν ἄλλων ὅστις ἂν δεηθῇ ... αἰσχρὸν γάρ, εἰ τῶν μὲν 'Ιυδαίων οὐδὲ εἷς μεταιτεῖ τρέφουσι δὲ οἱ δυσσεβεῖς Γαλιλαῖοι πρὸς τοῖς ἑαυτῶν καὶ τοὓς ἡμετέρους, οἱ δὲ ἡμέτεροι τῆς παρ' ἡμῶν ἐπικουρίας φαίνοιντο.* Die allgemeine Verbreitung dieser Xenodochien in der persischen Kirche bezeugt der 7.Canon der Synode von Seleucia-Ctesiphon aus dem Jahr 410. Cf. Chabot, *Synodicon* 25, 9-13; Übers. Braun, *Synhados* 19 : « Über die zur Aufnahme der *ξένοι* bestimmten Häuser und über die Aufnahme der Bedürfenden vermittels der *εἰρηνικαί*. Wir stimmen zu, daß bei allen Kirchen das Haus, worin die *ξένοι* und Armen aufgenommen werden, bestimmt sei. Und auf einen Brief hin, der von einem Bischof an seinen Mitbischof oder von einem Priester an seinen Collegen ausgestellt ist, soll die Aufnahme stattfinden ». Die letztere Bestimmung findet sich schon in ähnlicher Form im 7.Canon der Synode von Antiochien, cf. Lauchert, *Kanones*, 45, 7.

wird uns bestätigt durch eindrucksvolle archäologische Zeugnisse [98]. Diese Xenodochien dienten in erster Linie zur Beherbergung von Reisenden und Pilgern; sie waren also eine Art von kirchlichen Gasthäusern. Dann wurden sie aber auch gebraucht zur Unterbringung von Armen und Hilfsbedürftigen und wurden dann schließlich zu ausgesprochenen Krankenhäusern. Das berühmteste Beispiel für die umfassende diakonische Funktion dieser Einrichtung ist das Hospital, das Basilius im Jahre 370 in der Nähe von Caesarea gründete und das von seinem Freunde Gregor von Nazianz beschrieben wurde [99]. Auch in Edessa wurde etwa zu dieser Zeit ein solches Haus gegründet. Während einer schweren Hungersnot macht Ephräm seinen Glaubensbrüdern Vorhaltungen wegen ihrer Hartherzigkeit. Sie aber wollen ihr Verhalten damit entschuldigen, daß sie nicht wissen, wem sie ihre Liebensgabe anvertrauen sollen. Darauf erbietet sich Ephräm, die Verwaltung der Spenden zu übernehmen. Er organisiert die Unterstützung der Notleidenden und eröffnet schließlich in einem Portikus ein Haus, in dem er 300 Betten für die Ausgehungerten und Kranken unterbringt [100]. Allerdings scheint dieser Gründung kein großer Erfolg und keine lange Lebensdauer beschieden gewesen zu sein. Der Hagiograph berichtet nämlich, daß Rabbula für seine Arbeit an den Armen in Edessa ein Xenodochium vorfindet, das vorher nur dem Namen aber nicht seiner Leistung nach als ein solches gelten konnte und nicht wahrhaft der Ehre und Verherrlichung Gottes diente [101]. Es wird nun beschrieben, wie Rabbula dieses verkommene und herabgewirtschaftete Xenodochium neu organisiert und zum Wohle der Bevölkerung ausbaut. Zuerst ordnet er die finanziellen Verhältnisse dieser Einrichtung, indem er ihr regelmäßige Einkünfte aus kirchlichem Landbesitz zukommen läßt, um so die

[98] Das beste Beispiel für die noch in Syrien erhaltenen Ruinen von Xenodochien befindet sich in Qalʿat Simʿān, dem Wallfahrtsort, der etwa 480 bei der Säule des Simeon Stylites entstand. Cf. *Bildatlas*, 103 u. 171, die Abbildungen Nr. 294, 296 und 587-590. Über Xenodochien als Pilgerherbergen cf. Kötting, *Peregrinatio*, 366-386.

[99] *Gregor von Nazianz*, Or. 43 *In laudem Basilii magni* 34-36; MPG 36, 541-546.

[100] Sozomenus, HE, III 16, 15; 130, 20-28. Über die Xenodochien in Antiochien und Konstantinopel cf. Johannes Chrysostomus, *In Mt.hom.* 66, *3-5*; MPG 58, 629s und Palladius, *Vita Chrysostomi* V; MPG 47, 20.

[101] Overbeck, 202, 19ss. « Dem Namen nach » wird ܒܥܒܕܐ gegenübergestellt, (202, 22).

notwendigen Ausgaben zu decken [102]. Diese tatkräftige finanzielle Unterstützung war dann für viele der Anlaß, dem Krankenhaus auch testamentarische Stiftungen zu hinterlassen, sodaß seine Einkünfte jährlich tausend Denare betrugen [103]. Das Haus diente einer doppelten Aufgabe, nämlich der Pflege der Kranken und der Unterstützung der Gesunden [104]. Krankenhaus und Armenherberge scheinen offenbar in ihm vereinigt gewesen zu sein. Besonderen Wert wurde auf die Qualität der Speisen und die Reinlichkeit der Krankenbetten gelegt [105]. Wahrscheinlich ließen die Verpflegung und die hygienischen Zustände unter den Vorgängern Rabbulas sehr zu wünschen übrig. Während Rabbula bei der Organisation und Einrichtung dieses Armen- und Krankenhauses an eine schon bestehende Einrichtung anknüpfen kann, handelt es sich bei dem Xenodochium für Frauen um eine Neugründung. Vier Götzentempel, die wahrscheinlich zu dieser Zeit nicht mehr benutzt sind, werden abgebrochen, und aus ihrem Material wird ein Gebäude errichtet, das zur Beherbergung von hilfsbedürftigen Frauen dienen soll [106]. Wie im Xenodochium für Männer « keusche Brüder », die unter der Leitung von Diakonen stehen, das Pflegepersonal bilden [107], sind es hier die « Bundestöchter », die von einer Diakonisse angeleitet werden [108].

Seinen tiefsten Ausdruck findet aber der zur Aktivität drängende Geist christlicher Nächstenliebe in der Pflege der Aussätzigen vor

[102] OVERBECK, 202, 23ss. In der Terminologie des Mittelalters handelt es sich also hier um ein Pfründeneinkommen, das vom Bischof für einen wohltätigen Zweck zur Verfügung gestellt wird.

[103] OVERBECK, 202, 24-203, 1. Zu testamentarischen Schenkungen cf. *supra* n. 75. Wenn J. PAYNE SMITH 1903 im *Compendious Syriac Dictionary* p. 91 den Wert eines Denars mit 8, 5 Pence angab, so belief sicht dieser Betrag auf über 700 Goldmark.

[104] OVERBECK, 203, 1-5.

[105] OVERBECK, 203, 5ss.

[106] OVERBECK, 203, 15-19. Nach dem Material zu schließen, muß es sich also um ein stattliches Gebäude gehandelt haben. Schon Theodosius I. hatte durch den Erlaß vom 30.November 382 für Edessa die Ausübung des heidnischen Kultes verboten, cf. *Cod. Theod.* XVI 10.8; 899. Zur weiteren Gesetzgebung über die Zerstörung und Konfiszierung von Tempeln, cf. *supra*, 31 n. 75.

[107] OVERBECK, 203, 12-14. Zur Terminologie cf. *supra*, 57. Die « keuschen Brüder » sind niemand anders als die « Bundessöhne ».

[108] OVERBECK, 203, 21. Daß hier nur eine Diakonisse genannt wird, während beim Xenodochium für Männer von mehreren Diakonen die Rede ist, weist darauf hin, daß diese Neugründung noch eine verhältnismäßig geringe Kapazität hat.

den Toren der Stadt [109]. Ein Diakon mit «Brüdern der Ordnung» wird beauftragt, in der Aussätzigenkolonie zu wohnen und sich ihrem Dienst zu widmen [110]. Auf Kosten der Kirche werden diese Armen regelmäßig versorgt. Darüberhinaus kümmert sich Rabbula persönlich um ihr Ergehen [111]. Er bringt ihnen Gaben, tröstet sie mit dem Worte Gottes und zeigt ihnen seine Liebe durch den «Gruß des heiligen Kusses» [112]. Für den Hagiographen ist besonders eindrucksvoll, daß so Taten und Worte sich gegenseitig ergänzen und dadurch eine innere Einheit bilden.

Die karitative Tätigkeit Rabbulas, seine Sorge für die Armen, sein Bemühen um soziale Gerechtigkeit und seine Pflege der Kranken wird von ihm verstanden als konsequente Konkretisierung seiner Seelsorge und notwendige Realisierung seiner Predigt. Der Seelsorger, der Prediger und der Wohltäter gehören zusammen, nicht nur als glückliche Verbindung hervorragender Eigenschaften einer einzigartigen Persönlichkeit, sondern ebenso als Typus des vorbildlichen Hirten und Nachfolgers Christi. So zeigt sich an der Gestalt dieses Bischofs von Edessa in paradigmatischer Weise, was für das gesamte syrische Mönchtum dieser Zeit Geltung hat. Die entschiedene Askese und die Praktizierung eines rigorosen monastischen Lebensstiles müssen keineswegs die Abwendung von der Welt und die Abkapselung in einem sterilen frommen Egoismus zur Folge haben, sondern können ebenso die entschlossene Hinwendung zu der Welt mit ihren Problemen und eine zielbewußte soziale und karitative Aktivität entbinden [113]. Gerade bei Rabbula tritt offen zutage, daß die tiefsten Wurzeln für seine bedeutenden diakonischen Leistungen in seiner durch und

[109] Overbeck, 203, 23ss.

[110] Overbeck, 204, 1-3.

[111] Overbeck, 204, 5ss.

[112] Overbeck, 204, 10. Der «Friedensgruß des heiligen Kusses» ist ein Stück der eucharistischen Liturgie und soll die Aussätzigen an ihre bleibende Gemeinschaft mit der Kirche erinnern.

[113] Im Hinblick auf das syrische Mönchtum des 4. und 5.Jahrhunderts ist dies eindrücklich herausgestellt worden durch die Untersuchungen von A. Vööbus, *Einiges über die karitative Tätigkeit des syrischen Mönchtums. Ein Beitrag zur Geschichte der Liebestätigkeit im Orient*, CBU 51, Pinneberg 1947 und von Hendriks, *Activité*, der mit Recht zu dem abschließenden Urteil gelangt: «La tendance active a certainement dominé dans le monachisme syrien primitif quant aux œuvres de charité, il est impossible de séparer le monachisme des œuvres sociales» (p. 24).

durch asketisch verstandenen Nachfolge Christi zu suchen sind. Dieser wesentliche Zusammenhang läßt uns nun nach Rabbulas Selbstbewußtsein als Mönchsbischof und seiner Stellung zum Mönchtum fragen.

III. Der Mönchsbischof

Einen verhältnismäßig breiten Raum widmet der Hagiograph der Schilderung der monastischen Lebensweise Rabbulas. Dieses Thema ist ihm so wichtig, daß er es sogar durch eine neue Überschrift einführt. « Dies sind die ausgezeichneten Werke des Bischofs Mar Rabbula, die er in beständiger Übung an sich selbst vollbrachte » [1]. Wie eine ganze Reihe seiner Amtsbrüder verleugnet er nicht sein Herkommen und bleibt auch als Bischof dem asketischen Lebensstil treu [2]. Ja, er steigert noch seine Anstrengungen, und sein Amtscharisma ist ihm hierbei eine wesentliche Hilfe. « Selbst in seinem Bischofsamt war er bestrebt, die harten Mühen des Mönchtums zu verdoppeln. Die Gabe des priesterlichen Geistes war ihm bei all diesen guten Taten eine hilfreiche Unterstützung » [3].

Es wird zutreffend sein, daß Rabbula sich auch in Edessa in erster Linie als Mönch verstanden hat und gerade als Bischof ein wegweisendes Beispiel und leuchtendes Vorbild des monastischen Lebens geben wollte. « Welcher Mönch wäre dem hohen Grad seiner Entsagung gleichgekommen, denn er war in seiner Gesinnung asketisch » [4].

[1] Overbeck, 182, 1-3. Damit ist nach den beiden vorausgehenden Überschriften 159, 1-3 und 170, 21-22 der dritte große Abschnitt der Lebensbeschreibung markiert.

[2] Theodoret berichtet in seiner Historia religiosa von einer Reihe von Mönchsbischöfen. Als Bischof von Carrhae setzt Abraham von Qīdūnā seine gewohnten Nachtwachen fort und nimmt nur spärliche Kost zu sich (MPG 82, 1419; 1422). Auch Acacius von Beroea bleibt seiner « alten Philosophie » treu (MPG 82, 1314). Ebenso betrachtet Helladius von Tarsus das Bischofsamt als eine zusätzliche Aufgabe neben seinen monastischen Pflichten (MPG 82, 1394), und Aphtone von Zeugma will sogar auf seine mönchische Kleidung nicht verzichten und beteiligt sich auch als Bischof an den niedrigsten Arbeiten, wie er es als Mönch gewohnt ist (MPG 82, 1355). Zum Gesamthema cf. P. Canivet, *Théodoret et le monachisme syrien avant le concile de Chalcédoine*, in : *Théologie de la vie monastique. Études sur la tradition patristique*, *Théologie* 49, Paris 1961, 241-282.

[3] Overbeck, 183, 17-20. Eine aufschlußreiche Stelle für die Auffassung des Hagiographen vom priesterlichen Amtscharisma.

[4] Overbeck, 184, 22-24.

Es ist möglich, daß hier auf den starken anachoretischen Einschlag von Rabbulas bisheriger Lebensweise angespielt wird [5]. Die Entsagung der Welt und die Hingabe an Gott, wie sie in der Wüste von Chalcis begonnen hatten, finden in Edessa ihre Fortsetzung und Vollendung. In erster Linie ist hier Rabbulas rigorose Fastenpraxis zu nennen, deren konsequente Durchführung dadurch gekennzeichnet ist, daß er sich seit seiner Taufe nicht mehr satt gegessen hat [6]. Auch seinen Hausgenossen möchte er dieses Fasten zur Pflicht machen. « Jedermann lehrte er durch sein eigenes Beispiel das Fasten der Abtötung, das jedoch frei war von Stolz, und die Beschränkung der Nahrung » [7]. In diesem Zusammenhang erfahren wir, daß dem Bischof auch Speisen und Nahrungsmittel als « Ehrengeschenke » gebracht wurden, die er aber für die Kranken und Notleidenden in das Xenodochium bringen läßt [8]. Die Nacht wird zum größten Teil mit Wachen, Psalmengesang und Beten verbracht, während man sich am Tage der Hilfe der Unterdrückten und der Lesung widmet, die in seiner Gegenwart stattfindet [9]. Von dem fremdartigen und distanzierenden Eindruck der Persönlichkeit Rabbulas auf seine Umgebung, die von vornherein jeglichen familiären Umgangston unmöglich machte, ist schon oben die Rede gewesen [10]. In dieser strengen asketischen Atmosphäre konnte keine Popularität gedeihen, deren Resonanz

[5] OVERBECK, 184, 24 : ܐܒܝܠܐ, der Trauernde kann im syrischen Christentum eine allgemeine und umschreibende Bezeichnung für einen Mönch sein, kann aber auch speziell den Anachoreten bezeichnen. Zu den verschiedenen möglichen Bezeichnungen für Asketen und Mönche cf. KAWERAU, *Jakobitische Kirche*, 122-123. Ebenso ist hier heranzuziehen ADAM, *Grundbegriffe*. Allerdings werden die Hauptthesen Adams nicht aus unseren Texten bestätigt. So findet sich zum Beispiel nicht mehr die leiseste Anspielung darauf, daß die Bezeichnung des Asketen als des « Trauernden » auf die Seligpreisung Jesu in *Mt. 5,5* zurückgeführt wurde (p. 224). Daß zur Zeit Rabbulas die Anachoreten als die « Trauernden » von den Mönchen klar unterschieden wurden, zeigt die Aufzählung bei OVERBECK, 206, 3.

[6] OVERBECK, 182, 12-14. Die vorausgehende und nachfolgende Schilderung gibt uns ein gutes Bild von den Eßgewohnheiten im Hause des Bischofs. Die Taufe wird hier umschrieben mit den Worten : « seit dem Tage, da der Name Christi über him genannt wurde ».

[7] OVERBECK, 182, 19-21. Auch hier fällt wieder die Abwehr jeglicher Werkgerechtigkeit ins Auge.

[8] OVERBECK, 182, 21ss.

[9] OVERBECK, 183, 5-10. Zum monastischen Stundengebet cf. supra, 29 und 52.

[10] Cf. *supra*, 66.

sich im Austausch von « Ehrengeschenken » zeigte, die mit dem Lebensideal Rabbulas schlechthin unvereinbar waren [11].

Über Rabbulas Kleidung erfahren wir, daß sie aus einem härenen Untergewand und einem einfachen Mantel bestand [12]. Zum gottesdienstlichen Gebrauch besaß er für den Winter eine « birūnā » und für den Sommer eine « phainā » [13]. Auch hier scheint er sich auf das Nötigste beschränkt zu haben, während sonst eine größere Ausstattung üblich gewesen ist. Entsprechend seiner Kleidung wird uns auch seine Lagerstatt als höchst armselig geschildert [14].

Einen besonders klaren und schönen Ausdruck findet aber Rabbulas monastisch geprägte Spiritualität in einer Praxis, die wir heute mit geistlichen Exerzitien oder Retraiten vergleichen könnten. Zu der « Absonderung des Gebets » genügten ihm nämlich nicht die festgesetzten Zeiten des Gottesdienstes [15]. Deshalb zog er sich regelmäßig in die « Abgeschlossenheit seiner Wohnung » zurück, um eine ganze Woche dem ununterbrochenen Gebet zu widmen [16]. Auch die geistliche Lesung wurde dann unterbrochen, damit keine menschliche Stimme die Stille der Betrachtung stören konnte. Das Ziel einer solchen Retraite bestand in erster Linie darin, die Erinnerung an den Herrn wach zu halten [17] und das wohlgefällige Opfer des reinen

[11] Über die Sitte der « Ehrengeschenke » und die betreffenden kanonischen Bestimmungen cf. *supra*, 49-50.

[12] OVERBECK, 184, 24-26. Das Untergewand ist wohl mit der römischen Tunika zu vergleichen.

[13] OVERBECK, 184, 25-27. Die ܒܝܪܘܢܐ = βήριον ist ein schweres Kleidungsstück und dient dem Bischof als eine Art Mantel. J. Braun, *Liturgische Gewandung im Occident und Orient nach Ursprung und Entwicklung, Verwendung und Symbolik*, 2.Aufl. Darmstadt 1964, p. 50, bezeichnet die birūnā als privilegiertes Gewand der Bischöfe bei den Nestorianem. Dieser Sprachgebrauch ist aber nur eine Ausnahme, denn im Allgemeinen ist die birūnā in den orientalischen Riten ein liturgisches Untergewand, eine Art von Schultertuch, dem im Westen das Amikt oder das Humerale entspricht. Zur ܦܝܢܐ = φαινόλης cf. BRAUN, *op.cit.* 235. Sie ist das lange ärmellose Gewand des Priesters in liturgischer Funktion und hat etwa die Form des lateinischen Pluviale.

[14] OVERBECK, 184, 27-185, 3.

[15] OVERBECK, 185, 3-5. Die Ausdrucksweise « Absonderung des Gebets » dürfte auf einen anachoretischen Sprachgebrauch zurückzuführen sein.

[16] OVERBECK, 185, 5ss. Unter « Abgeschlossenheit seiner Wohnung » ist wahrscheinlich eine besondere Zelle in dem Hause des Bischofs zu verstehen.

[17] OVERBECK, 185, 12. ܥܘܗܕܢܐ ist im Vergleich zu dem ܕܘܟܪܢܐ in 163, 21 ein allgemeinerer Ausdruck, cf. *supra*, 18-19. OVERBECK, 185, 16 ist von der « Erinnerung der Sünden der Welt » die Rede.

Gebets Gott darzubringen [18]. Dabei geht es um eine intensive Form der Fürbitte. « Auf die Hände seiner Seele nahm er die Erinnerung der Sünden der Welt, um von der grenzenlosen Barmherzigkeit Gottes die Vergebung ihrer Sünden zu erlangen » [19]. In diesem Zusammenhang ist die Rede von « den Vollkommenen, die gleich ihm geübt sind in den verborgenen Mysterien des Gebets » [20]. Dem Hagiographen steht hier ein kleiner Kreis von Asketen vor Augen, die in mystischer Versenkung des Gebets die Nähe Gottes erfahren und deren stellvertretendes Bitten für das Heil der Menschen von entscheidender Bedeutung ist. Hier zeigen sich schon die ersten Spuren einer späteren Mönchsmystik und mystagogischen Theologie [21], die für das innere Leben der gesamten syrischen Kirche eine wichtige Rolle spielte.

Diese Gebetsübungen in seinem Hause genügten aber Rabbula noch nicht. « Aus heiligem Verlangen nach der Liebe seines Herrn verließ er trotz dringender Geschäfte in jedem Jahre für 40 Tage die Stadt,... um in seinem Kloster in der Wüste von Qennešrīn zu wohnen... » [22]. Gemeint ist das Kloster Abrahams, in dem Rabbula die Zeit zwischen seiner Bekehrung und seiner Bischofsweihe verbrachte [23]. Die Zeitspanne von 40 Tagen ist an dem Aufenthalt Jesu in der Wüste orientiert, der auch schon kurz nach seiner Bekehrung Rabbula als ein « Vorbild » seines asketischen Lebenswandels diente [24]. Über die Gebetspraxis dieser vierzigtägigen Retraite erfahren wir keine näheren Einzelheiten.

Einen tieferen Einblick erhalten wir jedoch in einem anderen Zusammenhang. Bei seinem Bericht über Rabbulas Sorge für die « heiligen Armen » erzählt der Hagiograph von einer bemerkens-

[18] Overbeck, 185, 14-15. Der alttestamentliche Topos vom Opfer des Gebets ist unter den griechischen Vätern weit verbreitet. Cf. Blum, *Eucharistie*, 29s.

[19] Overbeck, 185, 15-18. Ungewöhnlich ist der Ausdruck « die Hände seines Sinnes (Seele) ».

[20] Overbeck, 185, 21-22. Die Stelle ist aufschlußreich für das Mysterienverständnis der syrischen Kirche, ܐܪܙܐ kann z.B. das Gebet ebenso wie das Abendmahl oder die Taufe bezeichnen. Cf. *supra*, 24.

[21] Cf. die kurzen informierenden Kapitel bei Adam, *Dogmengeschichte*, I, 347ss und 358ss.

[22] Overbeck, 185, 27-186, 2.

[23] Über das Kloster Abrahams cf. *supra*, 27-28.

[24] Zum « Vorbild » und « Typus » cf. *supra*, 9.

werten Gewohnheit seines verehrten Bischofs. « In jeder der einsamen Wohnungen ihrer Klöster, in denen fromme Männer nach der Ordnung in Abgeschiedenheit leben, deren Gebeine auch nach ihrem Tode ein angenehmer Wohlgeruch in Christus werden, wurde für ihn auf seinen Befehl und Willen eine besondere Zelle reserviert, damit er bei jedem seiner Besuche in seinem Glauben von den in Frieden Entschlafenen Hilfe erfahre und noch mehr selbst durch seine Ermahnungen den (Kloster) -Söhnen helfe. In dieser Zelle pflegte er in der Stille der Einsamkeit zu verharren, um im beständigen gottwohlgefälligen Gebet zu bleiben und ihm (Gott) durch seine Gebet angenehm zu sein »[25]. Dieser Passus ist in mehrfacher Hinsicht aufschlußreich für das Verhältnis des Bischofs von Edessa zum Mönchtum. Kraft seines Amtes scheint Rabbula eine Aufsicht über die Klöster seiner Diözese ausgeübt zu haben, die regelmäßige Visitationen erforderte. Bei diesen Besuchen ermahnte er seine « Söhne » und achtete auf die festgesetzte Ordnung, die ihnen gegeben war. Zugleich diente ihm der Aufenthalt in den Klöstern zur eigenen geistlichen Stärkung. Es läßt sich nicht mit Sicherheit entscheiden, ob die ihm vorbehaltene Zelle ein Zimmer in einem größeren Gebäude war, oder eine Eremitenklause in unmittelbarer Nähe des Klosters. Die zweite Möglichkeit dürfte wahrscheinlicher sein, da in dieser Zeit das Mönchtum Syriens sich in einer Übergangsphase zwischen Anachoretentum und Coenobitentum befindet und Rabbula selbst noch eine starke anachoretische Tendenz vertritt. Wie wir sahen, war auch das monastische Leben Rabbulas vor seinem Episkopat von dieser Haltung und Situation her geprägt.

Der Aufenthalt in der Stille der Eremitenzelle dient nun aber nicht nur dem anhaltenden, sich versenkenden Gebet, sondern auch dem Kult der verstorbenen Asketen. Wenn es auch so nicht explizit ausgesprochen wird, so ist doch hier die Anrufung der Heiligen gemeint, durch die der eigene Glaube gestärkt werden soll. Der Gesamtskopus der Lebensbeschreibung[26] wird somit für den Hagiographen durch Rabbulas eigene Frömmigkeitspraxis bestätigt. Die Gemeinschaft der Heiligen realisiert sich für ihn in dieser über den Tod hinausge-

[25] Overbeck, 201, 14-24. Die Terminologie, die « Wohnung » mit « Kloster » kombiniert ist ähnlich wie in 167, 22-24. Cf. *supra*, 28.

[26] Overbeck, 208, 25-209, 1 ist hier besonders wichtig. Cf. *supra* das Kapitel « Die Vita Rabbulas und ihre literarische Eigenart ».

henden Verbindung mit den schon vollendeten Asketen. Die Klöster mit ihren Begräbnisorten der heiligen Anachoreten und Mönche sind damit Zentren und Fixpunkte dieser ekklesiologisch bestimmten Frömmigkeit.

So gewinnt die geistliche Persönlichkeit Rabbulas für uns ihre Konturen, wenn wir ihre tiefe Verwurzelung im monastischen Lebensideal und Lebensstil genügend in Ansatz bringen und dabei berücksichtigen, daß das Mönchtum seiner Zeit sich in einer entscheidenden Übergangsphase vom Eremiten- zum Coenobitentum befindet. Als Bischof von Edessa ist er beiden Formen des monastischen Lebens verpflichtet. Er lebt mit seinen Hausgenossen in einer klösterlichen Gemeinschaft. Er sorgt für die Kommunitäten in Edessa und in seiner gesamten Diözese. Zugleich fühlt er sich aber auch den Einsiedlern und rigorosen Wüstenasketen verbunden und praktiziert ihren Lebensstil. Die Eremiten stehen unter seiner Obhut [27] und nicht umsonst wird er ein « Gefährte der Anachoreten » genannt [28].

Die Transformation des frühsyrischen individualistischen, enthusiastischen und zivilisationsfeindlichen Eremitentums, wie es uns noch in den Schriften Ephräms entgegentritt [29], zu einem kirchlich geprägten Coenobitentum vollzog sich im Laufe des 5. Jahrhunderts in einem Prozess allmählicher Angleichung und Synthese. Im Unterschied zu Ephräm steht Rabbula inmitten dieser Entwicklung, die sich in seinem Werdegang und in seiner Amtsführung in Edessa

[27] Overbeck, 206, 2-4.

[28] Overbeck, 207, 21-22.

[29] Eine umfassende Darstellung des Anachoretentums bei Ephräm gibt Vööbus, *Asceticism*, II, 92-110. Die gesamte bisherige Forschung ist ebenso zusammengefaßt dem Aufsatz A. Vööbus, *Le reflet du monachisme primitif dans les écrits d'Ephrem le Syrien*, OrSyr 4 (1959), 229-306. Von den von Vööbus beigebrachten mannigfaltigen Belegen aus den echten Schriften Ephräms sei hier als Beispiel nur folgende Nachricht über die Mönche seiner Zeit zitiert cf. *Monumenta syriaca ex Romanis codd. collecta*, ed. P. Zingerle, I. Oeniponti, 1869, p. 7 : « Sie wohnten nur ausnahmsweise zusammen mit zwei oder drei Gefährten. Sonst lebten sie isoliert, und es näherte sich keiner dem anderen ». Nach den von Vööbus neu erschlossenen echten Texten muß es endgültig als erwiesen gelten, daß Ephräm noch kein Coenobitentum im späteren Sinne kannte. In der Umgebung der Stadt Edessa, vor allem auf den Bergen im Westen und Südwesten, hat es um 370 nur Kolonien von Anachoreten gegeben, hierzu cf. *supra*, 60s. Über die monastische Lebensweise Ephräms handelt auch L. Leloir, *Saint Ephrem, moine et pasteur*, in : *Théologie de la vie monastique. Études sur la tradition patristique*, Paris 1961, 85-97.

widerspiegelt. Nach seiner Bekehrung lebte er zuerst in einer Klostergemeinschaft, um sich dann aber als Anachoret zeitweise von ihr abzusondern [30]. Auch während seines Episkopats ist er beiden möglichen Formen des monastischen Lebens zutiefst verbunden. Als Bischof verkörpert er gleichsam nach Amt und Person die lebendige Synthese zwischen der coenobitischen und der anachoretischen Frömmigkeitsform. Von einem inneren Gegensatz oder gar einer Reaktionsbewegung ist bei Rabbula nichts zu verspüren [31]. Wohl ist es zutreffend, daß er in besonderer Weise einem Klostertyp verbunden ist, der auf der einen Seite ein kommunitäres Leben verwirklicht, andererseits aber auch Raum läßt für ein assoziiertes Eremitentum. Ob diese Klöster, von denen es heißt, daß sie « in der Hoffnung auf die göttliche Güte bestehen » [32], alle vollständig auf wirtschaftliche Autonomie verzichteten und nur von Spenden lebten, ist im Hinblick auf die noch zu besprechenden Mönchsregeln sehr unwahrscheinlich. Wir wissen, daß zum Beispiel Mar Bassus, ein Schüler des Simeon Stylites, und Alexander diese Form des Bettelordens mit einer stabilitas loci propagierten [33]. Rabbula hat offenbar dieser Art des Asketentums gewisse Sympathien entgegengebracht. Die Aufnahme seiner modifizierten Bekehrungsgeschichte in die Biographie Alexanders zeigt aber, daß in den Kreisen der Akoimeten eine Tendenz bestand, ihn mit ihrer eigenen Auffassung völlig zu identifizieren und ihn so für ihre literarische Propaganda zu gebrauchen [34]. Ob Rabbula eine persönliche Verbindung zu den Akoimeten gehabt hat, entzieht sich unserer Kenntnis. Verifizieren läßt sich

[30] Cf. *supra*, 27 die Ausführungen über Rabbulas monastisches Leben im Kloster Abrahams.

[31] Dies behauptet allerdings Vööbus, *Dévéloppement*, 403. Für die Verhältnisse zur Zeit Rabbulas dürften die sonst richtigen Beobachtungen aber nicht mehr zutreffen.

[32] Overbeck, 205, 24. Cf. *supra*, 72 die Besprechung der Stelle.

[33] Cf. die Regeln des Mar Bassos bei Theodoret, HR, XVI, MPG 82, 1469D, die bestimmen : *ἀλλ' ἔνδον διάγειν καὶ τὴν ἀπὸ τῆς θείας χάριτος πεμπομένην τροφὴν ὑποδέχεσθαι.* Noch aufschlußreicher ist eine Notiz aus der Vita Alexanders, de Stoop, *Alexandre*, 682, 18-683, 2 : *καὶ ἐπὶ πολλὰς ἡμέρας ἦσαν ἐσθίοντες ἀκρόδρυα μόνον καὶ αὐτοῖς στοιχοῦντες. κατελάλησεν δὲ κατὰ τοῦ μακαρίου τὸν ἀριθμὸν τριάκοντα καὶ ἔλεγον αὐτῷ καθάπερ ἐπὶ τοῦ Μωυσέως. Εξήγαγες ἡμᾶς εἰς τὴν ἔρημον ταύτην ἀποκτεῖναι ἐν λιμῷ ; καὶ ἐβούλοντο λάθρᾳ εἰς τὸ μοναστήριον ἀναλῦσαι.*

[34] Dies muß noch ergänzend zu den Ausführungen *supra*, 39 gesagt werden. Zu weiteren Einzelheiten cf. J. Pargoire, Artikel *Acémètes*, DAL 1, 307ss.

nur, daß die auf ihn zurückgeführten Mönchsregeln für eine andere Form des monastischen Lebens bestimmt sind.

Aus der Vita Rabbulas erfahren wir, daß das Leben in den Klöstern nach « gerechten Canones » geordnet war [35] und Rabbula dann später als Bischof selbst auch den Mönchen « Verordnungen » gegeben hat [36]. Die breite handschriftliche Überlieferung der schon mehrfach edierten « Ermahnungen für Mönche von Mar Rabbula, dem Bischof von Edessa » [37] ist ein Beweis für die große Bedeutung und die außerordentliche Verbreitung dieser Regeln in der syrischen Kirche [38]. Daß Rabbula der Kompilator, Redaktor und zu einem großen Teil auch der Autor dieser Regeln gewesen ist, kann nicht mehr bezweifelt werden. Diese Tatsache ergibt sich zuerst auf negativem Wege durch einen Vergleich mit einer zweiten Sammlung von Canones für Mönche, die ebenso Rabbula zugeschrieben wird, aber eindeutig aus einer viel späteren Zeit stammt [39]. Diese Canones sind ein eindrucksvolles Zeugnis der intensiven Nachwirkung der von Rabbula geprägten Grundsätze, nach denen das Leben des syrischen Coenobitentums gestaltet werden sollte. Zugleich zeugen sie auch von der Verehrung, die dem Bischof von Edessa im späteren Mönchtum entgegengebracht wurde.

[35] Overbeck, 168, 18. Zur Interpretation dieser Textstelle cf. *supra*, 29.

[36] Overbeck, 178, 16-19.

[37] Vööbus, *Documents*, 24-33, nach dessen Ausgabe hier zitiert wird, verwertet neun Handschriften. Die Editionen bei Overbeck, 212-214 und Bedjan, AMS IV, 453-459 beruhen auf einer viel schmaleren handschriftlichen Basis. Eine deutsche Übersetzung findet sich bei Bickell, 226-229. Zu den Übersetzungen von Köhler und Burkitt cf. *supra*, 3 n. 12. Später wurden diese Regeln in eine umfassende Gesetzessammlung aufgenommen, cf. *Gregorii Barhebraei Nomocanon*, ed. P. Bedjan, Parisiis, 1898, 110-111, 9, 10, 11, 15, 47, 64. Sie haben also bis in das 13.Jh. in Geltung gestanden. Die bei Overbeck, 210-211 edierten Canones sind nur ein Auszug aus der größeren Sammlung und enthalten von dieser Nr. 1, 7, 8, 15, 16, 19, 25. Außerdem sind in dieser Auswahl enthalten Nr. 17 und 48 der « Anordnungen und Mahnungen des Mar Rabbula, Bischofs von Edessa für Priester und benai qeyāmā ».

[38] Zu der Rolle und Verbreitung von Mönchsregeln im Allgemeinen cf. A. Vööbus, *Die Rolle der Regeln im syrischen Mönchtium des Altertums*, OCP 24 (1958), 385-392.

[39] Zuletzt wurde diese Sammlung von Canones ediert von Vööbus, *Documents*, 78-86. Nur die ersten sechs Nummern entsprechen den echten Mönchsregeln Rabbulas, und zwar in der Reihenfolge von Nr. 2, 3, 4, 9, 10, 17. Vööbus, *op.cit.*, 78-79 weist ausdrücklich auf die spätere Entstehung der übrigen Regeln hin. Leider hat Vööbus übersehen, daß diese Sammlung schon einige Jahre vorher ediert wurde von J. Mounayer, *Les canons relatifs aux moines, attribués à Rabboula*, OCP 20 (1954), 406-415.

Für die Echtheit der tatsächlich von Rabbula stammenden kirchenrechtlichen Sammlung sind aber in erster Linie inhaltliche Indizien maßgeblich, die uns die gleiche Entwicklungsphase des Mönchtums vor Augen führen, wie sie auch aus der Vita ersichtlich ist [40]. Daß überhaupt eine auf die bischöfliche Autorität zurückgehende Gesetzessammlung nun das monastische Leben regulieren soll, ist ein klares Symptom für die Ablösung des altsyrischen Anachoretentums durch neue Wege der Askese. Es ist deshalb durchaus natürlich, daß eine große Zahl der Regeln allgemeiner Natur sind und der Disziplin und Reinheit des Klosterlebens dienen sollen. Die Sammlung wird eröffnet durch die Bestimmung, daß keine Frau ein Kloster betreten darf [41]. Außer dem ܣܥܘܪܐ, dem Direktor oder Aufseher, dem wahrscheinlich die Rolle des Verbindungsmannes nach außen zukommt, dürfen die Mönche die Dörfer nicht betreten [42]. Ebenso ist der Besuch von Verwandten untersagt [43]. Andererseits soll ein Kloster nicht nur der Abgeschlossenheit dienen, denn die Gastfreundschaft gegenüber Fremden wird ausdrücklich empfohlen [44]. Zwei schon besprochenen Canones [45] beschäftigen sich mit der Verehrung der Gebeine von Märtyrern und der Aufstellung von Totenurnen [46].

Eine zweite Gruppe der Regeln zielt offensichtlich darauf ab, die das Gemeinschaftsleben gefährdenden Formen des Anachoretentums einzuschränken. So ist es den Mönchen untersagt, sich die Haare wachsen zu lassen oder sich Eisengewichte anzuhängen. Bezeichnenderweise werden aber doch Ausnahmen erlaubt für diejenigen, die « sich einschließen » und an ihrem Orte bleiben [47]. Es handelt

[40] Auch von Vööbus, *Documents*, 24-25 wird Rabbula als Autor angesehen.

[41] Nr. 1; Vööbus, 27.

[42] Nr. 2; Vööbus, 27. Dem 'sā'ūrā' mag vielleicht später im Westen der Prior entsprechen.

[43] Nr. 13; Vööbus, 30. Hier werden die « Häupter der Klöster » genannt. Sie haben die Führung eines Klosters und ihnen schulden die Mönche Gehorsam (cf. Nr. 21; Vööbus, 31).

[44] Nr. 17, Vööbus, 31. Über die Gastfreundschaft im syrischen Mönchtum cf. Hendriks, *Activité*, 14s.

[45] Nr. 22-23; Vööbus 32. Cf. *supra*, 11.

[46] Unter ܓܘܪܢܐ ist eine Urne zu verstehen, die die Gebeine der Toten aufnimmt und dann in die Erde versenkt werden soll. Wahrscheinlich ist diese Mahnung notwendig, weil sie auch frei aufgestellt wurden.

[47] Nr. 5; Vööbus, 28.

sich also um Mönche, die wohl einem Kloster angehören, aber außerhalb der Gemeinschaft als Eremiten leben. Auch dürfen außerhalb der Klostermauern keine Kleider mit langen Haaren getragen werden, weder vom Aufseher noch von anderen Mönchen, «sodaß sie (die Weltleute) nicht die Ehre des Habits verachten» [48]. Hier soll einer individualistischen Tendenz im Umgang mit dem Mönchsgewand gewehrt werden, dem nur ein Recht innerhalb der Gemeinschaft zuerkannt wird. Symptomatisch für die Situation dieses Mönchtums ist es, daß das Verlassen der Klöster unter dem Vorwand der Krankheit untersagt werden muß, um ein Umherstreifen in den Städten und Dörfern zu verhindern [49]. Tatsächlich scheint es Brüder gegeben zu haben, die ohne Erlaubnis des ܪܝܫܕܝܪܐ, des Abtes, der für sie zuständig war, von Kloster zu Kloster zogen [50], eine Art von wandernden Bettelmönchen, die sich der stabilitas loci einer Kommunität nicht fügten und die Klöster nur als Stützpunkte ihres freien anachoretischen Lebens benutzten. Dieses Wandermönchtum ist jedoch nur eine Randerscheinung gewesen. Größer war die Zahl der seßhaften Einsiedler. Ihr Verhältnis zum Kloster wird in einem Canon generell geregelt. «Keiner der Brüder darf für sich wohnen, ausgenommen derjenige, der den Beweis seiner Werke über eine lange Zeit erbracht hat» [51]. Im Zusammenhang und als Fortführung, vielleicht sogar als Vollendungsstufe des Coenobitentums wird hier also grundsätzlich dem Anachoretentum sein Recht zugestanden. Durch das vorausgehende kommunitäre Leben wird es vor individualistischen und selbstgerechten Tendenzen bewahrt. So hat die geschichtliche Entwicklung, die vom Eremitentum zu monastischen Gemeinschaftsformen führt, hier von der Sache her eine Umkehrung erfahren. Auch im Lebensgang und in der Grundeinstellung Rabbulas ist diese neue, sachlich begründete Relation deutlich zu erkennen.

[48] Nr. 6; Vööbus, 28.

[49] Nr. 14; Vööbus, 30. Mit ܒܦܘܪܣ ܟܘܪܗܢܐ ist gemeint, daß es sich hier um eine Vortäuschung falscher Tatsachen handelt.

[50] Nr. 26; Vööbus, 33. Zugleich geht es in diesem Kanon um die Autorität des 'rišdairā'.

[51] Nr. 18; Vööbus, 31. ܝܚܝܕܝܐ heißt hier einfach: allein, für sich isoliert. Eine christologische Sinndeutung, die sich von der Prädikation Jesu bei seiner Taufe herleitet, wie sie Adam, *Grundbegriffe*, 217ss konstatieren möchte, findet sich nicht bei Rabbula. Der Ausdruck ist noch nicht einmal terminus für einen Einsiedler.

Nicht nur vom Individualismus, sondern ebenso auch vom Enthusiasmus der Anachoreten her waren bestimmte Gefahren für das Gemeinschaftsleben gegeben. Die Eremiten scheinen auf ihre Art und Weise Schriftauslegung betrieben zu haben, indem sie an sie herangetragene Fragen biblischen Inhaltes beantworteten. Da diese Praxis sich kaum noch in einer Gemeinschaft aufrechterhalten läßt, wird deshalb den Mönchen untersagt, irgendwelche Fragen aus dem « Buch » zu beantworten [52]. Ebenso ist die Amtsordnung in den klösterlichen Gemeinschaften durch den asketischen Enthusiasmus bedroht. Es ist notwendig, den Brüdern die Verwaltung der Eucharistie zu untersagen, wenn sie nicht Presbyter oder Diakone sind [53]. Im Sinne der Verkirchlichung enthusiastischer Tendenzen ist auch der Canon zu verstehen, der den Dienst von Presbytern und Diakonen in den Dorfkirchen regelt. Danach kommen für diese Aufgaben Mönche in Frage, die von dem rišdairā ernannt wurden und die ihre Fähigkeit zur Leitung der Bruderschaft unter Beweis gestellt haben. Sie dürfen sogar in ihren Kirchen bleiben, stehen dann also nur noch in loser Verbindung, mit ihrem Kloster [54]. Ein interessantes Schlaglicht auf die den Klöstern aufgegebenen Probleme eines enthusiastischen Anachoretentums wirft das generelle Verbot der Krankensalbung, bei dem jedoch zugleich auch grundsätzlich damit gerechnet wird, daß Mönche diese « Gnade » besitzen. Wenn dies der Fall ist, darf nur Männern die Salbung gegeben werden. Wenn Frauen sie nötig haben, soll ihnen das Öl durch ihre Männer gebracht werden [55]. Nicht nur der Horror vor einer Berührung mit dem anderen Geschlecht dürfte bei diesem Verbot der Krankensalbung eine Rolle spielen, sondern ebenso die Tendenz, die freie seelsorgerlich-charismatische

[52] Nr. 19; Vööbus, 31. Die Bezeichnung der Heiligen Schrift als « das Buch » ist wahrscheinlich aus dem griechischen Sprachgebrauch übernommen.

[53] Nr. 20; Vööbus, 31. Dieser Canon entspricht der Bestimmung für die benai qeyāmā Nr. 33, Vööbus 44.

[54] Nr. 21; Vööbus, 31. Die Fähigkeit der Leitung der Bruderschaft und der selbstständigen Leitung einer Gemeinde werden bezeichnenderweise in einem inneren Zusammenhang gesehen.

[55] Nr. 7; Vööbus, 28. Die besondere Gabe der Krankensalbung wird als ܛܝܒܘܬܐ bezeichnet. Die Übersetzung von Vööbus mit 'charisma' dürfte nicht ganz zutreffend sein.

Tätigkeit der anachoretisch geprägten Mönche kirchlich zu regulieren [56].

Neben diesen Bestimmungen, die alle darauf abzielen, das individualistische und enthusiastische Asketentum in das monastische Leben einzugliedern, steht noch eine andere Gruppe von Canones, die umgekehrt dem urspünglichem asketischen Anliegen in einem der Gefahr der Verweltlichung ausgesetzten Coenobitentum dienen sollen. Es ist wohl zu weitgehend, hier von einer Reaktion oder einer Auseinandersetzung zu sprechen [57]. Wir haben es hier mit einem vielschichtigen Prozess der Angleichung und Synthese zu tun, bei dem natürlich auch der tiefgreifende Einfluß der archaischen syrischen asketischen Tradition nicht übersehen werden darf. So soll zum Beispiel die Absonderung von der Welt dadurch gewahrt werden, daß die Gedächtnisfeste in den Klöstern niemals mit einer Versammlung von Leuten stattfinden dürfen, sondern immer nur unter den Brüdern [58]. Die Beerdigung eines Mönches oder eines rišdairā soll nur in aller Stille ohne eine Prozession mit « Weltleuten » aus den Dörfern vor sich gehen. Wenn keine genügende Zahl für die Bestattung vorhanden ist, dürfen notfalls Brüder eines in der Nähe gelegenen Klosters teilnehmen [59]. In den meisten Fällen wird also noch mit einer relativ kleinen Gemeinschaft gerechnet, die noch nicht einmal die notwendigen Kräfte für eine Beerdigung stellen kann. Die im 5.Jahrhundert immer häufiger werdende Erscheinung, daß

[56] Auch von Theodoret, HR, MPG 82, 1406, 1407, 1439 wird berichtet, daß die Anachoreten sich geweihten Öls und Wassers bedienten, um Krankheiten zu heilen, Dämonen auszutreiben und Segen auszuteilen.

[57] So Vööbus, *Documents* 25, *Asceticism*, II, 155 und besonders in seinem Aufsatz *Développement*, 403, wo es über Rabbula heißt : « ... il fut inspiré par cet esprit rigoureux de l'opposition » Vööbus übersieht, daß auf der anderen Seite auch das Anachoretentum von Rabbula in seine Schranken gewiesen wird.

[58] Nr. 8; Vööbus, 28. Es handelt sich hier wahrscheinlich um die Gedächtnistage von Märtyrern und Asketen.

[59] Nr. 24; Vööbus, 32. Über die Größe der Klöster in dieser Zeit gibt uns ein Bericht des Isaac Antiochenus Aufschluß, cf. *S. Isaaci Antiocheni, doctoris Syrorum, opera omnia*, ed. G. Bickell, Pars II, Gissae 1877, p. 148, 151-159 : « Ihre heiligen Väter ließen ihnen (sc. den Mönchen) kleine Behausungen zurück, weil sie nur zur Erhaltung des Leibes einen zeitweiligen Schutz erbauten. Da sie sich um das Irdische nicht kümmerten, genügte ihnen eine einfache Wohnung, denn die ganze Arbeit ihres Lebens befaßte sich einzig und allein mit der himmlischen Wohnstatt ».

bei solchen Anlässen die Volksmasse in die Klöster strömte, soll durch diese Bestimmungen eingeschränkt werden.

Mehrere Canones beschäftigen sich mit dem Problem des Eigentums. Außer einem Esel und einem Joch Ochsen zur Feldbestellung dürfen die Mönche keinen Tierbesitz haben [60]. Die aus der Selbstversorgung der Klöster sich ergebenden wirtschaftlichen Notwendigkeiten machten auch den Kauf und Verkauf von Gütern notwendig. Aber nur in dringenden Fällen sollen solche Geschäfte abgewickelt werden [61]. Beim Verkauf der Ernte darf niemand mehr als den üblichen Preis verlangen, auch wenn eine Preiserhöhung dem Kloster zustatten käme [62]. Auch die monastische Grundregel der Armut scheint nicht selbstverständlich gewesen zu sein, sonst wäre die Bestimmung nicht notwendig, daß kein Bruder privates Eigentum besitzen darf. Aller Besitz gehört der Kommunität und steht unter der Verfügungsgewalt des rišdairā [63]. Schließlich ist es auch nötig, die Mönche daran zu erinnern, daß der festgesetzte Gottesdienst bei Tag und Nacht nicht wegen irgendeiner Arbeit und Beschäftigung versäumt werden darf [64].

Es liegt klar zutage, daß die Klöster, denen diese Regeln gelten, keineswegs nur in der Hoffnung auf die göttliche Gnade und von Spenden ihrer Glaubensbrüder lebten. Sie sorgten vielmehr selbst für ihren Unterhalt durch Feldbestellung und andere Arbeiten. Der Besitz mußte deshalb verwaltet und Geschäfte mußten getätigt werden. Alle Indizien weisen darauf hin, daß wir es mit wirtschaftlich völlig autonomen Gemeinschaften zu tun haben. So sehr es begrüßt werden konnte, daß in ihnen die gemeinschaftsfeindlichen Auswüchse des Anachoretentums ihr Ende fanden, so bestand doch ebenso die Gefahr, daß die echten asketischen Ideale des altsyrischen Mönchtums unter den neuen Bedingungen nicht mehr verwirklicht werden konnten. Die Ermahnungen Rabbulas für Mönche dienen dem doppelten Zweck, die dem geistlichen und kirchlichen Leben entsprechenden

[60] Nr. 9, Vööbus, 29. In den Handschriften DFHI wird die Einzahl des Esels in die Mehrzahl gemildert.

[61] Nr. 11; Vööbus, 29. An dieser Stelle ist auch das Verbot der Teilnahme an Prozessen zum Zwecke des Gelderwerbs zu erwähnen, cf. Nr. 15, Vööbus, 30.

[62] Nr. 25; Vööbus, 33. Auch Eigennutz im Interesse des Klosters ist verboten!

[63] Nr. 12; Vööbus, 29.

[64] Nr. 16; Vööbus, 30. Über das monastische Stundengebet im syrischen Mönchtum cf. *supra*, 29.

Anliegen des alten Anachoretentums und der neuen kommunitären Formen monastischen Lebens in gleicher Weise zu fördern.

IV. Der Ketzerbekämpfer

Sowohl in seiner Lebensbeschreibung als auch in den « Anweisungen und Ermahnungen des Mar Rabbula, Bischofs von Edessa, für die Priester und benai qeiāmā » erhalten wir Aufschluß über Rabbulas Kampf gegen die Sekten und Häresien seiner Zeit. Auch im 5. Jahrhundert konnte sich kirchliche Rechtgläubigkeit nur in dauernder Auseinandersetzung mit der Ketzerei behaupten.

Es kennzeichnet die Situation in Edessa und im syrischen Christentum überhaupt, daß an erster Stelle dieser Regeln für das kirchliche Leben die Mahnung steht : « Zuerst sollen alle Söhne der Kirche den wahren Glauben der heiligen Kirche kennen, damit die Häretiker sie nicht irreführen » [1]. Auch zur Zeit Rabbulas war also das großkirchliche Glaubensgut noch mannigfaltigen Einflüssen der Vermischung und Zersetzung ausgesetzt, die es mit aller Energie abzuwehren galt. Die Kenntnis des Glaubens nach seinem Inhalt in Abgrenzung zu anderen, mit der kirchlichen Lehre unvereinbaren Auffassungen, wurde als immer neue Aufgabe für jeden « Sohn der Kirche » angesehen. Dabei kam es jedoch nicht nur auf die kirchliche Lehrverkündigung und Katechese an, sondern auch auf das praktische Verhalten der Gläubigen gegenüber den Irrlehrern. Während sich nur eine Bestimmung mit dem Aberglauben beschäftigt [2], — von dieser Seite her scheint keine große Gefahr bestanden zu haben —, regeln vier Anweisungen das Verhältnis zu den Häretikern. So soll kein « Sohn der Kirche » mit Häretikern in Wort oder Tat verkehren [3]. Allerdings scheint die Trennung nicht immer so reinlich gewesen

[1] Nr. 1; Vööbus, 36. Mit « Söhnen der Kirche » sind alle Getauften gemeint.

[2] Nr. 17; Vööbus, 40. Hier geht es besonders um Quacksalber, die mit Zaubereien und anderen obskuren Praktiken Kranke zu heilen vorgeben. Vergleicht man mit dieser Bestimmung den 5. Canon der Synode von Seleucia-Ctesiphon (410), der sich mit Wahrsagen, Beschwörungen und anderen heidnischen Bräuchen beschäftigt, gewinnt man den Eindruck, daß in der persischen Kirche diese heidnischen Gefahren wesentlich akuter waren als im syrischen Raum, was sich in erster Linie von den politischen Verhältnissen her erklärt, cf. Chabot, *Synodicon*, 24, 17-24.

[3] Nr. 48; Vööbus, 48.

zu sein, wie sie hier als Normalfall angesehen wird. Sonst wäre es nicht notwendig, den Häretikern ausdrücklich das Wohnen in Klöstern zu verbieten oder ihnen dann die Eucharistie zu verweigern, wenn sie zur Kirche kommen und noch in «ihrem Sinn gespalten» sind [4]. Wenn hiermit eine subjektive Unklarheit und Unentschlossenheit gemeint ist, wäre es interessant zu wissen, auf welche Weise und nach welchen Maßstäben diese vor dem Empfang des Heiligen Mahles festgestellt werden konnte. Wahrscheinlich handelt es sich hier nicht um ein bestimmtes Glaubensbekenntnis oder eine Glaubensformel als Vorbedingung der Teilnahme am Abendmahl, sondern es geht wohl darum, daß eine gewisse Zahl von Gläubigen neben dem Gemeindegottesdienst auch noch sektiererische Versammlungen besuchten. Hier sollte auf jeden Fall eine Entscheidung herbeigeführt werden. Es wäre denkbar, daß solchen zweifelhaften Kommunikanten ein besonderes Versprechen über ihre Kirchentreue abverlangt wurde. Anders mußte verfahren werden bei Häretikern im engeren Sinne, die einer außerkirchlichen Gemeinschaft angehörten und zur Kirche übertreten wollten. Die Taufe war in solchen Fällen eine Selbstverständlichkeit. Die Verfügung muß aber notwendig gewesen sein, daß die Häretiker nicht ohne Unterscheidung für die Taufe angenommen werden, sondern es soll eine Bewährung geben und dann soll die Aufnahme erfolgen [5]. Eine Selektion der Taufbewerber und eine gewisse Probezeit sollte also eine persönliche Entscheidung gewährleisten. Eine weitere Bestimmung bezieht sich auf die Bücher der Häretiker und ihre Buchbehälter. Man soll sie überall ausfindig machen und sie dem Bischof bringen oder sie verbrennen [6]. Die Verbreitung und Infiltration sektiererischen Schrifttums blieb selbst für die Klöster eine ständige Gefahr, daß ausdrücklich « Bücher außerhalb des Glaubens der Kirche» für sie verboten werden müssen [7].

Während wir in der Lebensbeschreibung überhaupt nichts von Resten des Heidentums in Edessa erfahren, wird in einem Canon verfügt, die den Dämonen gewidmeten Bäume auf Kosten der Kirche zu fällen und die Überbleibsel der Götzentempel in aller Stille zu beseiti-

[4] Nr. 49; Vööbus, 48.
[5] Nr. 51; Vööbus, 48.
[6] Nr. 50; Vööbus, 48.
[7] « Ermahnungen für Mönche » Nr. 10; Vööbus, 29.

gen [8]. Diese Bestimmung wird zur Zeit Rabbulas nur noch für bestimmte Gebiete der Osrhoëne aktuell gewesen sein.

Ebenso wie in den « Anweisungen und Ermahnungen... » wird uns in der Vita Rabbulas ein ungefähres Bild von der Methode der Ketzerbekämpfung in Edessa vermittelt. Es gehört zum Stil der Hagiographie, daß Rabbula auch hier einen heilsgeschichtlichen Typus nachahmt. Wie Josua und Josia in Kanaan so kämpft er in Edessa mit den Irrlehrern und der Abgötterei [9]. Es entspricht der Lokaltradition, daß nun an erster Stelle Bardesanes genannt wird, der in dieser Stadt aufwuchs und seine Lehre verbreitete [10]. Wenn aber schon bei Ephräm kein unmittelbarer aktueller Anlaß zur Bekämpfung dieses Häretikers vorliegt und die Auseinandersetzung nur noch in literarischer Erinnerung ausgefochten wird [11], so trifft dies noch mehr für die Zeit Rabbulas zu. In Edessa gehört es einfach zum Topos eines Berichtes über die Ketzerbekämpfung, daß man mit dem eingeborenen spezifischen Erzketzer dieser Stadt beginnt.

[8] Nr. 53; Vööbus, 48-49.

[9] Overbeck, 192, 2-11.

[10] Overbeck, 192, 11ss. Nachdem vorher schon Marcion genannt worden war, heißt es in *Edessenische Chronik,* 90 Nr. VIII: « Am 11. Tammûz des Jahres 465 wurde Bardesanes geboren ». Zu allen Einzelfragen cf. Schaeder, *Bardesanes,* und den Artikel von L. Cerfaux in RAC 1, 1180-1186 ebenso die umfassende Untersuchung von H.J.W. Drijvers, *Bardaisan of Edessa,* Assen 1966.

[11] Dies bemerkt mit Recht Schaeder, *Bardesanes* 46s. Als charakteristische Stelle sei angeführt aus den *Hymnen Contra Haereses,* 56, 8; Beck 211; Übers. Beck 192: « Dich preise selig jeder Mund*/ o reine Kirche, — die du erhaben bist über*/ Schmutz und Befleckung — der Anhänger des rasenden Markion,/ und die du frei bist von der Hefe — und dem Frevel der Anhänger des Mani,*/ und gereinigt von dem Unflat — der Lüge des Bardaisan*/ und von dem Gestank — der stinkenden Juden ». — Diese Dreiheit Marcion, Mani und Bardesanes findet sich ebenso noch in *Hym. contra haer.* 22, 2; Beck 78; Übers. Beck 77 und 24, 18; Beck 96; Übers. Beck 90 und 22, 3; Beck 79; Übers. Beck 78. Auch Ephräms spezieller Traktat gegen Bardesanes gibt uns keinen Aufschluß über die Anhänger des Irrlehrers in Edessa im 4.Jahrhundert. Cf. C.W. Mitchell-A.A. Bevan-F.C. Burkitt, *St. Ephraims 25 Prose Refutations of Mani, Marcion and Bardaisan transcribed from the Palimpsest Brit.Mus.Add. 14623,* Vol. II: *The discourse called « of Domnus » and six other writings,* London 1921. In diesem Band findet sich p. CXXII-CXXXI aus der Feder von Burkitt eine Darstellung des Systems des Bardesanes. Obwohl diese Prosawiderlegungen weit tiefgehender als die Hymnen Contra Haereses sind, geht auch aus ihnen nicht hervor, ob es sich um eine aktuelle Auseinandersetzung mit der bardesanischen Sekte handelt. Auch hier geht es wohl nur um historisch-literarische Polemik.

Daß Bardesanes die Vornehmen durch seine Lieder verführte und seine Irrlehre durch wohlhabende Gönner begünstigt wurde, ist eine Nachricht, die über die Existenz und den Zustand einer Gemeinde des Bardesanes im 5.Jahrhundert überhaupt nichts aussagt [12].

In der Tat hat es dem Hagiographen hier völlig an aktuellem Stoff gemangelt, sodaß er nur sehr allgemein gehaltene Ausführungen über das Vorgehen Rabbulas gegen die Häretiker bieten kann. Er zerstörte die «Häuser ihrer Versammlungen» und übereignete ihren Besitz seiner Kirche. Er kann sogar die Bausteine dieser Häuser zur Ausbesserung seiner eigenen Kirche verwenden [13]. Nachdem Rabbula so den Häretikern alle Möglichkeiten zu eigenen Gottesdiensten genommen hat, belehrte er sie und «bekehrte sie zu der vollen Wahrheit der Kirche der Apostel, daß sie ihrem Irrtum absagten und anathematisierten. Dann taufte er sie auf den Messias und fügte sie seinem Dienste hinzu. Auf diese Weise überwand er durch seine Lehre eine Menge von Sekten und unterwarf sie der Wahrheit. Und tausende von Juden und viele Häretiker taufte er auf den Messias in den Jahren seines Episkopats» [14]. Die Bemühungen Rabbulas haben also die völlige Eingliederung der Abgefallenen in die kirchliche Gemeinschaft zum Ziel. Bemerkenswert für die Methode dieses antihäretischen Kampfes ist der anfängliche Gewaltakt, durch den die Irrenden auf den guten Weg gebracht werden sollen. Das diesem Vorgehen zugrundeliegende kirchliche Selbstbewußtsein kommt deutlich in der Terminologie von der Unterwerfung unter die Wahrheit zum Ausdruck. Neben den Häretikern stehen die Juden, die ebenso wie die Heiden zum Glauben gezwungen werden können. Ein Blick auf die staatliche Gesetzgebung, durch die die Gewaltanwendung gegen die Ketzer ausdrücklich legitimiert wird, und Augustins Verfahren gegen die Donatisten kann aber

[12] Overbeck, 192, 12-18. Die folgenden Ausführungen beziehen sich schon nicht mehr auf die Anhänger des Bardesanes, sondern haben es allgemein mit den Häretikern zu tun.

[13] Overbeck, 193, 1-5. Cf. *supra*, 70 die Besprechung der Notiz bei Overbeck 190, 13-14, daß Rabbula nur Reparaturen an Kirchen ausführte. Diese Feststellung wird hier bestätigt. Die Vorschrift, Kirchen zu bauen Nr. 54; Vööbus, 33 bezieht sich offenbar auf Orte, wo bisher noch keine Gotteshäuser bestanden.

[14] Overbeck, 193, 6-11.

den unvoreingenommenen Historiker davor bewahren, Rabbula hier ein besonderes Maß an Gewalttätigkeit zuzuschreiben [15].

Während die Erwähnung des Bardesanes nur der Anlaß für eine allgemeine Schilderung der Bekämpfung und Bekehrung der Ketzer darstellt, die keine konkreten Einzelheiten über Anhänger dieses in Edessa Christ gewordenen und später exkommunizierten Lehrers enthält, die über die Situation nach dem Jahre 412 Aufschluß geben könnten, beziehen sich die die Arianer betreffenden Ausführungen auf die tatsächlichen Verhältnisse zur Zeit Rabbulas. Kurz und bündig wird berichtet, daß er sie der Wahrheit der erhabenen Dreieinigkeit unterwarf, ihr Gebetshaus zerstörte und ihre Anhänger mit seiner Herde vereinigte [16], Das Ziel dieser Auseinandersetzung mit den Arianern ist die Darbringung des würdigen und gemeinsamen Lobpreises « der einen Natur der drei Personen des Vaters, des Sohnes und des Heiligen Geistes » [17]. Es ist nicht notwendig, in diesem Zusammenhang die antiarianische Polemik Ephräms in Erinnerung zu rufen [18], denn noch nicht einmal 40 Jahre waren bei dem Amtsantritt Rabbulas vergangen, seitdem Kaiser Valens bei seinem Zug durch Syrien auch in Edessa Station machte, um durch die Exilierung des orthodoxen Bischofs Barses die arianische Lehre zu etablieren (373), die erst fünf Jahre später wieder der nicänischen Rechtgläubigkeit weichen mußte [19]. Trotzdem scheint bis zum Episkopat Rabbulas eine Arianergemeinde in der Stadt bestanden zu haben,

[15] So spricht zum Beispiel Bauer, *Rechtgläubigkeit,* 30 von der « gewalttätigen Persönlichkeit des Bischofs Rabbula », obwohl er dann später p. 39 n. 3 Belege anführt, die zeigen, daß Rabbula keineswegs der erste ist, der Zwangsmaßnahmen gegen Häretiker anwandte. Zur kaiserlichen Religionspolitik cf. C. Luibheid, *Theodosius II. and heresy,* JEH 16 (1965), 13-38.

[16] Overbeck, 193, 12-15.

[17] Overbeck, 193, 15-17. Über die syrische Terminologie des trinitarischen Natur- und Personbegriffes cf. *infra,* 139-140, n. 12 und 17.

[18] Zur Polemik Ephräms gegen den Arianismus cf. Beck, *Theologie des hl. Ephräm,* 62ss. In den *Hym. contra haer.* 22, 4; Beck 79; Übers. Beck 78 werden die Arianer zusammen mit den Borborianern, Audianern und Messalianern genannt.

[19] Über diese Vorgänge in Edessa berichten Theodoret, HE, IV 16, 1 und 17, 8, ebenso Sozomenos HE, VI 34. Zu den Nachrichten der Edessenischen Chronik cf. Hallier, 100 Nr. XXXI : « Im Monat Elûl desselben Jahres räumte das Volk, von den Arianern verfolgt, die Kirche von Orhâi » und Hallier, 102 Nr. XXXIII : « Am 27. Kânûn ḳedêm desselben Jahres nahmen die Orthodoxen wieder Besitz von der Kirche von Orhâi » (378).

die erst jetzt aufgelöst wird. Vielleicht ist uns durch den Hagiographen sogar die Glaubensformel überliefert, die bei ihrer Aufnahme in die Großkirche gebraucht wurde.

An dritter Stelle in der Aufzählung der von Rabbula bekämpften Häretiker stehen die Marcioniten. Die Ausführungen über sie sind jedoch so allgemein gehalten und so wenig substanzvoll, daß alle historisch interessanten Konturen verschwimmen [20]. Es wird lediglich berichtet, daß der Bischof von Edessa mit dem Beistand Gottes und mit der Sorgfalt jenes großen allerheiligsten Arztes [21] sich um sie bemüht, sodaß sie schließlich die Wahrheit gläubig annehmen und ihren Irrtum abschwören. Auf Grund dieser Schilderung muß sich also die Folgerung nahelegen, daß es im 5.Jahrhundert keine organisierte marcionitische Gruppe mit eigenem Versammlungsraum mehr in Edessa gegeben hat. Es kann sich höchstens nur noch um einzelne Anhänger dieser Irrlehre gehandelt haben. Diese Beobachtung verdient eine besondere Beachtung angesichts der Tatsache, daß die erste kirchengeschichtliche Notiz der Chronik Edessas sich auf Marcion bezieht [22] und deshalb mit Recht geschlossen werden kann, daß Marcions Lehre von Anfang an in Edessa eine zahlreiche Anhängerschaft hatte, wenn auch die Hypothese vom marcionitischen Ursprung der edessenischen Kirche und der erst späteren Entstehung einer rechtgläubigen Gemeinde als unzutreffend angesehen werden muß [23]. Außerdem steht fest, daß bis in das 5.Jahrhundert hinein das syrische Kirchengebiet sehr stark von marcionitischen Gemeinden durchsetzt war [24]. Aphrahat polemisiert an erster Stelle

[20] Overbeck, 193, 17-25.

[21] Overbeck, 193, 21. Wir haben es hier mit einem Nachklang des Christustitels der Abgarlegende zu tun.

[22] Cf. *Edessenische Chronik,* 89 Nr. VI. Hier heißt es zum Seleukidenjahr 449 (137/38 n. Chr.): « In diesem Jahr schied Marcion aus der katholischen Kirche aus ».

[23] Diese These Bauers, *Rechtgläubigkeit,* 34, die sich primär auf Ephräm, *Hym. contra haer.* 22, 5; Beck, 79; Übers. Beck, 78 stützt: « Sie wiederum nennen uns Palutianer, und das weisen wir zurück », wurde z.B. zurückgewiesen von Kirsten, *Edessa,* 568-569 und besonders von H.E.W. Turner, *The Pattern of Christian Truth. A study in the relations between Orthodoxy and Heresy in the Early Church,* London 1954, 43-44. Die Einwände Turners können auch nicht von G. Strecker in seinem Nachtrag bei Bauer, *Rechtgläubigkeit,* 293ss entkräftet werden.

[24] Zur Geschichte der marcionitischen Kirche cf. Harnack, *Marcion,* 153ss.

gegen Marcion und dann erst gegen Valentin und Mani [25]. Ephräm ist noch sehr stark in diese Polemik verwickelt [26], ebenso einer seiner Zeitgenossen, der uns unbekannt geblieben ist, und von dem wir nur wissen, daß er Syrer war [27]. Theodoret berichtet schließlich noch von ganzen marcionitischen Dörfern, die er für die Kirche gewonnen hat [28]. Nach allen vorliegenden Quellen scheint aber in Edessa selbst schon im 4.Jahrhundert die Anhängerschaft Marcions auf ein Minimum zurückgegangen zu sein [29].

Die gleiche Feststellung mag in bezug auf Edessa für die Manichäer gelten, über die der Hagiograph auch nur Allgemeinheiten zu berichten weiß [30]. Daß sie auf Rabbulas Wunsch « ein Bekenntnis ablegten, der Wahrheit Glauben schenkten, sich auf den Messias taufen ließen und seinem Volk hinzugefügt wurden », sind formelhafte Wendungen, die uns wünschenswerte konkrete Einzelheiten über den Manichäismus in Edessa vorenthalten. Wir wissen aber, daß diese Religionsform sich in einer straffen Organisation manifestierte und im syrischen Raum eine weite Verbreitung hatte [31]. Von dieser Tatsache her ist es leicht zu erklären, daß der Manichäismus ein starkes Interesse für das Thomasevangelium und die Abgarlegende zeigte und im 4.Jahrhundert sowohl ein manichäisches Lehr-

[25] Aphrahat, *Demonstrationes*, *De ieiunio*; 116, 7 ss. Auffallenderweise fehlt bei dieser Aufzählung Bardesanes, der von Aphrahat wohl als eine edessenische Lokalgröße angesehen wurde.

[26] Cf. Harnack, *Marcion*, 356 eine Sammlung aller Belegstellen über die Polemik Ephräms gegen Marcion. Eine ähnliche Zusammenstellung bei A. Rücker, *Des heiligen Ephraem des Syrers Hymnen gegen die Irrlehrer*, BKV 61, München, 1928, XXVIss.

[27] Zitate aus einer Schrift dieses unbekannten Syrers bei Harnack, *Marcion*, 354-356. Ausführlich werden diese Fragmente untersucht von E. Preuschen, *Eine altkirchliche antimarcionitische Schrift unter dem Namen Ephräms*, ZNW 12 (1911), 243-269.

[28] Belege bei Harnack, *Marcion*, 357.

[29] Cf. Harnack, *Marcion*, 344ss über die orientalischen Polemiken des 4. und der ersten Hälfte des 5.Jahrhunderts. Speziell zu Edessa cf. A.F.J. Klijn, *Edessa, die Stadt des Apostels Thomas. Das älteste Christentum in Syrien*, Neukirchen 1965, 102ss.

[30] Overbeck, 193, 25-194, 2.

[31] Cf. de Stoop, *Essai sur la diffusion de Manichéisme dans l'empire Romain*, Gent 1909 und G. Widengren, *Mani und der Manichäismus*, Stuttgart 1961, 97-100, ebenso die Artikel über den *Manichäismus* von G. Bardy in DTC 9, 1841-1895, von H.J. Polotsky in PWK Suppl. 6, 240-271 und von C. Colpe in RGG 4, 714-722.

und Psalmbuch [32] als auch eine der bedeutendsten Streitschriften gegen Mani in Syrien entstanden. In den Acta Archelai des Syrers Hegemonius widerlegt der Bischof Archelaus von Carrhae (Ḥārān) in einer fingierten Disputation Mani und seinen Schüler Turbo [33]. Immer wieder war durch kaiserliche Erlasse die Konfiskation der Versammlungshäuser der Manichäer angeordnet worden, so zuletzt im Jahre 372 durch ein Gesetz von Valentinian I. [34]. Rabbula wird es in Edessa nur noch mit wenigen zerstreuten Anhängern des neuen Religionsstifters zu tun gehabt haben, wenn auch ursprünglich mit einem großen Einfluß des Manichäismus in diesem Zentrum des orientalischen Christentums zu rechnen ist [35].

Eine konkrete und historisch glaubwürdige Nachricht erhalten wir über die Borborianer, eine vielleicht in Syrien entstandene gnostische Sekte, die einen Geheimkult sexueller Exzesse pflegte [36]. « Den schändlichen Irrtum und die schmutzige Überlieferung der Borborianer trieb er voller Erbarmen während der ganzen Zeit seines Lebens aus dem Lande » [37]. Von Bekehrungsversuchen gegenüber den Anhängern dieser Barbelognosis ist nicht die Rede. Die Scheußlichkeit ihrer Praktiken scheint sie von vornherein als Menschenfeinde gebrandmarkt zu haben, die nur noch Verbannung und Austreibung zu erwarten hatten. So verfügte auch Rabbula, daß sie sich nicht in seinem Territorium aufhalten durften [38].

[32] Cf. C. Schmidt-H.J. Polotsky-A. Böhlig, *Kephalaia* I. Hälfte, Stuttgart 1940 und C.R.C. Allberry, *A Manichaen Psalm-Book*, Part II, Stuttgart 1938. Die von C. Schmidt 1931 in Ägypten entdeckte koptische Fassung dieser Schriften geht auf eine syrische Vorlage zurück.

[33] Eine neue kritische Ausgabe des ursprünglich griechisch verfaßten Streitgespräches von C.H. Beeson, *Hegemonius, Acta Archelai*, GCS 16, Leipzig 1906. Zu allen Details cf. Quasten, *Patrology*, 357-358.

[34] Zu weiteren Gesetzen gegen die Manichäer, cf. *infra* n. 50. Einen guten Überblick über die gesamte staatliche Gesetzgebung gibt E.H. Kaden, *Die Edikte gegen die Manichäer von Diokletian bis Justinian*, in : *Festschrift H. Lewald*, Basel, 1953, 55-68.

[35] Von der Bedeutung Manis für die Kirchengeschichte Syriens zeugt die Notiz über seine Geburt in *Edessenische Chronik*, 91 Nr. 2 : « Im Jahre 551 wurde Mani geboren ».

[36] Die Sekte wird beschrieben von Irenäus, *Adv. haer.* I 29, ed. W.W. Harvey, Cambridge 1857, 221-226, von Epiphanius, *Haer.* 26, 17; 297-298 und von Theodoret, *Haereticarum fabularum compendium*, I 13; MPG 83, 364. Zu allen Einzelheiten cf. L. Fendt, Artikel *Borborianer*, RAC 2, 510-513.

[37] Overbeck, 194, 2-5.

[38] Overbeck, 194, 8-9.

Etwas ausführlicher und ebenso mit konkreten historisch verwertbaren Angaben wird über die Audianer berichtet, die den ironischen Beinamen « sadduzäische Ketzer » erhalten, mit dem wahrscheinlich auf ihre selbstgerechte Kritik an der Verweltlichung der Kirche angespielt wird [39]. Nach der syrischen Überlieferung ist Audi ein Anachoret und dann ein Archidiakon in Edessa gewesen, der bestrebt war, kompromißlos altchristliche Askese zu praktizieren. Der äußere Anlaß für den Bruch mit der Kirche war das von ihm verworfene Osteredikt des Konzils von Nicäa [40]. Indem er eine illegale Bischofsweihe erhielt, konnte er seine Anhängerschaft als schismatische kirchliche Gemeinschaft konsolidieren. Bei seiner Verbannung nach Skythien hatten sich schon zahlreiche Audianergemeinden in Syrien, in Mesopotamien und in Palästina gebildet. Diese unabhängige Kirche mit eigenem Episkopat hat bis in die Zeit Rabbulas bestanden. Die Audianer in Edessa werden in erster Linie als Schismatiker betrachtet, « die sich selbst von der Gemeinschaft der Kirche getrennt haben, indem sie von der Wahrheit anathematisiert wurden und sich selbst ein falsches Priestertum statt des wahren zurechtmachten » [41]. Aber dann wird auch noch von angeblichen Offenbarungen gesprochen, denen sie nachirren [42]. Hiermit könnte vielleicht der auf die buchstäbliche Auslegung von Gen.1,26 zurückgehende Anthropomorphismus der späteren Audianer gemeint sein [43]. Insofern konnte auch von ihnen als Häretikern gesprochen werden. In Edessa müssen die Audianer im 5.Jahrhundert noch sehr stark vertreten gewesen sein, denn Rabbula « zerstreute ihre Versammlung, enteignete ihren gut ausgestatteten Tempel, vertrieb sie aus ihm und übergab ihn

[39] Overbeck, 194, 9-10.

[40] Zu allen Einzelheiten und Belegen über die Entstehung und Geschichte des audianischen Schismas cf. Puech, *Audianer*. Die ausführlichste Schilderung dieser Sekte gibt Epiphanius, *Haer.*, 70, 1, 1-5. 14, 5-15, 5; 232-233; 247-249.

[41] Overbeck, 194, 10-12. Es ist schwierig zu bestimmen, was mit der Redeweise « von der Wahrheit anathematisiert werden » gemeint ist. Handelt es sich hier um die kirchliche Entscheidung der Exkommunikation oder die Selbstüberführung durch die Wahrheit?

[42] Overbeck, 194, 12-15.

[43] Über diese zur Häresie führende zweite Periode des audianischen Schismas cf. Puech, *Audianer*, 913.

Brüdern unseres Geheimnisses» [44]. Es handelte sich also nicht nur um ein bloßes Versammlungshaus, sondern um ein regelrechtes Kultgebäude, das nun der Kirche übereignet und ihren Zwecken zugeführt wird. Die benai qeyāmā übernehmen hinfort seine Verwaltung und seinen Gottesdienst. Eine Rückführung der gesamten Audianergemeinde scheint aber nicht gelungen zu sein, denn es heißt dann weiter : « Diejenigen, die sich bekehrten, fügte er seiner Herde hinzu» [45]. Der unmittelbare Anlaß für Rabbulas Vorgehen ist vielleicht das Gesetz des Theodosius II. vom 30.Mai 428, das sich auch gegen diese Sekte richtete [46]. Die Audianergemeinde in Edessa wäre dann noch vor dem Konzil von Ephesus aufgehoben worden.

Die radikalste asketische Gruppe häretischen Charakters, mit der es Rabbula zu tun hatte, waren die Messalianer, die « Beter». Um vollkommen dem Gebet leben zu können, verzichteten sie vollständig auf jegliche Arbeit und ein festes Domizil und durchzogen bettelnd die Dörfer und Städte Syriens und Kleinasiens. Ihre Tätigkeit in Edessa wird uns von Ephräm bezeugt, eine ausführliche Schilderung ihrer Lebensweise und Verbreitung gibt uns Epiphanius [47]. Im Jahre 383 bewirkt der Bischof Amphilochius von Iconium ihre Verurteilung auf der Synode von Side [48]. In das gleiche Jahrzehnt fällt eine Aktion von Flavian von Antiochien, der von Messalianern in Edessa erfährt und sie überführen läßt [49], wahrscheinlich unter Berufung auf die in dieser Zeit erlassenen Gesetze, die diesen radikalen Asketen zusammen mit den Manichäern staatliche Strafen androhen [50]. Nach einer erneuten Entscheidung in Konstantinopel (426) mußte sich noch einmal das Konzil von Ephesus mit den Messalianern

44 OVERBECK, 194, 15-17. Der Ausdruck « Brüder unseres Geheimnisses» wird hier fast zu einer Konfessionsbezeichnung.

45 OVERBECK, 194, 18.

46 *Cod.Theod.* XVI 5, 65; 878.

47 Über die Biographie und das sogenannte Testament Ephräms, die Einblick über die Tätigkeit von Sekten in Edessa geben, cf. R. DUVAL, *Histoire politique, religieuse et littéraire d'Édesse jusqu'à la première croisade*, JA 18 (1891), 87-133; 201-178; 381-439; 19 (1892), 5-102, p. 409-411. Die Aufsatzserie ist auch separat erschienen Paris 1892. Die Schilderung des Epiphanius findet sich in *Haer. 80*, 1-11; 484-496.

48 Cf. die Belege bei DÖRRIES, *Urteil*, 336. Zu vergleichen ist ebenso N. BONWETSCH, Artikel *Messalianer*, RE 12, 661-684 und H. DÖRRIES, Artikel *Euchiten*, RGG 3, 729.

49 THEODORET, HE, IV 11, 5; 230, 10-14.

50 *Cod.Theod.* XVI 5, 7. 9. 10. 11; 857-859.

beschäftigen. Von kleinasiatischen Bischöfen war eine messalianische Schrift mit dem Titel « Asketikon » vorgelegt worden, die als häretisch verurteilt wurde [51]. Angesichts dieser immer erneuten Verdammung der Messalianer durch kirchliche und staatliche Instanzen ist es erstaunlich, mit welcher Milde Rabbula diese Häretiker behandelt. « Auch den messalianischen Häretikern zeigte er in gleicher Weise seine Fürsorge. Er ließ sie zu sich kommen und überredete sie durch den Messias. Sie aber nahmen es freudig an, indem sie ihren Irrtum ablegten » [52]. Zu keiner der vorher geschilderten Sekten scheint Rabbula ein solch positives Verhältnis gehabt zu haben. Da es sich hier nicht im strengen Sinne um eine organisierte und festgefügte schismatische Gemeinde handelte, sondern um nicht genau überschaubare Gruppen von wandernden Asketen, erleichterte natürlich erheblich seine Bemühungen. Wenn der Bischof von Edessa sich auch von Amts wegen gegen diesen die Ordnung und das Leben der Kirche bedrohenden Radikalismus wenden mußte, so hat er doch immer auch gewisse Sympathien für eine kirchlich domestizierte Form dieses Asketentums bewahrt und Gemeinschaften, die « ganz in der Hoffnung auf die göttliche Güte bestanden » [53], zugleich sich aber einer stabilitas loci verpflichtet wußten, immer unterstützt. Dem Anliegen der vollkommenen Nachfolge war Rabbula von seinem eigenem Herkommen und geistlichem Wesen her immer geöffnet; es durfte nur den Rahmen und die Basis der kirchlichen Gemeinschaft nicht bedrohen, die notwendigerweise immer ortshaft verwurzelt sein muß.

An letzter Stelle der von Rabbula bekämpften Sekten stehen « die Söhne Israels » [54]. Gleichwohl wird deutlich, daß die Juden nicht lediglich in eine Reihe mit den übrigen Häretikern zu stellen sind. Ebenso wie bei den Messalianern geht es hier nicht um Gewaltanwendung und bloße Bekehrung, sondern um verständnisvolle

[51] Cf. die Definitio contra Messalianitas in ACO I 1, 7; p. 117. Zu allen Details cf. Dörries, *Urteil*, 340s und Adam, *Dogmengeschichte*, 330-331, wo das weitere Schicksal des « Asketikon » dargestellt wird.

[52] Overbeck, 194, 18-22.

[53] Cf. Overbeck, 205, 24, wo von der Fürsorge Rabbulas für diese Kommunitäten berichtet wird.

[54] Overbeck, 194, 27. Über das Judentum in der Geschichte Edessas cf. Kirsten, *Edessa*, 566-567.

Fürsorge [55]. Deshalb erhalten sie ihren Anteil an dem regelmäßigen Almosen und sie werden ermahnt [56]. Die Ausdrucksweise des Hagiographen bei seinem Bericht über die Bemühungen Rabbulas dürfte in diesem Zusammenhang nicht ohne Bedeutung sein. « Viele von ihnen stimmten mit Freuden in jedem Jahre zu, das Zeichen des Lebens, nämlich die Taufe auf den Messias, zu empfangen » [57]. Offenbar wird hier nicht in der Kategorie des Gegensatzes zwischen altem und neuen Bund gedacht, sondern die Taufe als Vollendung der Zugehörigkeit zum alten Gottesvolk angesehen. Der werbenden Missionsmethode, die das Kontinuum zwischen Israel und der Kirche im Auge hatte, ist der Erfolg nicht versagt geblieben. Es können schon tausende von Juden [58] gewesen sein, die während Rabbulas Zeit in Edessa den Weg in die Gemeinde gefunden haben. Wenigstens scheint eine ständige Übertrittsbewegung zur Kirche hin stattgefunden zu haben, ohne daß das freundschaftliche Verhältnis zur Synagoge gestört wurde. Es paßt durchaus zu diesem Bild, daß beim Tode Rabbulas auch die Juden in die allgemeine Klage miteinstimmen und in dem verstorbenen Bischof ihren eigenen Wohltäter beweinen [59]. Allerdings scheint hiermit auf den ersten Blick nicht die Notiz der Edessenischen Chronik übereinzustimmen, daß Rabbula die Synagoge in eine Stephanuskirche umwandelte [60]. Es ist auffallend, daß der

55 Overbeck, 194, 27-195, 1.

56 Overbeck, 195, 1-3; 5-6.

57 Overbeck, 195, 3-5. Zur Bezeichnung des Sakraments wird ܪܘܫܡܐ gebraucht, das offenbar gleichbedeutend mit ܐܪܙܐ ist.

58 So Overbeck, 193, 10.

59 Der Hagiograph berichtet sogar zweimal über diese Klage der Juden. Cf. Overbeck, 207, 5 und 9. Daß die Juden außerhalb der Vorhöfe der Kirchen klagten, ist ein Beweis dafür, daß es sich hier um Glieder der jüdischen Kultgemeinde handeln muß.

60 *Edessenische Chronik*, 106 Nr. LI : « Im Jahre 723 wurde in Orhâi Rabbûlâ Bischof. Er baute die Kapelle des Mar Sṭêfânôs, welche vordem die Synagoge der Juden gewesen war; er baute sie auf Befehl des Kaisers ». Hallier versucht den Widerspruch zwischen dieser Notiz und dem Bericht des Hagiographen über Rabbulas judenfreundlicher Haltung durch den Vorschlag einer Textkonjektur zu beseitigen; statt 'Synagoge der Juden' hätte es ursprünglich « Synagoge der Audianer » geheißen. Gegen diese sei Rabbula gewaltsam vorgegangen. Eine ähnliche Erklärung gibt Vööbus, *Asceticism*, II, 385 n. 6. Der Chronist habe die Overbeck, 194, 15-17 erwähnte Enteignung des Tempels der Audianer mit der der Juden verwechselt. Dieser offensichtliche Widerspruch löst sich wahrscheinlich, wenn man berücksichtigt, daß Rabbula auf Befehl des Kaisers, offenbar in Ausführung eines kaiserlichen Erlasses, handelte.

Hagiograph über diese Enteignung nichts zu berichten weiß. Handelte es sich also um einen beschämenden Gewaltakt Rabbulas oder um eine notwendige Maßnahme, die sich natürlicherweise aus der Tatsache ergab, daß die jüdische Kultgemeinde durch zahlreiche Konversionen auf ein solches Minimum dezimiert war, daß es sinnvoll sein konnte, ihre Synagoge der neuen judenchristlichen Gemeinde zu übereignen? Wir müssen diese Frage unbeantwortet lassen. Jedoch dürfte nach der Darstellung des Hagiographen einwandfrei feststehen, daß Rabbula nicht nur durch Gewaltanwendung und rigorose Maßnahmen sich mit den Häretikern und Juden in Edessa auseinandersetzte, sondern auch auf seelsorgerlichem und missionarischem Wege überzeugte und bekehrte. Nach den Maßstäben seiner eigenen Zeit war er alles andere als ein Ketzerhammer, wenn man nicht die Entschiedenheit und Energie seiner Persönlichkeit, die auch in der Konfrontation mit der Irrlehre offen zutage trat, schon als eine Charakterschwäche bezeichnen will.

3. Teil

RABBULA ALS THEOLOGE UND KIRCHENPOLITIKER

I. Rabbula und die Entwicklung des syrischen Bibeltextes

Ein interessanter Satz der Lebensbeschreibung ist bisher unerwähnt geblieben. Bei der Darstellung der Reformtätigkeit Rabbulas in Edessa und seiner Mahnung an die Kleriker, mit gleicher Furcht und Liebe wie die israelischen Priester in der Kirche Gottes ihres Amtes zu walten, heißt es ganz unvermittelt ohne jeglichen Übergang : « Er übersetzte auch mit der Weisheit Gottes, die in ihm war, das Neue Testament aus dem Griechischen ins Syrische wegen seiner Abweichungen genauso wie es war » [1]. Es folgt dann unmittelbar der Bericht über den Verkauf der silbernen Gefäße von den Tischen der Kleriker. Die Bemerkung über die Übersetzungsarbeit Rabbulas läßt sich also kaum in den Gesamtzusammenhang des ganzen Abschnittes einordnen. Sie steht weder mit dem Vorausgehenden noch

[1] Overbeck, 172, 18-20.

mit dem Nachfolgenden in irgendeiner sachlichen Verbindung. An keiner anderen Stelle der Vita ist ein solch abrupter Bruch einer zusammenhängenden Schilderung durch einen völlig neuen Gedanken festzustellen. Von diesen stilistischen Beobachtungen her drängt sich der Verdacht auf, daß dieser Satz nachträglich von einem Abschreiber oder vielleicht auch vom Hagiographen selbst an dieser unpassenden Stelle der Lebensbeschreibung eingefügt wurde, um Rabbula als Urheber einer revidierten Textform der syrischen Übersetzung des Neuen Testamentes zu erweisen. Es wird behauptet, daß Rabbula diese neue Übertragung vornahm, weil unter den bisherigen Übersetzungen Abweichungen vorhanden gewesen seien.

Der Verdacht über die Unrichtigkeit und den tendenziösen Charakter dieser interpolierten Notiz verstärkt sich, wenn man der Frage nachgeht, was für einen Text Rabbula selbst benutzt hat. A. Vööbus hat einwandfrei erwiesen, daß Rabbula bei seiner Übersetzung von Cyrills «De recta in Dominum nostrum Jesum Christum fide ad imperatorem Theodosium» [2] für die biblischen Zitate nicht etwa den revidierten Text der sogenannten Peschitta verwandte, sondern eine vor dieser Revision liegende altsyrische Textform [3]. Die gleiche Feststellung gilt auch für den Brief an Gamallinus [4]. Dieses Forschungsergebnis wird aber von M. Black dahingehend modifiziert, daß sich auch schon bei den von Rabbula benutzten neutestamentlichen Texten, besonders des Johannesevangeliums, zumindestens Spuren einer Revisionsarbeit finden [5]. In mehrfacher Hinsicht wird

[2] Diese Schrift ist erwähnt in Cyrills Brief an Rabbula, cf. Overbeck, 229, 3ss. Der griechische Text findet sich MPG 76, 1133-1200 und ACO I 1,1; p. 42-72. Zu den Editionen dieser syrischen Übersetzung cf. supra, 1 n. 2. Die im Cod.Mus.Brit.Add. 14557 foll. 94-123 enthaltene syrische Version trägt die Überschrift: «Abhandlung über die Menschwerdung unseres Herrn, die Cyrill, der Bischof von Alexandria geschrieben hat für den rechtgläubigen Kaiser Theodosius. Eine Abschrift hat er dem heiligen Rabbula, Bischof von Edessa, geschickt, und dieser übersetzte sie aus dem Griechischen ins Syrische» (Der syrische Text bei Overbeck, VIII-IX).

[3] Vööbus, *Investigations*. Sämtliche Belege sind noch einmal sorfältig zusammengestellt bei Vööbus, *Gospel*, 179-182. Zu vergleichen sind hier auch die Ausführungen ibid. 61-71.

[4] Cf. Vööbus, *Gospel*, 183. Es handelt sich dabei aber nur um ein sicher zu bestimmendes Zitat.

[5] Black, *Rabbula*, 206ss. Ein Indiz für eine solche frühe Revisionsarbeit ist die Ersetzung von ܦܓܪܐ durch ܒܣܪܐ in *Joh. 1, 14*. Zu vergleichen ist hier auch die Rezension von Vööbus, *Studies*, durch M. Black in ThLZ 77 (1952), 704-710 «Zur Geschichte

diese Beobachtung durch neue Forschungen über die Textgeschichte der syrischen Bibel bestätigt. So konnte A. Vööbus den Beweis führen, daß im 4. und am Anfang des 5.Jahrhunderts neben dem Diatessaron Tatians nicht nur das Tetraevangelium in Form der altsyrischen Version verbreitet war [6], sondern auch schon Texte aus der Übersetzungsarbeit der Schule von Edessa vorhanden sind, die deutliche Zeichen einer beginnenden Revision erkennen lassen [7]. T.J. Baarda kommt in einer eingehenden Untersuchung über den Evangelientext der Vita Rabbulas zu dem sorgfältig differenzierenden Urteil, daß die Zitate aus Matthäus und Lukas einen mehr archaischen Charakter tragen, während der Text des Vaterunsers und des Johannesevangeliums eine revidierte Form darstellt, obwohl diese noch keineswegs mit der der späteren Peschitta identisch ist. Diese hatte also zur Abfassungszeit der Hagiographie noch nicht den Rang des offiziellen Bibeltextes [8]. Diese Annahme wird auch eindeutig dadurch erwiesen, daß bis hoch in das 5.Jahrhundert noch altsyrische Textformen in der Übersetzungsliteratur der Schule Edessas anzutreffen sind [9].

Durch die Forschungen von Vööbus, Black und Baarda ergibt sich also das Bild eines vielschichtigen und langwierigen Revisionsprozesses des altsyrischen Tetraevangeliums, der erst nach dem 5.Jahrhundert zu einer völlig revidierten und kirchlich reziperten Textform führte [10]. Damit ist endgültig die lange Zeit ungeprüfte

des syrischen Evangelientextes » und M. Black, *The New Testament Peshitta and its predecessors*, SNTSB 1 (1950), 51-62 und M. Black, *The text of the Peshitta Tetraevangelium*, in : *Studia Paulina in honorem J. de Zwaan*, Haarlem, 1953, 20-28.

[6] Vööbus, *Angaben*, PapETSE 3, und A. Vööbus, *Early versions of the New Testament, Manuscript studies* PapETSE 6, Stockholm 1954 und Vööbus, *Gospel*

[7] A. Vööbus, *Oldest traces of the Peshitta*, *Mus* 63 (1950), 191-204 und A. Vööbus, *Alter* 8-9 . Besonders sind hier die syrischen Johannesakten und die im Jahre 411 in Edessa abgeschriebene Handschrift Br.Mus.Add. 12150 zu nennen, die neben anderen Übersetzungen die pseudoklementinischen Recognitionen enthält. Es handelt sich hierbei überhaupt um die älteste uns bekannte datierte syrische Handschrift. Zu vergleichen ist ebenso Vööbus, *Gospel*, 46-60.

[8] Baarda, *Gospel text*, 125. Auch A. Vööbus, *Researches on the circulation of the Peshitta in the middle of the 5.century*, CBU 64, Pinneberg 1948, 13ss hatte schon Beobachtungen in diese Richtung gemacht, ohne jedoch wie Baarda entsprechende Folgerungen zu ziehen.

[9] Cf. Vööbus, *Gospel*, 72-86. Die zahlreichen Belege sind gesammelt ibid. 187-196.

[10] M. Black, *The Gospel text of Jacob of Serug*, JThSt 2 (1951), 57-63 hat erwiesen, daß selbst im 6.Jahrhundert noch altsyrische Textformen neben revidierten anzutreffen sind. Eine vollständige Ausgabe der Vetus Syra steht kurz bevor, cf. A. Vööbus,

und unbestrittene These F.C. Burkitts hinfällig, daß Rabbula als Verfasser der Peschitta zu gelten habe [11] und durch diesen Revisionstext das Diatessaron verdrängen konnte. Es kann als erwiesen gelten, daß schon nach 325 das altsyrische Tetraevangelium in Edessa als amtlicher Text benutzt wurde [12]. Natürlich spielte auch das Diatessaron noch eine nicht unbedeutende Rolle. Noch Theodoret berichtet, daß er 200 seiner Exemplare in seiner Diözese konfiszieren ließ [13] und eine der « Anweisungen und Ermahnungen des Mar Rabbula... » verordnet ausdrücklich, daß in jeder Kirche ein Euangeliōn da-mepharrešē vorhanden sein soll [14]. Diese Mahnung ist auch noch während der Amtszeit Rabbulas notwendig gewesen, aber aufs ganze gesehen war das Diatessaron schon weitgehend vom Viererevangelium in Form der altsyrischen oder einer mehr oder minder revidierten Fassung abgelöst worden [15]. Daß diese Revision allein von Rabbula durchgeführt wurde, ist schon deshalb unmöglich, da sie sich über einen sehr langen Zeitraum im 4. und 5.Jahrhundert erstreckte. Wahrscheinlicher ist, daß die Schule von Edessa einen maßgeblichen Einfluß auf diese Arbeit ausgeübt hat [16].

Aber welche Rolle kann nun Rabbula bei diesem Revisionsprozess zugeschrieben werden? Hat er nur eine Privatübersetzung geliefert [17]

Completion of the Vetus Syra project, Biblical Research 7 (1962), 49-56. Einen guten Überblick über sämtliche Forschungsarbeiten von A. Vööbus zu dieser Frage gibt Klijn, *Survey*, 4-9.

[11] Zuletzt vertreten von F.C. Burkitt in seinem Beitrag *Syriac speaking Christianity* in : The Cambridge Ancient History XII, Cambridge 1939, 492ss. Andere Belege für diese exponierte Meinung Burkitts bei Vööbus, *Alter*, 2, n. 4-5. Vööbus läßt es sich mit Recht in allen Untersuchungen zu dieser Frage angelegen sein, diese Auffassung Burkitts als unhaltbar zu erweisen.

[12] Cf. Vööbus, *Angaben*, 16ss. 34 und Vööbus, *Alter*, 7.

[13] Theodoret, *Haereticarum fabularum compendium*, MPG 83, 372.

[14] Nr. 43; Vööbus, 47.

[15] Bei der Notiz Theodorets wird oft vergessen, daß seine Diözese insgesamt etwa 800 Gemeinden umfaßte, also an den meisten Orten schon das Tetraevangelium in Gebrauch war.

[16] Daß im 5.Jahrhundert auch noch der unrevidierte Text in der Übersetzungsliteratur der edessenischen Schule zu finden ist, ist kein Gegenbeweis. Eine andere Frage ist, inwieweit Ibas an der Revisionsarbeit beteiligt war. Wir wissen nichts über seine Mitwirkung. Gegen Peeters, *Rabboula*, 153.

[17] So noch Vööbus, *Investigations*, 37 : « ... we are justified in putting this remark in the right light and saying that Rabbula translated the New Testament from the Greek but his translation was private and was not in use ».

oder die in Antiochien vollzogene Angleichung der altsyrischen Fassung an die sogenannte westliche Textform in Edessa eingeführt [18] oder hat er eine amtlich autorisierte Vorform der später allgemein anerkannten Peschitta selbst verfaßt [19]? Am wahrscheinlichsten ist aber die von Baarda geäußerte und durch detaillierte Beobachtungen belegte Meinung, daß die Revisionsarbeit, bei der Rabbula persönlich beteiligt und mitverantwortlich war, primär im Dienste der christologischen Diskussion stand und sich deshalb in erster Linie auf das Johannesevangelium bezog [20]. Der Befund, wie er sich aus der Vita ergibt, stimmt mit der Untersuchung der von Rabbula selbst gebrauchten neutestamentlichen Zitate überein [21]. Nicht aus allgemeinem kritisch wissenschaftlichen Interesse, sondern aus Anlaß der dogmatischen Auseinandersetzungen wurde also am Text gearbeitet, um die anstehenden christologischen Streitfragen zu klären. Es ist hierbei selbstverständlich, daß Rabbulas eigene Leistung im Zusammenhang der gesamten Übersetzungsarbeit der Schule in Edessa und der vorausgegangenen Entwicklung eines revidierten Textes des Tetraevangeliums gestanden hat. Es ist nun auch erklärbar, daß die nachträgliche Notiz über die Übersetzungstätigkeit des Bischofs von Edessa, sei sie nun vom Hagiographen oder von einem Abschreiber eingefügt, von einem späteren Standpunkt her aus Verehrung Rabbula generell ein Werk zuschreiben möchte, an dem er nur partiell beteiligt war. Die neue Forschung über die Entstehung der Peschitta gibt uns also auch eine neue Möglichkeit des historisch-kritischen Verständnisses einer bisher mißverstandenen Bemerkung der Vita Rabbulas.

18 Nau, *Rabboula*, 119s, dessen Auffassung sich auch weitgehend Vööbus anschließt, so z.B. *Gospel*, 46-60.

19 So Black, *Rabbula*, 210, der die Arbeit Rabbulas charakterisiert als « an authoritative revision of the Syriac New Testament in the case of the Gospels, a revised Evangelion da-mepharreshe ».

20 Cf. Baarda, *Gospel text*, 125. In dieser Erkenntnis liegt der über die bisherige Forschung hinausgehende Beitrag von Baarda.

21 Die von Rabbula in Konstantinopel gehaltene Rede bedarf deshalb keiner besonderen Untersuchung, da sie wahrscheinlich vom Hagiographen ins Syrische übersetzt wurde und bei ihr kein anderer Befund als in der Vita zu erwarten ist. Die Zitate von *Joh.* 1, 1-2 (Overbeck, 243, 1-2. 14-15). Und *Joh.1*, 14 (Overbeck, 243, 26-244, 1 in modifizierter Form!) ebenso wie *Gal.*4, *4* (Overbeck, 242, 18-19; 243, 14-15) sind hierfür ein deutlicher Beweis.

II. Die eucharistischen Anschauungen des Bischofs von Edessa

Wir sind in der glücklichen Lage, daß wir uns nicht nur über die Christologie, sondern auch über einige Gedankengänge Rabbulas, die sich mit der Eucharistie beschäftigen, ein ungefähres Bild machen können. Der Brief an Gamallinus, der uns in zwei Fragmenten überliefert ist [1], hat deshalb noch keine genügende Beachtung gefunden, weil seine Echtheit bisher von maßgeblichen Forschern angezweifelt wurde [2]. Nun hat aber A. Vööbus einwandfrei nachweisen können, daß für das längere Fragment nur Rabbula als Verfasser in Frage kommt [3], die Authentizität des kürzeren Stückes bleibt allerdings weiterhin ungeklärt. Es legt sich deshalb nahe, mit der Interpretation des umfangreicheren Brieffragmentes zu beginnen und von dem gewonnenen Ergebnis her die Echtheit des kleineren Fragmentes zu untersuchen.

Das längere Stück trägt in der heutigen Form folgende Überschrift: « Aus dem Brief, der von Rabbula an Gamallinus, den Bischof von Perrha, gerichtet wurde wegen derjenigen, die die Geheimnisse miß-

[1] Der kürzere Teil findet sich in zwei Väterkatenen, den Handschriften Mus.Brit. Add. 12155 und 14532, zum Nachweis cf. Wright, II, 933 und 961. Der Edition von Overbeck liegt nur die zweite Handschrift zugrunde, cf. Overbeck, XIX-XX. Das längere Fragment stammt aus der Handschrift Mus.Brit.Add. 17202 und ist ein Anhang der Kirchengeschichte des monophysitischen Bischofs Zacharias Rhetor, cf. Wright, III, 1061. Es wurde später im Zusammenhang mit der ganzen Kirchengeschichte ediert von E.W. Brooks, *Historia ecclesiastica Zachariae Rhetori vulgo adscripta*, I, CSCO 83, Parisiis, 1919, 178ss.

[2] So besonders von Assemani, BO I, 409-410, der Paulus von Edessa, einen Bischof am Anfang des 6.Jahrhunderts, als Verfasser annahm. Über alle weiteren Einzelheiten der Forschungsgeschichte cf. A. Vööbus, *Solution*, 297-306, 299ss.

[3] Vööbus, *Solution*, 302ss führt diesen Nachweis mit der Handschrift Nr. 87 des syrischen Patriarchats von Antiochien in Beirut, die sich in dem Seminar von Šarfeh befindet. Fol. 333-334 enthält den Canon Nr. 48 des Johannes von Tella für die Mönche von Bēt Mār Zakkai in der Nähe von Callinicus. Unter Berufung auf Rabbula beschäftigt sich dieser Canon mit dem gleichen Mißbrauch der Eucharistie, der auch im Brief an Gamallinus zur Debatte steht. Der syrische Text wurde ediert von Vööbus, *Documents*, 61. Allerdings hat Vööbus bei dieser Edition übersehen, daß die zweite Hälfte dieses Textes beginnend mit ܐܬܚܙܝܬ ܠܝ enthalten ist in der Väterkatene Mus.Brit.Add. 17193, cf. *Wright*, II, 1001.

brauchten und sich von ihnen nährten wie von gewöhnlichem Brot» [4]. Der Adressat ist uns bekannt aus einem Schreiben des Andreas von Samosata an Alexander von Hierapolis [5]. Wir erfahren hier, daß bei den christologischen Streitigkeiten Gamallinus auf der Seite Rabbulas steht und an seiner Auseinandersetzung mit Andreas teilnimmt. Da Gamallinus entschieden die Rechtgläubigkeit des Bischofs von Samosata bestreitet, will dieser sich nach Edessa begeben, um die strittigen Fragen zu klären. Es muß also eine enge Freundschaft zwischen den Bischöfen von Perrha und Edessa bestanden haben. Aus diesem Grunde scheint sich Rabbula mitverantwortlich zu fühlen für die eklatanten Mißstände, die in der Diözese seines Anhängers und Gesinnungsgenossen eingerissen sind, sodaß er sich zu einem Schreiben veranlaßt sieht, das in eindringlicher Weise den Ernst der Situation Gamallinus vor Augen stellt [6].

Worum geht es? Rabbula hat erfahren, «daß gewisse Brüder, die ihr Kloster nicht kennen, und andere von den Äbten und Diakonen» [7] sich damit brüsten, kein Brot zu essen, kein Wasser zu trinken und sich des Weines zu enthalten. Ihr «Mißbrauch des Leibes und Blutes Jesu, des Sohnes Gottes» [8] besteht darin, daß sie «Leib und Blut Jesu Christi unseres Herrn töricht und ohne Unterscheidung darbringen. Denn mit diesem heiligen Leibe, der seine Empfänger heiligmacht, und mit diesem lebendigen Blut, das dem Trinkenden Leben verleiht, erfüllen jene... das ständige Bedürfnis ihres natürlichen Hungers und Durstes in frevelhafter Weise» [9]. Die Beurteilung dieser Abendmahlspraxis als Mißbrauch und Frevel ergibt sich für

[4] OVERBECK, 231, 5-9.

[5] MANSI, V, 882; ACO I 4, 2; p. 136-137. Hierzu cf. *infra*, 165-166.

[6] Es wird in dem Brief nicht deutlich, ob Gamallinus die angeführten Mißstände schon bekannt sind, oder ob er erst durch Rabbula über sie informiert wird. In dem «bei euch in der Gegend von Perrha» (OVERBECK, 231, 10) könnte ein Vorwurf enthalten sein.

[7] OVERBECK, 231, 10-12. Mit «Brüdern, die ihr Kloster nicht kennen» sind wahrscheinlich Mönche gemeint, die sich der Autorität ihres Klosters entzogen haben, um ein freies Eremitenleben zu führen. Würde es sich nur um sie handeln, könnte man ihre merkwürdige eucharistische Praxis als extreme Ausdrucksform eines ungebundenen Charismatikertums betrachten. VÖÖBUS, *Asceticism*, II, 206-207 vermutet, daß Rabbula abartige Praktiken im Auge hat, die von den Anhängern des Barsumas ausgeübt wurden, dessen Kommunität in der Diözese des Gamallinus beheimatet war.

[8] OVERBECK, 231, 16-17.

[9] OVERBECK, 231, 21-232, 4.

Rabbula aus der paulinischen Anschauung von der Unterscheidung des Leibes Christi von gewöhnlicher Speise [10]. Wenn die Eucharistie als natürliche Nahrung gebraucht wird, müssen sich wichtige Konsequenzen für ihre Handhabung ergeben. Es ist nun notwendig, daß das Opfer jeden Tag gefeiert wird, wenn die konsekrierten Elemente als normale Nahrung dienen sollen [11]. Aus dieser Bemerkung geht klar hervor, daß Rabbula noch keine tägliche Eucharistiefeier kennt. Abgesehen von besonderen Gelegenheiten, wie vielleicht Märtyrer- und Aposteltagen, wurde in Edessa und in der Gegend von Perrha normalerweise das Abendmahl nur an Sonntagen gehalten. Jenen Mönchen, « die ihr Kloster nicht kennen », die also offenbar wandernde Asketen geworden sind, genügt aber nicht nur das einmalige Opfer an jedem Tag, von dem sie sich zweimal oder dreimal sättigen, sondern sie sind oft auf ihrer Wanderschaft gezwungen, auch am Abend noch einmal das Opfer darzubringen [12]. Eine andere Folge dieser Praxis ist, daß diese Eucharistiefeiern ohne Liturgie und Kirchenraum vor sich gehen. « Wenn sie dazu gezwungen sind, opfern sie gewöhnliches Brot ohne Unterscheidung einander auf den Händen, um es zu essen » [13]. Gemeint ist also ein Konsekrationsakt, bei dem offen bleiben muß, ob er von geweihten Priestern vollzogen wurde. Daß dies keine Selbstverständlichkeit in diesem Falle bedeutet, läßt ein Canon der « Anweisungen und Ermahnungen... » vermuten, der die Darbringung und Austeilung der Eucharistie ausdrücklich den Priestern und Diakonen vorbehält [14]. Von « gewöhnlichem Brot » ist in diesem Zusammenhang deshalb die Rede, weil es mit reichlich Sauerteig hergestellt wurde, damit es zur Speise brauchbar sei, « nicht aber für das Geheimnis des Leibes des Messias, das durch das Ungesäuerte dargestellt wird » [15]. Entgegen des späteren, dann auch

[10] Cf. *1.Kor.* 11, *29b*. Das Verb ܦܪܫ aus diesem Vers wird auch noch gebraucht OVERBECK, 232, 14, hier allerdings im Hinblick auf die Verwendung von gesäuertem statt ungesäuertem Brot.

[11] OVERBECK, 232, 5-8. Der durchgängige Ausdruck für die Eucharistie ist ܩܘܪܒܢܐ, der für die konsekrierten Elemente, ܩܘܪܒܢ̈ܐ. Die Feier des Abendmahles wird als 'Darbringung' (der Opfergaben) bezeichnet.

[12] OVERBECK, 232, 14-19.

[13] OVERBECK, 232, 12-14.

[14] Nr. 33; VÖÖBUS, 44.

[15] OVERBECK, 232, 11-12. Das Verb ܚܘܝ ܠ meint hier eine Darstellung oder Repräsentation.

dogmatisch begründeten Gebrauchs von gesäuertem Brot bei den Westsyrern [16], ist uns hier eindeutig bezeugt, daß im 5.Jahrhundert noch Ungesäuertes verwandt wurde. Daß es sich hierbei um eine nicht den Tatsachen entsprechende polemische Feststellung handelt, ist deshalb ausgeschlossen, da nach der Überzeugung Rabbulas Jesus selbst beim Passamahl seinen Jüngern ungesäuertes Brot vorlegte [17]. Dieser Usus kommt aber nicht nur der sehr stark historisch orientierten Heilsauffassung Rabbulas entgegen [18], sondern entspricht auch dem Ursinn des durch und durch im syrischen Denken verwurzelten ܐܪܙܐ als Symbol und Typus [19]. Die Redeweise von der «Repräsentation» weist ebenso in diese Richtung.

Als weitere bedenkliche Folge dieses Eucharistiemißbrauches weist Rabbula dann auf die Mißachtung der vierzigtägigen Fastenzeit hin. Wie bei der Kommunion am Abend die geforderte Nüchternheit von diesen Mönchen nicht mehr eingehalten wird [20], so werden sie «als Verzehrer des heiligen Brotes und Trinker des heiligen Weines an diesen hochwürdigen Tagen erfunden, an denen sich selbst die Schlechtesten der Nahrung enthalten» [21]. Die Profanisierung des Heiligen Mahles erstreckt sich aber nicht nur auf das leichtfertige Essen der auf der Patene konsekrierten Elemente [22], sondern noch

[16] Über die Materie der Eucharistie in der Geschichte der syrischen Kirche und die von den führenden Theologen gegebenen dogmatischen Begründungen hat ausführlich gehandelt DE VRIES, *Sakramententheologie*, 155-163. Rabbulas Zeugnis steht hier gegen die einhellige, seit dem 6.Jahrhundert nachweisbare Tradition. Zwischen dem 5. und 6.Jahrhundert scheint offenbar eine Änderung der Praxis stattgefunden zu haben, über die DE VRIES allerdings keine weitere Auskunft geben kann. Zu diesem Thema ist ebenso heranzuziehen HANSSENS, *Institutiones*, II, 121ss: De pane eucharistico. DE VRIES, *op.cit.*, 156 n. 72 weist mit J.B. Chabot eine von *Assemani* vertretene falsche Lesart zurück, der in BO I, 410 übersetzt: «quod in azymis manducatur».

[17] OVERBECK, 237, 23-24.

[18] Cf. *supra*, 9 und 18-19.

[19] Cf. die aufschlußreichen Untersuchungen von BECK, *Symbolum-Mysterium*, der klar herausstellt, daß bei diesem Wort der Typus- und Symbolbegriff dominierend ist.

[20] OVERBECK, 232, 19-20.

[21] OVERBECK, 232, 24-26. Die Ausdrucksweise ist mißverständlich. Es könnte gefolgert werden, daß in der Fastenzeit auch die Enthaltsamkeit von der Eucharistie üblich gewesen sei. Dies ist jedoch kaum anzunehmen. Gemeint ist hier nur, daß sie selbst in der Fastenzeit ihren Verbrauch der konsekrierten Elemente als tägliche Nahrung nicht einschränken.

[22] OVERBECK, 233, 13-14. Mit ܦܠܚ ܠܡܪܝܐ ܒܒܥܘܬܐ ist hier die Konsekration gemeint.

mehr auf den « Kelch des Blutes » [23]. Dieser wird je nach Bedürfnis mit heißem Wasser gemischt und dann immer wieder nachgefüllt und den Gefährten weitergereicht. Daß hierbei « unter dem Vorwand der Kommunion » [24] ein solch große Menge von Wein genossen würde, daß sie sogar gezwungen seien, ihn wieder aus dem Munde auszuschütten, mag als eine polemische Übertreibung anzusehen sein.

Bei dieser sonderbaren Abendmahlspraxis handelt es sich aber nun nicht nur um eine zeitweilige auf das Gebiet von Perrha beschränkte Erscheinung eines mißverstandenen Asketentums. Noch im 6. Jahrhundert, wahrscheinlich in den Jahren 519-521, wendet sich Johannes bar Qūrsos, in einer kanonischen Bestimmung gegen Mißstände gleicher Art im Kloster Bēt Mār Zakkai in der Nähe von Callinicus, dem er vor seiner Wahl zum Bischof von Tella selbst angehört hat und über dessen Verhältnisse er deshalb genau informiert ist [25]. In diesem Kloster hat sich eine besondere Gruppe von Enthaltsamen (Naziräern) gebildet, von denen folgendes berichtet wird : « Wenn sie den Leib und das Blut austeilen, geben sie mehr margānyātā den Fastenden und ebenso bei dem Kelch der Versöhnung. So tuen sie. Aber wir sind der Meinung, daß dies nicht sein sollte, weil es eine Entfremdung von der Furcht Gottes ist. Denn es genügt, wenn der Priester eine margānītā oder drei gibt, in der gleichen Weise auch vom Kelch der Erlösung. In der festgesetzten Ordnung sollen sie die Vergebung ihrer Sünden empfangen, damit sich nicht bei ihnen erfüllt, was von dem seligen Rabbula, Bischof von Edessa, über solche wie diese gesagt worden ist, daß sie gierige Hunde sind, die ihren Herrn essen » [26]. Wenn auch in Bēt Mār Zakkai nicht solche krasse Formen des Eucharistiemißbrauches auftreten wie bei den Wanderasketen von Perrha, so handelt es sich doch grundsätzlich um die gleiche Sache. Nur so ist es zu verstehen, daß Johannes bar

[23] OVERBECK, 233, 15ss.

[24] OVERBECK, 233, 18-19, ebenso 235, 27. Dieser Ausdruck besagt jedoch keineswegs, daß eine manducatio impiorum ausgeschlossen ist.

[25] Biographische Angaben und Belege über Johannes bar Qūrsos und seine Beziehungen zum Kloster Bēt Mār Zakkai bei VÖÖBUS, *Documents*, 55-56 und 60. Der in Frage kommende Canon ist wahrscheinlich während seiner Amtszeit in Tella entstanden, die nur von 519-521 dauerte.

[26] VÖÖBUS, 61. ܡܪܓܢܝܬܐ/μαργαρίτης, die Perle ist eine Metapher für die konsekrierte Hostie. Warum auch « drei margānyātā » gegeben werden können, ist nicht recht ersichtlich.

Qūrsos auf das Vorbild und die Autorität Rabbulas rekurrierte, um die Mönche seines Klosters zur Ordnung zu rufen. Leider fehlen uns weitere Aufschlüsse über die historischen Zusammenhänge dieser Randerscheinung des Frömmigkeitslebens. Wir wissen nicht, ob sich hier ein überzüchtetes Asketentum in einzelnen Eruptionen manifestiert, oder eine sich über mehrere Menschenalter erstreckende Bewegung des syrischen Monastizismus vorliegt.

Interessanter als die Erforschung der Geschichte dieser Abarten der Frömmigkeit ist die Untersuchung der theologischen Argumente, die Rabbula gegen sie ins Feld führt. Zuerst wendet er sich der alttestamentlichen Typologie zu, und zwar der Erzählung vom Mißbrauch der heiligen Gefäße des jerusalemischen Tempels beim Gastmahl Belsazers (Dan.5) [27]. Der heidnische König frevelte in ähnlicher Weise wie diejenigen, « die die ehrwürdigen Gefäße der Eucharistie zu Gefäßen des Dienstes ihres Bauches machten. Wegen der in ihnen enthaltenen Geheimnisse sind sie selbst für die himmlischen Wesen abschreckend, sich ihnen zuversichtlich zu nahen... » [28]. Die Unangemessenheit dieses typologischen Vergleiches wird aber sofort von Rabbula erkannt. Die Einsicht in die Einzigartigkeit des Neuen Bundes bewahrt ihn vor einer zu simplen Analogie. « Wie können aber die Gefäße des Dienstes des Tempels in Jerusalem verglichen werden mit den preiswürdigen Gefäßen für den Dienst des Leibes und Blutes des Sohnes Gottes ? » [29] Das gleiche gilt für « das Schaubrot der Priester Israels, das in keiner Weise wert ist, mit der Herrlichkeit des erhabenen Geheimnisses gleichgestellt zu werden » [30]. Beim Schaubrot, das David zur Stillung seines Hungers verzehrt, wird deutlich, daß es sich um einen ausgesprochenen Antitypus zum « lebendigmachenden Leibe des Gott-Logos » handelt, der ganz und gar von ihm zu unter-

[27] Overbeck, 233, 20-234, 7.

[28] Overbeck, 233, 21-24. Es wird hier auf die Anschauung von der Präsenz der Engel beim Konsekrationsakt angespielt, cf. Johannes Chrysostomus, *De sacerdotio*, VI 4; MPG 48, 681. Das Furcht- und Heiligkeitsmotiv ist auch in der byzantinischen Liturgie stark ausgeprägt. Bemerkenswert ist an dieser Stelle auch noch, daß die konsekrierten Elemente mit ܐܪ̈ܙܐ bezeichnet werden.

[29] Overbeck, 234, 4-7. Es bleibt im Einzelnen offen, welche Tempelgeräte mit Patene und Kelch verglichen werden.

[30] Overbeck, 234, 7-9. Mit 'Geheimnis' ist wohl hier das konsekrierte Brot gemeint.

scheiden ist, wenn man nicht am « Leib und Blut unseres Herrn » schuldig werden will [31].

Auf dem Wege eines antitypologischen Vergleichs kommt dann Rabbula zu einer bemerkenswerten Interpretation der Eucharistie. « Denn jenes in Verbindung mit verschiedenartigen Waschungen und sonstigen Riten reinigte von dem Stärkerwerden der leiblichen Befleckung; aber dieser Leben verleihende Leib und Blut des Herrn Jesus sühnt nicht nur die Sünde der Seele und des Leibes und heiligt die, die ihn gläubig empfangen, sondern bewirkt auch, daß Gott in uns ist durch seinen Geist, wie wir in ihm sind durch unseren Leib. Der Sohn Gottes sagt : Wer meinen Leib isset und mein Blut trinket, der bleibt in mir und ich in ihm, und ich werde ihn auferwecken am jüngsten Tage » [32]. Die Neuheit der Eucharistie gegenüber den 'Gnadenmitteln' des alten Bundes besteht nicht so sehr in ihrer sühnenden und heiligenden Wirkung, — hier kann im Sinne Rabbulas nur von einer graduellen Verschiedenheit gesprochen werden —, sondern vielmehr in ihrer Geistvermittlung und ewigen Lebenskraft. Der pneumatologische Aspekt wird hier mit dem spezifisch johanneischen Eucharistieverständnis verbunden. Da es Rabbula um die Abwehr eines Irrtums geht, bekräftigt er noch einmal diese positiv gefaßte Anschauung auf negativen Wege durch ein Zitat aus den Mahnreden des Hebräerbriefes. « Wenn jemand das Gesetz Moses übertreten hat, stirbt er ohne Erbarmen auf die Aussage von zwei oder drei Zeugen. Eine wie viel schlimmere Strafe verdient dann der, der den Sohn Gottes mit Füßen tritt, das Blut des Bundes für gemein ansieht und den Geist der Gnade verachtet, durch den wir geheiligt sind » [33]. Der interpretierende Akzent in diesem Zitat liegt in der Umstellung des Relativsatzes über die Heiligung, der nun nicht mehr auf das Blut des Bundes, sondern auf den Geist der Gnade bezogen ist. Die Eucharistie verleiht den Geist der Gnade. In dieser Gabe besteht die « Größe dieses neuen, von dem Gott-Logos uns überlieferten

[31] Overbeck, 234, 9-14. Zum dritten Male wird hier auf *1.Kor.* 11, *29b* hingewiesen (cf. *supra*, n. 10), diesmal aber in Verbindung mit Vers *27b*.

[32] Overbeck, 234, 14-24. Dieser antithetische Vergleich könnte angeregt sein durch die Tauftypologie des *1.Petrusbriefes* (*3, 21* : nicht ein Abtun der Unsauberkeit des Fleisches !), entspricht aber grundsätzlich dem Anliegen des Hebräerbriefes, der wenig später dann auch in einem ausführlichen Zitat zu Worte kommt. Das Zitat aus dem Johannesevangelium setzt sich zusammen aus *Joh.* 6, *56* und 6, *54b*.

[33] *Hebr.* 10, *28-29*; Overbeck, 235, 3-8.

Dienstes »[34]. Bei dieser Ausdrucksweise ist gedacht an die Einsetzung des Heiligen Mahles durch den historischen Jesus, der in der christologischen Sicht Rabbulas identisch ist mit dem fleischgewordenen Logos[35]. Dieses inkarnierte Wort ist aber auch gegenwärtig bei jeder Eucharistie. Es wird zum « Brote des Lebens, das herabsteigt vom Himmel wegen seiner Vereinigung mit dem Gott-Logos und der Welt das Leben gibt »[36]. Hierin ist der tiefste Grund zu sehen, warum es nicht mit « dem aus irdischem Stoff zusammengesetzten Schaubrot »[37] verglichen werden kann. Der Eucharistiemißbrauch der Wandermönche von Perrha besteht darin, daß sie mit den konsekrierten Elementen wie mit « gewöhnlichem Brot »[38] umgehen und so die Gegenwart des Gott-Logos leugnen und dem Worte des Sohnes « Das Brot, das ich geben werde, ist mein Leib, der für das Leben der Welt gegeben wird »[39] keinen Glauben schenken. Als seine eigene Meinung konstatiert Rabbula : « Es ist also nicht Brot allein im Leibe des Messias, wie es jenen erscheint, sondern in dem Brote ist der Leib Gottes, der nicht sichtbar ist, wie wir glauben und wie wir ihn als Leib einfach empfangen »[40]. Zumindestens ist diese Ausdrucksweise mißverständlich. Offenbar geht es Rabbula um die Hostie, die durch die Konsekration als Leib Christi bezeichnet wurde. Gegen allen Augenschein haben wir es bei ihr nicht mehr mit bloßem Brot zu tun, sondern in dem Brote ist der Leib Gottes. Rabbula meint natürlich den Leib des Gott-Logos, der in dem Brote unsichtbar anwesend ist. Es ist aufschlußreich, daß die Tendenz seiner Christologie Rabbula in verkürzter Form vom « Leib Gottes » reden läßt. Die enge Bezogenheit zwischen Eucharistie und Inkar-

[34] Overbeck, 234, 25-26. Es ist wohl hier kaum anzunehmen, daß Rabbula an eine Zurückführung der Abendmahlsparadosis auf den erhöhten pneumatischen Kyrios im Sinne von *1.Kor. 11, 23s* gedacht hat, obwohl auch von Paulus eine konkrete historische Tradition gemeint ist.

[35] Zu den zugrundeliegenden christologischen Anschauungen cf. *infra*, 137ss.

[36] Overbeck, 235, 8-10. Es liegt hier ein interpretiertes Zitat von *Joh. 5, 33* vor, angeregt durch den johanneischen Terminus « Brot Gottes ».

[37] Overbeck, 235, 11-12. Wörtlich : « in der Zusammensetzung von Irdischem ».

[38] Overbeck, 235, 14.

[39] *Joh.* 6, *51b*; Overbeck, 235, 16-17.

[40] Overbeck, 235, 17-21. ܦܫܝܛܐܝܬ ist hier im Sinne von 'einfach', 'selbstverständlich' (für den Glauben !) gemeint. Das Wort kommt noch einmal in der folgenden Zeile vor. Es könnte sich deshalb auch um eine Dittographie handeln.

nation ist dabei als selbstverständlich vorausgesetzt. Im Schlußteil des zitierten Satzes will Rabbula zum Ausdruck bringen, daß dieser Leib des Gott-Logos auch tatsächlich empfangen wird. Wohl ist diese Überzeugung und auch dieser Empfang als Sache des Glaubens gekennzeichnet. Es ist jedoch nicht darüber reflektiert, ob erst der Glaube die Wirklichkeit des Leibes Christi konstituiert oder auch eine manducatio impiorum möglich ist.

Allerdings mußte sich an der etwas doppeldeutigen Ausdrucksweise Rabbulas die Frage nach der Rolle des Glaubens beim Eucharistieempfang entzünden, mit der sich das zweite Fragment des Briefes beschäftigt. Im bisher besprochenen Teil des Briefes hat dieses Problem noch nicht zur Debatte gestanden. Rabbula hat weder gesagt, daß durch den Mißbrauch der Eucharistie die Gegenwart Christi zunichte wird, noch diejenigen, die diesen Mißbrauch praktizieren, die Realpräsenz leugnen. Worauf es Rabbula in diesem Zusammenhang allein ankommt, ist der Aufweis, daß dieser Mißbrauch praktisch die Leugnung der Gegenwart Christi zur Folge hat. Es soll hier eine Konsequenz sichtbar gemacht werden, die so in Perrha noch nicht gesehen wurde. Was den Tatbestand selbst anbetrifft, handelt es sich um ein Frevel am Leib und Blut Christi [41]. Nachdem Rabbula alle Nahrungsmittel aufgezählt hat, mit denen sich die Mönche außer den konsekrierten Elementen nähren [42], ergibt sich für ihn dieses Urteil aus der Betrachtung des dritten alttestamentlichen Typos von der Bestrafung der Söhne Elis wegen ihres Mißbrauchs der Opfergaben. Die Gottesrede in 1.Sam.2,27-29 wird in ihrer Intention auf die neue Situation hin modifiziert und lautet jetzt : « Siehe, ich habe euch alle Güter der Erde gegeben, damit ihr sie ohne Sünde gebrauchen solltet, wie ich jenen alle Opfer der Kinder Israels zugeteilt hatte, damit sie sich an diesen ohne Schuld erfreuten. Warum frevelt ihr nun an meinem Leibe und Blute wie auch jene sich an meinen Opfern und Gaben vergingen ? » [43], ein eindrucksvolles Beispiel eines freien und pneumatischen Schriftgebrauches, durch den nicht etwa die

[41] OVERBECK, 236, 12.

[42] OVERBECK, 235, 21-236, 2. Aus diesen Ausführungen geht hervor, daß sie sich nicht tatsächlich nur von konsekrierten Brot stättigen, denn « anstelle des Brotes sättigten sie sich mit Käse » (235, 22-23). Es scheint also nur ein mehr als üblicher Verbrauch von Hostien vorgelegen zu haben.

[43] OVERBECK, 236, 8-13.

bloße Analogie zwischen alttestamentlichem Opfer und dem Heiligen Mahl des Neuen Bundes aufgezeigt werden soll, sondern vielmehr a minore ad maius die heilsgeschichtliche Kontinuität, in der auch entsprechende Strafandrohungen gegen Verletzung und Mißbrauch in einem Beziehungsverhältnis zueinander stehen [44]. « Was soll er über diese sagen, die weder mit den Propheten des Alten Bundes übereinstimmen, noch den Aposteln des Neuen Bundes gleichen ? » [45]. Von der alttestamentlichen Typologie geht Rabbula nun auf neutestamentliche Beispiele über, die die legitime Ernährung durch normales Brot erweisen sollen. Über die Nahrung des « Hauptes der Apostel » [46] kann er nur ein unkanonisches Zeugnis beibringen [47], ebenso über die Ernährung von Paulus « dem Verkünder der Wahrheit » [48]. Wichtiger als « die Nachahmung der Apostel, die die Welt getauft haben » [49], ist aber die Nachfolge des « Herrn der Apostel und Weltenschöpfers, wenn nicht etwa sogar in ihren Augen der menschliche Wandel unseres Gottes allzu verachtet und töricht erscheint » [50]. Die Speisung der Fünftausend und der Viertausend und das letzte Passamahl mit seinen Jüngern, bei dem Ungesäuertes vorgelegt wurde, beweisen, daß der Herr Brot aß [51]. Auch nach seiner Auferstehung von den Toten aß er vierzig Tage Brot mit ihnen, « damit ihnen das menschliche Tun und Wesen unseres Herrn und seine körperliche Leiblichkeit gewiß werde » [52]. Diese auffallend starke Betonung der wahren

[44] In diesem Zusammenhang wird OVERBECK, 236, 18-21 die Strafandrohung *1.Sam. 2, 30 zitiert.*

[45] OVERBECK, 236, 24-25.

[46] OVERBECK, 236, 26. Ob Rabbula dieser Bezeichnung dogmatisches Gewicht zugemessen hat, muß dahingestellt bleiben.

[47] Aus einem Gespräch mit Clemens wird eine Antwort des Petrus angeführt, cf. OVERBECK, 237, 5-8. Dieses Zitat ist nicht näher identifizierbar. Es stammt wahrscheinlich aus apokryphen Petrusakten oder gar Petrusromanen.

[48] OVERBECK, 237, 8ss. Der Geschichte vom Verkauf seines Gewandes für Brot wird das Zitat von *1.Tim.* 6, 8 angefügt.

[49] OVERBECK, 237, 14-15. Zu dieser Vorstellung der « Nachahmung », die der Hagiograph von Rabbula übernommen hat, cf. *supra,* 9.

[50] OVERBECK, 237, 15-18. Diese « Verachtung des menschlichen Wandels unseres Gottes » ist hier keine Feststellung, sondern die Erwägung einer Möglichkeit. Mit ܡܕܒܪܢܘܬܐ wird die im Erdenleben des Logos sich erfüllende Heilsökonomie bezeichnet.

[51] OVERBECK, 237, 18ss.

[52] OVERBECK, 237, 26-27. Als Beweis dient das Zitat von *Apg. 1,21* und der Hinweis auf das Brotbrechen Jesu in Emmaus. Von dem Auferstandenen wird mit Betonung eine « körperliche Leiblichkeit » ausgesagt.

Menschlichkeit Christi kann sich für Rabbula in diesem Zusammenhang aus der inneren Konsequenz seiner Argumantation ergeben haben, denn Jesus als wirklicher Mensch muß auch normales Brot als tägliche Nahrung zu sich genommen haben. Wollen sich Christen nur vom eucharistischen Brote nähren, verleugnen sie die echte Menschheit Jesu. Es besteht aber auch die andere Möglichkeit, daß Rabbula diesen Akzent setzt, um tatsächliche gnostisch-doketische oder auch apollinaristische Tendenzen bei den Wandermönchen von Perrha zu widerlegen. Leider sind wir über die inneren Motive dieser Abendmahlspraxis nicht näher unterrichtet, sodaß solche Einflüsse eindeutig aufgezeigt werden könnten.

Eine gewisse Schwierigkeit besteht für Rabbula darin, die Anhänger dieses Mißbrauches nach den bisher gewohnten Kategorien zu klassifizieren. Sie schließen sich nicht den Irrlehrern an, sie stimmen aber auch mit ihren Werken nicht mit der Wahrheit überein [53]. Sie sind nicht « getrennt wie die Marcioniten » [54], sind aber auch nicht in gleicher Weise wie die Christen « asketisch » [55]. Auch können sie nicht mit den Heiden verglichen werden, weil sie sich nicht an ihren « falschen Opfern » beteiligen [56]. Noch einmal konstatiert Rabbula : « Es ist für uns recht, gewöhnliches Brot mit Mäßigung zu essen, aber das Zeichen unseres wahren Lebens sollen wir mit Unterscheidung empfangen » [57]. Zuletzt kommt der Mönch und Seelsorger zu dem abschließenden Urteil, daß es sich doch im tiefsten Grunde hier um ein Problem der christlichen Lebensführung handelt. « Es ist offenbar, daß sie deswegen keine Entbehrungen auf sich nehmen. Wenn sie nämlich wahrhaftig ihre Leiber angehen wollten, so sollten sie sich nicht sättigen, indem sie ausschließlich Brot essen und sie würden mitgenommen, heruntergekommen und schwächlich sein.

53 Overbeck, 238, 5-6.

54 Overbeck, 238, 7. Gemessen an den Ausführungen des Hagiographen (cf. *supra*, 99) kann diese Erwähnung der Marcioniten nur zufällig sein. Es kann daraus nicht auf die Bedeutung dieser Häresie im Vergleich zu anderen Sekten zur Zeit Rabbulas geschlossen werden.

55 Overbeck, 238, 7-8. ܚܒܘܠܐ = asketisch, selbstverleugnend als charakteristisch für wahrhaftes Christentum.

56 Overbeck, 238, 8-10. Mit ܟܦܘܪ̈ܐ können Heiden, aber auch Apostaten gemeint sein.

57 Overbeck, 238, 11-13. Statt ܐܪܙܐ wird hier der Korrelatbegriff ܛܘܦܣܐ = Zeichen, Symbol verwandt (das Vorgesetzte).

So ist aber dies klar und deutlich, daß jene weder mit ihren Leibern kämpfen noch Satan züchtigen, sondern stattdessen sich um eitle Ehre abmühen auf dem Wege böser Künste und nicht durch die Leiden der Selbstverleugnung» [58]. Durch diese Betrachtungsweise werden natürlich die vorausgehenden dogmatischen Gesichtspunkte etwas relativiert und als theologische Spekulationen über mögliche Motive und Konsequenzen dieses Eucharistiemißbrauches qualifiziert. Aber gerade deshalb geben sie uns einen interessanten Einblick in die Gedankenwelt Rabbulas.

Nach der Analyse des Briefes gilt es, die theologiegeschichtliche Position des sichtbar gewordenen Eucharistieverständnisses zu bestimmen. Tief in der altchristlichen Tradition ist die elementare Aussage verwurzelt, daß durch ihre Vereinigung mit dem Logos die eucharistischen Elemente zum Lebensbrot werden. Während aber bei Justin nicht mehr eindeutig festgestellt werden kann, ob es sich bei der von ihm erwähnten Logosepiklese um ein bloßes theologisches Interpretament oder um ein liturgisches Stück des eucharistischen Gebetes handelt [59], ist bei Rabbula unschwer der Hintergrund seiner christologischen Anschauungen zu erkennen. Die Verbindung des Logos mit Brot und Wein wird in strikter Analogie gesehen mit seiner Fleischwerdung. Im 5. Jahrhundert kann diese Anschauung nicht mehr auf liturgischem Ideengut, sondern nur noch auf der Tradition alexandrinischer Theologie beruhen, wie sie in der Konstantinopler Rede Rabbulas zutage tritt. Gleichwohl ist nicht zu übersehen, daß in dem Brief an Gamallinus auf diesem Theologumenon nicht das Schwergewicht des Gedankenganges liegt. Es ist vielmehr die Leben verleihende Kraft der Eucharistie, der das Hauptinteresse Rabbulas gehört, ein für das syrisch-hellenistische Christentum typisches Interpretationsmotiv, das schon bei Ignatius

[58] Overbeck, 238, 19-26.

[59] Cf. Justin, Ap. I 66, 2. Zur genaueren Exegese von *δι' εὐχῆς λόγου τοῦ παρ' αὐτοῦ* cf. O. Perler, *Logos und Eucharistie nach Justin I.Apol.66*, *Divus Thomas* 18 (1940), 296-316 und J. Betz, *Die Eucharistie in der Zeit der griechischen Väter*, Bd. I, 1 : *Die Aktualpräsenz der Person und des Heilswerkes Jesu im Abendmahl nach der vorephesinischen Patristik*, Freiburg 1955, 268-272, wo der Nachweis erbracht wird, daß der Ausdruck nur mit « durch ein Gebet um den Logos » übersetzt werden kann. Zur Epiklese in orientalischen Riten im Allgemeinen cf. *Hanssens*, *Institutiones*, III, 454-463.

expressis verbis zum Ausdruck kommt [60]. Unmittelbar veranlaßt ist bei Rabbula diese Interpretation durch seine in der christologischen Kontroverse ausgeprägte Vorliebe für das Johannesevangelium, dessen eucharistische Rede mit ihrem starken Akzent auf der Lebensmacht des Fleisches und Blutes Christi sich seinen Reflexionsimpulsen zur Beweisführung anbot.

Wie tief verwurzelt dieses Motiv aber auch in der spezifisch syrischen Denktradition ist, zeigt ein Blick auf Ephräm. Als charakteristisches Beispiel sei hier eine Strophe aus den Hymnen De Fide angeführt. « Dein Brot tötet den Gierigen, der uns zu seinem Brot machte. — Dein Kelch vernichtet den Tod, der uns schlürfte. — Wir aßen dich, o Herr, und tranken dich, — nicht um dich zu vertilgen, sondern um durch dich zu leben » [61]. Wie wir sahen, steht dieses johanneische Lebensmotiv bei Rabbula in engem Zusammenhang mit dem Empfang des Pneumas durch die Eucharistie. In dieser Verbindung von Geist und Leben als Wirkung der Kommunion liegt für ihn die tiefste Bedeutung des Heiligen Mahles beschlossen. Ein ähnlicher Zusammenhang begegnet uns nun aber auch immer wieder bei Ephräm. Im Vollzug der Eucharistie verbindet sich für ihn der Geist mit den Elementen und wird den Kommunikanten zuteil. « Im Brote nämlich ist Speise geworden — die Kraft, die man nicht essen kann, — im Wein ist zum Trank geworden — die Gewalt, die man nicht trinken kann » [62]. Daß hier die Kraft und die Gewalt des Geistes gemeint sind, ergibt sich aus der Verwendung des Sinnbildes des Feuers und der Wärme. « Ein Symbol des Geistes ist in ihr (sc. der Wärme) * und ein Typus des heiligen Geistes, — der sich mit dem Wasser mischt, * damit es zur Entsühnung werde, — und der sich mit dem Brot vermengt, * damit es zur Opfergabe werde » [63].

[60] Ignatius, *Eph.* 20, 2 : *ἑν ἄρτον κλῶντες, ὅς ἐστιν φάρμακον ἀθανασίας, ἀντίδοτος τοῦ μὴ ἀποθανεῖν, ἀλλὰ ζῆν ἐν 'Ιησοῦ Χρίστῳ διὰ παντός.*

[61] 18.Strophe des 10.Hymnus : Beck, 51, 24-52, 2; Übers. Beck 36, 4-7. Über die Entstehung dieser Hymnen urteilt Ortiz de Urbina, *Patrologia*, 65 : « Dicendum ergo est hymnos compositos esse Edessae ultimis annis vitae E., qui etiam ad initia Apollinarismi alludere videtur ». Es ist also durchaus wahrscheinlich, daß Rabbula die Gesänge Ephräms kennenlernte. Über weitere Einflüsse der theologischen Gedankenwelt Ephräms auf Rabbula, cf. infra, 136ss und 145ss.

[62] *6.Hymnus de fide*, 4.Strophe; Beck, 25, 21-24; Übers. Beck, 19,19-21.

[63] *40. Hymnus de fide*, 10.Strophe; Beck, 132, 13-15; Übers. Beck, 109, 11-14. Zu der Terminologie von ܐܪܙܐ und ܛܘܦܣܐ in diesem Hymnus cf. Beck, *Symbolum-Mysterium*, 36.

Noch deutlicher heißt es an anderer Stelle: « In deinem Brot ist verborgen nicht zu essender Geist, — in deinem Wein wohnt nicht zu trinkendes Feuer. — Geist in deinem Brot, Feuer in deinem Wein, — erhabne Wunder, die unsere Lippen empfingen... Den geistigen Engeln hat Speise der Körperlichen — Abraham gereicht und sie aßen. — Neues Wunder — unseres Herrn, ein größe(re)s, der die Körperlichen — mit Feuer und Geist speist und tränkt » [64]. Diese Verbindung des Pneumas mit der Materie des Sakraments geschieht für Ephräm analog der Menschwerdung Christi durch den Heiligen Geist [65], ein Gedanke, der bei Rabbula wahrscheinlich von der alexandrinischen Logostheologie verdrängt worden ist.

Die gemeinsame Grundlage dieser pneumatologischen Sicht der Eucharistie bei Ephräm und Rabbula ist in der Geistepiklese des eucharistischen Gebetes zu suchen. Auf die Herabkunft des Pneumas bei der Feier der Eucharistie bezieht sich Ephräm ausdrücklich in seinen Hymnen auf Julian Saba, der eine Wallfahrtskapelle auf dem Berge Sinai errichtete und dort die Eucharistie feierte. « Mose hatte einen Altar für Opfer(tiere) errichtet/und das Blut der Tiere auf ihn gesprengt./Saba errichtete den heiligen Altar/und brach auf ihm dort den lebendigen Leib.//Die Wolke breitete sich über die Herrlichkeit/jenes vergänglichen Zeltes, das Moses gemacht hatte./Der Heilige Geist stieg dort herab/auf jene Lebensarznei, die Saba brach » [66]. Ebenso wird in den Hymnen De Fide in charakteristischer Verbindung mit dem Lebensmotiv auf die Epiklese angespielt. « Feuer stieg im Zorn herab auf die Sünder und verzehrte (sie). — Feuer der Erbarmung stieg ins Brot herab und wohnte (darin). — Statt jenes Feuers, das Menschen verzehrte, — aßet ihr Feuer im Brot und fandet Leben.(13) Auf die Opfer des Elias stieg Feuer herab und verzehrte (sie). — Feuer der Liebe wurde für uns zum

[64] *10.Hymnus de fide*, 8. und 11.Strophe; Beck, 50, 9-12. 21-24; Übers. Beck, 34, 21-24; 35, 3-6.

[65] Besonders bemerkenswert ist hier der *10.Hymnus de fide*, 17.Strophe; Beck, 51, 20-23; Übers. Beck, 35, 27-36, 3: « Siehe Feuer und Geist im Schoße deiner Gebärerin. — Siehe Feuer und Geist im Fluß, in dem du getauft wurdest. — Feuer und Geist in unserer Taufe. — Im Brot und im Kelch Feuer und heiliger Geist ».

[66] *De Juliano Saba*, Lamy III, 911, 1-8; die Übersetzung bei Beck, *Die Eucharistie*, 55.

Opfer des Lebens. — Feuer verzehrte die Opfergaben. — Dein Feuer, o Herr, aßen wir in deinen Opfergaben» [67].

In welcher Liturgie ist aber nun der geistige Nährboden für diese Gedankengänge zu suchen? Da die im 8.Buch der Apostolischen Konstitutionen enthaltene sogenannte Klementinische Liturgie [68] nur die in Antiochien im 4.Jahrhundert übliche Gottesdienstform repräsentiert, die kaum in das syrische Hinterland vorgedrungen ist [69], kommt für Edessa nur die original syrische, von griechischen Einflüssen fast unberührte Liturgie der Apostel Addai und Mari in Frage [70]. In ihr finden wir eine urtümliche Form der Epiklese, die weit älter ist als alle ähnlichen Gebete des griechischen Sprachbereiches [71]. Es handelt sich um eine Konsekrations- und Kommunionsepiklese, die charakterisiert ist durch ihre klare Ausrichtung auf die Auferstehung der Toten und das neue Leben im Reiche Gottes. Sie ist an Christus gerichtet und bittet um die Herabkunft seines Heiligen Geistes. Natürlich ist zu fragen, ob nicht schon bei Ephräm, aber sicherlich dann bei Rabbula, der Heilige Geist nicht mehr modalistisch als Geist Jesu Christi, sondern als dritte Person der Trinität verstanden wird. Nach dem Konzil von Konstantinopel wird dieses archaische Verständnis des Geistes auch in Syrien nicht mehr möglich gewesen sein. Ebenso wurde das in einer rein jüdischen Tradition stehende eschatologische Verständnis des ewigen Lebens von einer mehr hellenistischen Auffassung im johanneischen Sinne abgelöst. Trotzdem sind die Gedankengänge Ephräms und Rabbulas über die Verbindung von Geist und Eucharistie im Zusammenhang mit

67 *10.Hymnus de fide*, 12. und 13.Strophe; BECK, 50, 25-51, 7; Übers. BECK, 35, 7-14. Weitere Belege bei BECK, *Eucharistie*, 55.

68 Cf. VIII, 10-15; FUNK, *Didascalia*, 489-521.

69 Eine Darstellung des Gottesdienstes nach der Klementinischen Liturgie bei H. LIETZMANN, *Geschichte der Alten Kirche*, Bd.III (2. Aufl.), Berlin 1953, 293-299. Die Frage nach ihrem Autor und ihrer Verbreitung wird behandelt von G. DIX, *The treatise on the Apostolic Tradition of St. Hippolytus of Rome*, London 1937, LXXI-LXXIV.

70 Text und Analyse des eucharistischen Hochgebetes bei IGNATIUS EPHREM RAHMANI, *Les Liturgies Orientales et Occidentales*, Beyrouth 1929, 317-332; C. RATCLIFF, *The original form of the Anaphora of Addai and Mari: a suggestion*, JThSt 30 (1929), 23-32; H. ENGBERDING, *Urgestalt, Eigenart und Entwicklung eines altantiochenischen eucharistischen Hochgebetes*, OCP 29 (1932), 216-226 und zuletzt DIX, *Liturgy*, 178-187.

71 Cf. DIX, *Liturgy*, 182-185 und B. BOTTE, *L'épiclèse dans les liturgies syriennes orientales*, *Sacris erudiri* 4 (1954), 48-72, zuvor schon seinen Aufsatz *L'Anaphore chaldéenne des Apôtres*, OCP 15 (1949), 259-276.

dieser Traditionslinie zu sehen. Die im Bereich der griechischen Theologie zum ersten Male von Cyrill von Jerusalem entwickelten pneumatologischen Aspekte der Eucharistie sind im Vergleich zu dieser syrischen Tradition sekundär und sind wohl kaum von einem rückwirkenden Einfluß gewesen [72].

Ein anderes Indiz für diesen Sachverhalt sind die Ausführungen der aus dem 3.Jahrhundert stammenden syrischen Didascalia [73] über das Beziehungsverhältnis von Eucharistie und Heiligem Geist. Es wird hier gegen die merkwürdige Sitte polemisiert, sich zeitweise vom Gebet, von den Schriften und von der Eucharistie zu enthalten. Diese Askese ist aber deshalb unmöglich, weil sie den Verlust des Geistes zur Folge hat, «denn das Gebet wird durch den Heiligen Geist erhört, die Eucharistie durch den Geist angenommen und geheiligt und die Schriften sind die Worte des Geistes. Wenn der Heilige Geist in dir ist, warum zögerst du, dich den Werken des Geistes zu nähern... Was ist größer, das Brot oder der Geist, der das Brot heiligt?» [74]. Wie man auch immer diese Stelle interpretieren mag, so ist doch das eine deutlich, daß durch die Wirksamkeit des Geistes bei der Eucharistie zugleich auch die Kommunikanten von diesem Geiste erfüllt werden. Wir haben also hier eine uralte syrische Konzeption vor uns, die sich in verschiedenen Modifikationen bei Ephräm und dann auch bei Rabbula auswirkt, der in neuer Terminologie sagen kann, daß durch die Eucharistie « Gott in uns ist durch seinen Geist, wie wir in ihm sind durch unseren Leib » [75]. Der zweite Teil des Satzes ist nur ein Ausdruck des doppelseitigen Aspektes der Partizipation am Leibe Christi. Wie durch die pneumatisch durchwirkten Elemente Gottes Geist in dem Kommunikanten Wohnung nimmt, so gilt zugleich, daß wir auch durch den leibhaften Vollzug, durch die leibhafte Aufnahme der Elemente im Essen und Trinken mit dem Geist Gottes verbunden werden, also in Gott, dem Geist sind. Und dieser Geist macht lebendig, schenkt das den Tod überwindende ewige Leben. Gegenüber den anderen im Brief an Gamallinus anklingenden Interpretationen, wie zum Beispiel dem Opfercharakter und der sühnenden

[72] Zur Epiklese in der griechischen Theologie des 4.Jahrhunderts cf. Belege und Literatur bei Blum, *Eucharistie*, 46s.

[73] Cf. Connolly, *Didascalia*.

[74] Connolly, *Didascalia*, 244. Auf die Epiklese wird noch einmal p. 252 angespielt.

[75] Overbeck, 234, 20-21.

Wirkung der Eucharistie, liegt das Hauptinteresse Rabbulas eindeutig in diesem pneumatologischen Gesichtspunkt [76].

Das bisher analysierte längere Stück des Briefes an Gamallinus endet mit dem Satz: « Der Rest des Briefes enthält wieder Argumente aus den Schriften » [77]. Es ist nicht mehr festzustellen, ob es sich hierbei um eine Fortsetzung des Schreibens handelt, bei der neue Gedanken entfaltet werden, oder lediglich um einen Anhang biblischer Beweisstellen. Wenigstens ist der Schluß des Briefes von dem Abschreiber der Handschrift weggelassen worden, weil er ihm als überflüssig erschien und nichts Neues zu dem dargelegten Thema beitrug. Schon aus diesem Grunde ist es höchst unwahrscheinlich, daß das durch eine andere Handschrift überlieferte Brieffragment die fehlende Fortsetzung ist. Es ist nicht zu erkennen, daß hier tatsächlich der Schluß des angefangenen Briefes vorliegt. Außerdem ergeben sich aus der inhaltlichen Analyse des Fragmentes gewichtige Indizien, die eine Autorschaft Rabbulas ausschließen. Diesen Überlegungen sei jedoch eine genaue Übersetzung vorangestellt.

« Aus dem Briefe des heiligen Rabbula, Bischof von Edessa, an Gamallinus, Bischof von Perrha. Diejenigen, die im Glauben das heilige Brot essen, die essen in ihm und mit ihm den Leben verleihenden Leib des heiligmachenden Gottes. Die aber ohne Glauben ihn essen, die empfangen Speise wie anderen Unterhalt des Leibes. Wenn nämlich dieses Brot gewaltsam von Feinden geraubt und verzehrt würde, so würden sie gewöhnliches Brot essen, weil ihnen der Glaube fehlt, der seiner Süßigkeit inne wird. Das Brot kostet nämlich der Gaumen. Die in dem Brote verborgene Kraft kostet aber der Glaube. Das was gegessen wird, ist nicht allein der Leib unseres Lebensspenders, wie wir schon kurz vorher gesagt haben, sondern das, was mit ihm verbunden ist, wie wir glauben. Denn es verbindet sich die Kraft, die nicht verzehrbar ist, mit dem eßbaren Brot und wird damit eins für den Empfänger, wie auch die verborgenen Namen sich mit dem sichtbaren Wasser verbinden, sodaß aus ihm die Wiedergeburt hervorgebracht wird. Auf verborgene Weise schwebt der Geist über dem sichtbaren Wasser, um daraus auf neuem Wege das Ebenbild des himmlischen Adam hervorzubringen » [78].

[76] Auch Rabbulas pneumatisches Selbstbewußtsein ist wahrscheinlich hierdurch zu erklären, cf. OVERBECK, 232, 26-27: « Es bezeugt mir der Geist, der in mir ist... ».

[77] OVERBECK, 238, 26-27.

[78] OVERBECK, 230, 1-232, 4.

Diese Ausführungen haben zwei Anhaltspunkte in dem längeren Fragment des Briefes an Gamallinus. In positiver Hinsicht sind es die Gedanken Rabbulas über die Verbindung des Pneumas mit den Elementen der Eucharistie, die hier aufgegriffen und in einem Vergleich mit der Taufe präzisiert werden. In negativer Hinsicht ist es die unklar zum Ausdruck gekommene Anschauung Rabbulas über die Bedeutung des Glaubens für die Realität des Leibes und Blutes Christi in den empfangenen eucharistischen Elementen [79], die hier zum Anlaß genommen wird, um in einer bestimmten Richtung konsequent weiterzudenken und so zu einer klaren Schlußfolgerung zu kommen. Hier sollte eine offene Frage geklärt werden, um den späteren Lesern des Briefes an Gamallinus unnötige Zweifel zu ersparen und damit auch eine klare und dogmatisch eindeutige Position gegenüber einem in asketischen Kreisen geübten Eucharistiemißbrauch zu gewinnen. Das Ergebnis dieser Reflexion war in der syrischen Tradition vorgezeichnet und brauchte nur noch profiliert zu werden. — Schon bei Ephräm finden sich Ansätze für die Ablehnung einer manducatio impiorum. In seinen Hymnen De Nativitate führt er aus, daß eine gnadenvolle Kommunion den Geistbesitz voraussetzt. «Das Brot ist geistig * wie sein Geber, — (Nur) Geistigen gibt es Leben * auf geistige Weise. (98) Und wer es nimmt * auf körperliche Weise, — ohne Unterscheidung, nimmt es * ohne Nutzen. (99) Das Brot des Erbarmens, * einsichtsvoll (unterscheidend) — nimmt es der Geist * als Lebensarznei» [80]. Es ist sehr zweifelhaft, ob dieser Gedankengang schon eine Unterscheidung zwischen der objektiven Realität und der gnadenvollen Wirkung des Sakramentes beinhaltet. Aber ein wirklich wirksamer Empfang kann nur durch den vom Heiligen Geist erfaßten menschlichen Geist geschehen. Es bleibt offen, von wem das Brot lediglich auf körperliche Weise und ohne Nutzen genommen wird. Kann es sich hier um Ungetaufte oder auch um sündige und irrgläubige Christen handeln? Für Ephräm zeigt sich am deutlichsten am Beispiel des Judas in welchem Falle die Eucharistie den Geist nicht spendet. «Er tunkte ein und gab das Brot * dem unsichtbar Toten. — Es war ein Brot von dem die Lebensarznei abgewaschen war./Es hatte der Allbelebende den Segen gesprochen

[79] Cf. *supra*, 118, die Ausführungen zu Overbeck, 235, 17-21.

[80] *4.Hymnus*, 97-99.Strophe, Beck, 34; Übers. Beck, 30-31. Zur näheren Analyse des Geistbegriffes dieser Stelle cf. Beck, *Eucharistie*, 59-60.

* über jener Speise — und es war zur Lebensarznei geworden * vor den Essenden./Das Brot nun, von dem die Segen(sworte) abgewaschen waren, — empfing der Verfluchte * die zweite Schlange» [81]. Der Bissen, der nach Joh.13 27 dem Judas von Jesus gegeben wird, ist für Ephräm schon das eucharistische Brot, aber durch das Eintauchen in Wasser wird das Geistfeuer in ihm ausgelöscht. Eine ähnlich Entbindung des Geistes ist also auch bei jeder manducatio impiorum zu folgern. Diese Konsequenz ist ausgesprochen in den nachephrämischen Prosasermones In Hebdomadam Sanctam. «Es nahm unser Herr Jesus zu Anfang schlichtes Brot in seine Hände und segnete es, bezeichnete es und heiligte es im Namen des Vaters und im Namen des Geistes und brach es und teilte es aus an seine Jünger... Das Brot nannte er seinen lebendigen Leib und erfüllte es mit sich selber und mit dem Geist... Nehmet hin und esset im Glauben und zweifelt nicht, daß dies mein Leib ist. Und wer es im Glauben ißt, ißt darin Feuer und Geist. Wer aber zweifelt und ißt, für den ist es schlichtes Brot» [82]. Später heißt es dann bei der Kommunion des Judas: «Da tauchte Jesus das Brot in Wasser, wischte (so) den Segen von ihm weg und gab es dem Judas...» [83]. Allerdings ist festgehalten, daß auch der Sünder den wahren Leib Christi empfangen kann. «Und wer glaubt und das in meinem Namen geheiligte Brot ißt, den wird (das Brot) wenn er rein ist, bewahren, und wenn er Sünder ist, wird er entsühnt werden» [84]. Es ist also weniger irgendeine Sünde als vielmehr absoluter Unglaube, der die Wirklichkeit des Leibes und Blutes Christi für den Empfänger unmöglich macht. Gerade diese Überzugeung wird mit aller wünschenswerten Klarheit in dem kürzeren Fragment des Briefes an Gamallinus ausgesprochen. Wir haben es hier mit einem kurzen theologischen Traktat zu tun, der dem echten Brief als Anhang beigefügt wurde, um eine ungelöste dogmatische Frage zu klären. Die Anschauung, die hier dargelegt wird, liegt auf der Linie der bei Ephräm und seinen Nachfolgern [85] sichtbar wer-

[81] *De azymis*, XIV 15-17; Beck, 24, 5-10; Übers. Beck, 19, 23-29.

[82] *Sermo 4*, 4; Lamy I, 415; Übers. Beck, *Eucharistie*, 62.

[83] *Sermo 4*, 6; Lamy I, 421; Übers. Beck, *Eucharistie*, 62.

[84] *Sermo 4*, 4; Lamy I, 417; Übers. Beck, *Eucharistie*, 62, dort auch die weitere Diskussion der angeführten Belege.

[85] Damit sind jene Theologen gemeint, die unter dem Namen Ephräms ihre Schriften veröffentlichten oder deren Arbeiten wegen ihrer großen Affinität zu dem großen Lehrer später unter seinen Namen gestellt wurden.

denden theologischen Denktradition, die dann später in der westsyrischen monophysitischen Kirche ihre Fortsetzung findet [86]. Wenn es auch offen bleiben muß, ob Rabbula selbst eine Folgerung in diese Richtung gezogen hat, so ist ihm doch mit Ephräm und dem Verfasser des dogmatischen Anhanges seines Briefes an Gamallinus jenes durch und durch pneumatologische Verständnis der Eucharistie gemeinsam, das ebenso in der theologischen Tradition der späteren syrischen Kirche fest verwurzelt ist [87]. Die gleiche Gemeinsamkeit gilt mit größter Wahrscheinlichkeit auch für die Betrachtungsweise, bei der sowohl in der Eucharistie als auch bei der Taufe sich der Geist mit den Elementen des Sakraments verbindet. Die Anschauung von der Analogie zwischen diesen beiden « Geheimnissen » kann ebenso schon bei Ephräm nachgewiesen werden [88] und ist ein grundlegendes Theologumenon der syrischen Tradition [89].

Wir gehen also nicht fehl, wenn wir den Verfasser des Anhanges in den Kreisen suchen, die das Schrifttum Ephräms bewahrten und überlieferten und im Geiste des großen Lehrers an der Lösung der theologischen Probleme ihrer eigenen Zeit arbeiteten. Der Anhang des Briefes an Gamallinus zeugt nicht nur von dem Bemühen um theologische Klärung offener Fragen, sondern ebenso auch von dem Bestreben, Rabbula eindeutig in die Linie einer original syrischen Tradition einzuordnen. Seine offenbar theologisch begründete Überzeugung, daß nur ungesäuertes Brot bei der Eucharistie gebraucht werden dürfte, machte vielleicht einen späteren Leser des Briefes auf die noch ungeklärte Frage seines Eucharistieverständnisses aufmerksam. Denn diese Überzeugung stand im Widerspruch zu der Anschauung Ephräms [90] und ist innerhalb der syrischen Kirche

[86] Cf. de Vries, *Sakramententheologie*, 152ss. Allerdings ist es anachronistisch, daß hier die Besprechung dieses Themas vom Kriterium der Transsubstantiationslehre her vorgenommen wird. Aber auch ohne diesen Maßstab bleibt von Philoxenus bis Barhebraeus eine manducutio impiorum sehr zweifelhaft. Völlig gegenstandslos sind deshalb auch die apologetischen Gedankengänge bei Bickell, 258.

[87] Cf. de Vries, *Sakramententheologie*, 163-171.

[88] Cf. *supra*, n. 65 das Zitat aus dem *10.Hymnus de fide.* Weitere Belege bei Beck, *Eucharistie*, 51.

[89] Cf. de Vries, *Sakramententheologie*, 45 : « Aus Materie und Geist zusammengesetzte Geheimnisse.

[90] Cf. *De azymis*, VI, 4-7; Beck, 13, 11-18; Übers. Beck, 11, 19-26 : « Unser Herr aß das Pascha * mit seinen Jüngern. — Durch das Brot, das er brach, * schwand das Ungesäuerte. / Das Brot des Allbelebenden * gab Leben den Völkern — statt des Unge-

singulär [91]. Sie ist nur durch alexandrinischen Einfluß erklärbar und hat aufs Ganze gesehen zu keiner Änderung der syrischen Abendmahlspraxis geführt. Schließlich handelt es sich hierbei auch nur um einen peripheren Punkt, an dem die Rezeption griechischen Denkens nachgewiesen werden kann. Die Herzmitte des eucharistischen Denkens Rabbulas mit seiner eindrucksvollen pneumatologischen Dominante ist durchpulst vom Blutstrom einer original syrischen Tradition, die vom Westen her fast völlig unbeeinflußt ist [92] und als Ausdruck eines spezifisch orientalischen Sakramentsverständnisses gelten kann.

III. Rabbulas Predigt in Konstantinopel

1. Die Echtheitsfrage.

Nur einmal kommt der Hagiograph direkt auf Rabbulas theologische Anschauungen zu sprechen. Nach der Schilderung der Irrlehre des Theodor und seines Schülers Nestorius zählt er die Gegenargumente des Bischofs von Edessa auf und gibt damit eine kurze Zusammenfassung seiner Christologie [1]. Dann berichtet er von seiner Reise nach Konstantinopel, wo er öffentlich die nestorianische Irrlehre widerlegte. Die « in der großen Kirche vor dem Tyrannen gehaltene Predigt » [2] soll im Anschluß an die Lebensbeschreibung mitgeteilt werden [3].

säuerten, * dessen Esser starben./Die Kirche gab uns * das lebendige Brot — statt jenes ungesäuerten, * das Ägypten gab./ Maria gab uns * das Brot der Erquickung — statt der Ermüdung, * das Eva gab ».

[91] Cf. de Vries, *Sakramententheologie*, 155ss über die Materie der Eucharistie.

[92] Es ist eine noch bisher ungelöste Aufgabe der liturgie-und dogmengeschichtlichen Forschung, das Beziehungsverhältnis zwischen der griechischen und syrischen Auffassung vom Wirken des Pneumas bei der Eucharistie, besonders im 4.Jahrhundert zu klären. Die älteren Quellen und Belege, die hierüber Aufschluß geben, stammen zweifellos aus dem syrischen Raum.

[1] Overbeck, 197, 9-198, 7.

[2] Overbeck, 198, 24. Mit der « großen Kirche » ist entweder die Irenenkirche gemeint, in der 381 sich die Väter des zweiten Ökumenischen Konzils versammelten oder die nicht unweit von ihr 360 erbaute Vorgängerin der Hagia Sophia. Mit « Tyrann » wird vielleicht die von Ibas auf Rabbula gemünzte polemische Bezeichnung an seinen Lehrer zurückgegeben.

[3] Overbeck, 198, 23. ܟܬܒ kann hier mit « abschreiben » oder « kopieren » wiedergegeben werden.

Um ein klares Bild der Theologie Rabbulas zu erhalten, ist es erforderlich, von dieser in Konstantinopel gehaltenen Predigt als dem ältesten Zeugnis seiner persönlichen Anschauungen auszugehen und das Ergebnis der inhaltlichen und theologiegeschichtlichen Analyse mit der Darstellung des Hagiographen zu konfrontieren. Erst dann kann Rabbulas Rolle bei den christologischen Auseinandersetzungen im Zusammenhang mit dem Konzil von Ephesus untersucht werden. Da der Hagiograph über diese Vorgänge keine Auskunft gibt, sind wir hier auf wenige Brieffragmente und andere Quellen angewiesen.

Die Bemerkung des Hagiographen, daß er die in Konstantinopel gehaltene Predigt Rabbulas niederschreiben werde, erweist sich durch den überlieferungsgeschichtlichen Befund als richtig. Die Handschrift Mus.Brit.Add.14652 enthält neben der Lebensbeschreibung und anderen Stücken auch eine Rede [4], die die Überschrift trägt: « Die Predigt, die Mar Rabbula, Bischof von Edessa, in der Kirche von Konstantinopel vor dem ganzen Volk gehalten hat ». Natürlich handelt es sich um die syrische Übersetzung eines griechischen Originals, die vom Hagiographen vorgefunden oder selbst angefertigt wurde. Die unleugbare lebendige Form und verschiedene persönliche Bemerkungen sind eindeutige Indizien für die Autorschaft Rabbulas. So erwähnt der Prediger, daß er ein ländlicher Mensch sei, mit Landleuten zusammen wohne und meistens syrisch spreche [5]. Etwas später bittet er seine Zuhörer um Verzeihung, weil er weder seine Predigt auswendig gelernt noch aufgeschrieben habe, sondern vielmehr ohne Vorbereitung spreche und deshalb auch ohne besondere Redekunst [6].

Bei dem vorliegenden Text muß es sich also um eine nachträglich übersetzte Mitschrift handeln, deren letzter Teil allerdings verlorengegangen ist. Es besteht kein hinreichender Grund, diese Ansprache für eine Fälschung zu halten, da das Zeugnis des Hagiographen von

[4] OVERBECK, 239-244.

[5] OVERBECK, 241, 11-12. Aus der Vita geht hervor, daß Rabbula auch als Bischof von Edessa sich nie als Städter gefühlt hat, sondern immer das mit dem Landleben eng verbundene monastische Ideal auch unter städtischen Verhältnissen verwirklichen wollte.

[6] OVERBECK, 243, 4ss. Auch dieser Zug paßt gut zu dem vom Hagiographen gezeichneten Charakterbild.

ihren besonderen Merkmalen bestätigt wird [7]. Aber erst die inhaltliche Analyse kann den vollen Beweis für die Authentizität dieser Predigt erbringen.

2. Das Thema « Wissen und Glauben » und sein theologiegeschichtlicher Hintergrund.

Es ist nicht ganz sachgemäß, wenn Bickell die Ansprache Rabbulas in Konstantinopel als Predigt gegen den Nestorianismus bezeichnet [1], denn nur der uns erhaltene letzte Teil handelt von der Christologie. Nach einer kurzen captatio benevolentiae spricht Rabbula nämlich zuerst von der Möglichkeit und den Quellen echter Erkenntnis. In Anlehnung an paulinische Gedankengänge aus dem Römerbrief Kapitel 1-2 führt er aus, daß durch den freien Willen des Menschen die Sünde zur Herrschaft gelangt sei und deshalb sein natürliches Erkenntnisvermögen des Guten getrübt ist. Auch durch das geschriebene Gesetz konnte diese « Einsicht in unsere Natur » [2] nicht wieder erweckt werden. Die Menschen hatten nicht mehr die Kraft, die Erkenntnis des Guten und die Mahnung des Gesetzes zu erfüllen [3]. Nur durch die lebendigmachende Gnade, die allen Menschen offenbar wurde, können sie wieder ein gottwohlgefälliges Leben führen [4]. Durch die Menschwerdung des Herrn und sein Leiden wird uns die sittliche Kraft verliehen, auch tatsächlich seine Gebote zu erfüllen [5].

Es ist kein Zufall, daß Rabbula seine Rede in Konstantinopel ausgerechnet mit diesen Ausführungen beginnt. Die pelagianischen Streitigkeiten hatten auch auf den Osten übergegriffen, und Julian von Aeclanum, ein erklärter Anhänger des Pelagius, hatte nach seiner Exkommunikation Aufnahme bei Theodor von Mopsuestia und dann bei Nestorius gefunden. Rabbula scheint hierauf indirekt

[7] Die Echtheit wird von Burkitt, *Urchristentum*, 77 vorausgesetzt, ohne Begründung aber von Schwartz, *Konzilstudien*, 23 n. 1 bestritten. Von Peeters, *Rabboula*, 163 wird dieses apodiktische Urteil ohne Diskussion übernommen, ebenso von Ortiz de Urbina, *Patrologia*, 98.

[1] Bickell, 238.

[2] Overbeck, 239, 15; ܝܕܥܬܐ ܕܟܝܢܢ. Eine ähnliche Ausdrucksweise findet sich 240, 4

[3] Overbeck, 240, 2-5; als Ursache wird die Schwäche des Fleisches genannt.

[4] Overbeck, 240, 5-9.

[5] Overbeck, 240, 1-13; es ist auffallend, daß die Gnade hier nur in der Inkarnation und im Leiden des Herrn und nicht ausdrücklich in der Auferstehung begründet wird.

Bezug zu nehmen, und es gelingt ihm damit zugleich auch, das von seinem monastischen Ideal her geprägte Hauptanliegen der vollkommenen Erfüllung des Gesetzes gegen Mißverständnisse abzuschirmen und mit dem zur Debatte stehenden dogmatischen Problem zu verbinden. Der Ausgangspunkt seiner Überlegungen ist in dem Satz zusammengefaßt: « Die Quelle aller Lehre ist die Gnade, durch die der Herr seine Kirche lehrt und singen läßt » [6]. Auf der Grundlage dieser Erkenntnis kann Rabbula dann die Untersuchungen über Streitigkeiten [7] den geforderten guten Werken kritisch konfrontieren [8]. Es ist ihm zuwider, daß auch vom Mann auf der Straße über die göttliche Majestät disputiert wird [9]. Solche Auseinandersetzungen sind nur eine Ablenkung « von dem Dienst an den Geboten unseres Herrn » [10]. Sie überschreiten das Maß unserer Fähigkeiten und entspringen der menschlichen Hybris. Das Hauptanliegen des Bischofs von Edessa ist es, über den vollkommenen Lebenswandel zur Kirche Gottes zu reden [11]. Dieser vollkommene Wandel liegt in der Erfüllung des Doppelgebotes der Liebe. « Derjenige, der liebt, forscht nicht, sondern gehorcht, und er untersucht nicht, sondern er glaubt » [12]. Nur diese Lehre ist den Seelen von Nutzen und dient der Auferbauung der Kirche Christi [13]. Die Wahrheit über Christus sollte im Schweigen des Glaubens verehrt werden [14]. Wenn über diese Fragen öffentlich geredet wird, so muß dies immer nur als eine Konzession an die Wünsche der Zuhörer betrachtet werden.

So hat Rabbula in eindrücklicher Weise den Wert der dogmatischen Diskussion relativiert, indem er die Wirkung der göttlichen Gnade nicht in erster Linie auf das theoretische theologische Erkennen

[6] Overbeck, 239, 12-14; mit der Aphelpartizip ܡܙܡܪ soll wohl zum Ausdruck kommen, daß auch die Liturgie von der göttlichen Gnade ihr Leben empfängt.

[7] Overbeck, 240, 14-15. 17. 27. Immer geht es hier mit verschiedenen Prädikaten um die ܒܥܬܐ.

[8] Overbeck, 240, 15.

[9] Overbeck, 240, 18-20. Es wird hier auf die Zustände in Konstantinopel angespielt. Die dogmatische Streitfrage war zum Volksgespräch geworden.

[10] Overbeck, 240, 25-26.

[11] Overbeck, 241, 8-10.

[12] Overbeck, 241, 17-18.

[13] Overbeck, 241, 27-242, 1. Bemerkenswert ist hier der ekklesiologische Zusammenhang, in den Rabbula seine Überlegungen stellt.

[14] Overbeck, 242, 7-8.

bezieht, sondern auf das praktisch-sittliche Erkenntnisvermögen des Glaubenden, der nun das Gebot der Liebe zu Gott und den Mitmenschen erfüllen kann. Diese Anschauungen können wohl teilweise auf Rabbulas persönlichen Werdegang und sein monastisches Lebensmilieu zurückgeführt werden. Bringt man aber zugleich auch den stark hervortretenden Gegensatz zum griechischen Denken in Ansatz, so entsteht die Frage, ob wir es hier nicht mit einem spezifischen Zug orientalischer Theologie zu tun haben. Welche Theologen des Ostens können aber Rabbula in seinem Denken beeinflußt haben?

Nichts liegt näher, als nach Verbindungslinien zu Ephräm zu suchen, der nach seiner Vertreibung aus Nisibis durch die Perser im Jahre 363 nach Edessa übersiedelte, um in der Nähe der Stadt als Anachoret zu leben und seine literarische und theologische Lehrtätigkeit fortzusetzen. Eine Reihe seiner bedeutenden Werke, wie zum Beispiel die Hymnen über den Glauben, sind in dieser Zeit entstanden [15]. Es kann deshalb angenommen werden, daß Rabbula, der knapp 40 Jahre nach dem Tode des großen Lehrers nach Edessa kam, dort auch mit den Schriften und Anschauungen Ephräms bekannt wurde. Neben Ephräms Einfluß auf Rabbulas Verständnis der Eucharistie sind auch Übereinstimmungen zwischen beiden Theologen in bezug auf das Thema «Wissen und Glauben» festzustellen. Mit großem Nachdruck warnt Ephräm vor dem Versuch, Gott erforschen zu wollen. In Demut soll der Mensch die Begrenztheit seines Wissens einsehen, denn die wahre Erkenntnis Gottes ist ihm unmöglich, da sie ein gleiches Wesen voraussetzt [16]. Rabbula äußert ähnliche Gedanken, wenn er das Forschen nach Gott mit dem Schauen in die Sonne vergleicht, das dem Auge schadet und dem Objekt völlig unange-

[15] Cf. *supra*, 123 n. 61 das Urteil von *Ortiz de Urbina* über den Entstehungsort der Hymnen über den Glauben. Zum Mönchtum in der Umgebung Edessas cf. *supra*, 86. Die Tätigkeit Ephräms in Edessa behandelt ausführlich VÖÖBUS, *Literary studies*, 51ss. Über Ephräms Rolle als theologischer Lehre führt VÖÖBUS p. 55 aus: «...that Ephrem's activity was related to the beginnings of an untertaking which later developed into an important school». Zum gleichen Thema cf. zuletzt VÖÖBUS, *Asceticism*, II, 88-92. Zur sogenannten «Schule der Perser» cf. *infra*, 169ss.

[16] *Hym. de fide*, 69, 11; BECK, 213, 22-24; Übers. BECK, 185: «Welches Geschöpf * könnte erforschen — die Gottheit? Denn ein Abgrund * liegt zwischen ihm — und dem Schöpfer» *Hym. de fide* 69, 13; BECK, 214, 1-3; Übers. BECK, 185: «Gott * kommt keiner nah — von den Forschern; * doch er ist ganz nah — bei den Verständigen».

messen ist [17]. Ebenso wie Ephräm spricht auch er davon, daß der Offenbarung eigentlich nur das Schweigen des Glaubens angemessen sei [18]. Allerdings finden wir bei Ephräm eine von Rabbula etwas verschiedene Akzentgebung, da bei ihm dem Forschen in der Hauptsache das Schweigen des Glaubens gegenübergestellt ist, während Rabbula die theologischen Untersuchungen deshalb so überflüssig und unnütz findet, weil sie von den guten Werken und der Beobachtung der göttlichen Gebote ablenken [19]. Das Doppelgebot der Liebe und die sogenannte Goldene Regel aus der Bergpredigt bilden hier den tiefsten Kontrast zum eigenmächtigen menschlichen Forschen [20]. Diese Verschiedenheit liegt aber doch im Rahmen einer größeren Gemeinsamkeit, da von beiden Theologen der Glaube als eine sittliche Leistung verstanden wird, für die das Element des menschlichen Willens ausschlaggebend ist [21].

Sowohl bei Ephräm als auch bei Rabbula steht die Ablehnung des Forschens im Zusammenhang mit der Polemik gegen die rationalistischen Tendenzen der Häresie. Für Ephräm war der Arianismus ein unerlaubter Versuch, aus menschlicher Neugier mit den Mitteln des griechischen Geistes in das Wesen Gottes einzudringen [22]. In

[17] Overbeck, 242, 3ss.

[18] Overbeck, 242, 8. Folgende Äußerungen können als charakteristisch für Ephräm angesehen werden. *Hym. de fide* 38, 13; Beck, 127, 9-12; Übers. Beck, 104: « Gepriesen sei der Gütige, der uns die Sprache gab, — gepriesen auch der Gerechte, der das Schweigen hinzufügte. — Er gab uns Gebiete, darin zu disputieren, — er verwehrte uns andere, darin zu schweigen, als Allbelehrender ». *Hym. de fide*, 43, 10; Beck, 140, 26-141, 3; Übers. Beck, 117: « Jenen, Vater und Sohn * und den preiswürdigen Geist — wolle niemals erforschen, * noch wage ihn herabzuziehen — bis zu jenen Bildern, * jenen schwachen! — Von der Natur, die niemals * erfaßt wurde — in ihrem wie und was, * entferne dich schweigend! — denn wer sie erforschen will, * gerät durch sein Fragen in Verwirrung » Cf. ebenso *Hym de. fide*, 77, 7; Beck, 235, 6-8; Übers. Beck 200 und *Hym. de fide*, 59, 7; Beck, 184, 1-6; Übers. Beck, 159.

[19] Overbeck, 240, 8. 25-26.

[20] Overbeck, 241, 14ss. Ephräm erwähnt nur einmal das Doppelgebot der Liebe im Zusammenhang mit antijüdischer Polemik in seinen « Reden über den Glauben », Cf. *Sermones de fide* 3, 273-279; Beck, 28-29; Übers. Beck, 41.

[21] Dieser Voluntarismus tritt besonders eindrücklich in den Sermones de fide zutage. Cf. die Belegstellen bei Beck, *Ephraems Reden*, 56.

[22] Cf. die Belege und Ausführungen über Ephräms Haltung zum Arianismus bei Beck, *Ephraems Reden*, 54-55 und 111ss und bei Beck, *Theologie des Hl. Ephraem*, 62ss. Die gegen den Arianismus gerichtete Polemik Ephräms in seinen Hymnen über den Glauben ist ein Hinweis auf den Einfluß der Arianer in Edessa, der schließlich 373

seinen Schriften kommt immer wieder dieses tiefe Mißtrauen gegen den zur Irrlehre führenden griechischen Rationalismus zum Ausdruck. Wie aus seiner in Konstantinopel gehaltenen Rede und ebenso aus seiner Lebensbeschreibung hervorgeht, finden sich auch bei Rabbula ausgeprägte Züge dieser typisch orientalischen Skepsis gegenüber den Methoden einer ganz und gar griechisch denkenden theologischen Wissenschaft. Nur von dieser Grundhaltung her ist schließlich seine entschiedene Ablehnung des Nestorius und seines Lehrers Theodor von Mopsuestia erklärlich.

Daß Rabbulas Gedankengänge als der Ausdruck einer spezifisch syrisch geprägten Theologie zu verstehen sind, läßt sich ebenso daraus erschließen, daß die Thematik « Forschen und Glauben » auch bei einem seiner Zeitgenossen auftaucht. Bei der Einweihung einer Kirche in seiner Vaterstadt Qennešrīn, die wahrscheinlich von dem uns aus der Lebensbeschreibung Rabbulas bekannten Bischof Eusebius erbaut wurde, hielt sein Chorbischof Balaeus eine hymnische Rede, zu deren Beginn er auf das Verhältnis des Glaubens zum Forschen zu sprechen kommt [23]. Der unzugänglichen Transzendenz Gottes in der Höhe entspricht das vergebliche menschliche Untersuchen und Forschen, seiner gnadenvollen Gegenwart in der Tiefe aber die Liebe und der Glaube. Die Ähnlichkeit mit den Ausführungen Rabbulas über dieses Thema ist offensichtlich [24]. Eine gegenseitige Beeinflussung liegt deshalb durchaus im Bereich des Möglichen.

3. Die christologischen Ausführungen der Rede, ihre Motive und ihre Tradition.

Mit seinen Erwägungen über das Verhältnis von Wissen und Glauben will Rabbula offenbar einen Maßstab setzen für die weitere Erörterung der christologischen Problematik. Unmittelbar geht er auf die zur Zeit in Konstantinopel verhandelte Streitfrage ein, ob Maria in Wahrheit, oder nur dem Namen nach, oder überhaupt nicht Mutter Gottes

durch Verfügung des Kaisers Valens zur offiziellen Einführung der arianischen Lehre in der Stadt führte. Hierzu cf. *supra*, 98s.

[23] OVERBECK, 251, 16-252, 7.

[24] Folgende Gegensatzpaare finden sich bei Rabbula, cf. OVERBECK, 241, 17-18: ܪܚܡ - ܒܨܐ und ܥܘܡܩܐ - ܗܝܡܢ. Baläus kontrastiert in ähnlicher Weise, cf. OVERBECK, 251, 17-18: ܥܘܡܩܐ - ܪܘܡܐ; 252, 1-2: ܢܩܦ - ܪܚܡ; 252, 3: ܒܨܐ - ܗܝܡܢ; 252, 4-6: ܥܘܡܩܐ - ܫܐ.

genannt werden dürfe [1]. Vorbehaltlos spricht er sich für den Theotokos-Titel aus [2]. Seine Begründung lautet: « Nach seinem freien Willen wurde sie auf Erden die Mutter des Gott-Logos, der seiner Natur nach im Himmel keine Mutter hat [3]. Als Belegstellen werden, Gal.4,4 und etwas später Jes.7,14 angeführt. Rabbula ist sich darüber klar, daß sein Bekenntnis auch falsch verstanden werden kann. Er möchte sich deshalb sofort gegen etwaige Mißverständnisse abgrenzen. « Seiner Natur nach » [4] hat der Gott-Logos selbstverständlich keine Mutter. Es wäre völlig falsch, zu behaupten, Maria hätte ihn seiner Natur nach geboren [5]. Maria wird nur deshalb Gottesmutter genannt, « weil der Gott-Logos aus ihr geboren wurde, als er Mensch wurde » [6].

Daß sich Rabbula hier nicht in dem christologischen, sondern in dem trinitarischen Problemkreis bewegt und Argumente anführt, die aus dem Arsenal vergangener Polemik stammen und deshalb den in Konstantinopel aktuellen Streitfragen nicht ganz gerecht werden, wird besonders deutlich am Schluß des Abschnittes. Unter Berufung auf Joh.1,1-2, daß das Wort vom Anfang an beim Vater war [7], wird eine abwegige Deutung der Gottesmutterschaft Marias abgelehnt. « Christus, der seiner Natur nach Gott über alles ist, erschien wegen seiner Barmherzigkeit aus ihr im Fleische » [8]. Beim Streit

[1] Overbeck, 242, 9-12.

[2] Overbeck, 242, 15-16. ܝܠܕܬ ܐܠܗܐ findet sich noch 242, 10. 21. 22 und 244, 1.

[3] Overbeck, 242, 16-18. Im Text Overbecks liegt hier ein Druckfehler vor. 242, 16 muß es ܠܗ̇ statt ܠܗ heißen. Zur Terminologie: ܐܠܗܐ ܡܠܬܐ findet sich noch 242, 17. 21. 25 und 243, 14-15. 24. ܒܟܝܢܐ (242, 17) ist 244,8 auf das Leiden des Hern bezogen.

[4] ܟܝܢܐܝܬ entspricht *κατ' ουσίαν* und wird gebraucht Overbeck, 242, 18. 20. 23 und 243, 5. 15. 18.

[5] Overbeck, 242, 18. 20. Im letzten Teil der Rede wird diese Polemik noch einmal wiederholt, cf. 243, 17-18.

[6] Overbeck, 242, 24-25.

[7] Overbeck, 243, 2-3. Es handelt sich hier um eine bevorzugte Belegstelle der antiarianischen Polemik.

[8] Overbeck, 243, 3-5. Es wird hier *Röm.* 9, *5* zitiert, wobei aber ܟܝܢܐܝܬ hinzugefügt und ܐܬܚܙܝ, ܡܫܝܚܐ ܒܒܣܪ nicht auf das Volk Israel, sondern auf Maria bezogen wird. Von der Mehrzahl der altkirchlichen Exegeten wurde *Röm.* 9, *5b* christologisch interpretiert. Nur in arianischen Kreisen hat man hier eine Aussage über Gott, den Vater gesehen. Cf. die Belegstellen bei O. Michel, *Der Brief an die Römer*, Göttingen 1955, 197 und K.H. Schelkle, *Paulus Lehrer der Väter. Die altkirchliche Auslegung von Römer 1-11*, Düsseldorf, 1956, 331-334.

um den Theotokos-Titel steht also hier nicht das Problem einer Einigungs- oder einer Trennungschristologie zur Debatte. Es geht vielmehr um das Anliegen, die wesenhafte und seinsmäßige Göttlichkeit des Logos zu wahren, die selbst durch die Geburt aus einem Menschen nicht depotenziert werden kann. Die Redeweise von der Natur des Gott-Logos entspricht hierbei der trinitarischen Terminologie von der *οὐσία*.

Noch deutlicher wird dieser Sachverhalt im letzten Teil der Predigt, der durch bekenntnishafte Formulierungen gekennzeichnet ist. Nach einer kurzen Entschuldigung für seinen mangelhaften rhetorischen Stil [9] kehrt er zum Hauptthema zurück. « Wir glauben also, daß der Gott-Logos bei Gott war und seiner Natur nach von Ewigkeit her vom Vater geboren ist, am Ende der Zeit aber um unserer Erlösung willen im Fleische geboren wurde von der Jungfrau » [10]. Wir haben es hier mit einer von biblischen Anspielungen durchsetzten Variation der Aussagen des Nicänums über die ewige Gottessohnschaft und die Inkarnation Jesu Christi zu tun [11]. Noch einmal wird dann das Mißverständnis abgewiesen, daß Maria der Natur nach den Gott-Logos geboren habe, ebenso aber auch die entgegengesetzte Meinung, daß sie nur einen bloßen Menschen oder einen vom Heiligen Geist Gesalbten zur Welt brachte. Ausdrücklich beruft sich Rabbula auf « das Bekenntnis unserer heiligen Väter » [12]. Er

[9] Overbeck, 243, 5-13.

[10] Overbeck, 243, 14-17.

[11] Diese biblischen Anspielungen beziehen sich auf *Joh.* 1, *1-2*. Im Sinne des Bekenntnisses von Nicäa wird hier ܟܝܢܐܝܬ hinzugefügt. Bei der Terminologie vom « Ende der Zeit » ist wahrscheinlich an *Gal.* 4, *4* gedacht, wobei aber πλήρωμα τοῦ χρόνου als συντέλεια τοῦ αἰῶνος (*Matth.* 13, *29*; 24, *3*; 28, *20*; Hebr. 9, *26*) verstanden wird. Bei der im ursprünglichen Nicänum noch nicht ausgesprochenen Vorstellung von der Geburt aus der Jungfrau steht wahrscheinlich *Jes.* *7*, *14* im Hintergrund. Direkt wird das Nicänum nur mit den beiden Ausdrucken ܡܢ ܩܕܡ ܥܠܡ̈ܐ ܡܢ ܐܒܐ und ܡܛܠ ܦܘܪܩܢܢ aufgegriffen.

[12] Die unveränderte Form des Nicänums, ohne die Zusätze des Konzils von Konstantinopel, wurde von den im persischen Machtbereich wirkenden Bischöfen im Jahre 410 auf der Synode von Seleucia-Ctesiphon rezipiert. Der syrische Text des Bekenntnisses findet sich bei Chabot, *Synodicon*, 22, 22-23, 24. Es ist aber nun auffallend, daß Rabbula nicht diesen Wortlaut benutzt, da er durchgehend *οὐσία* nicht mit ܐܝܬܘܬܐ sondern mit ܟܝܢܐ übersetzt, das in der Textform von Seleucia-Ctesiphon überhaupt nicht vorkommt. Es hat ihm also eine andere Übersetzung vorgelegen, oder er folgt einem gängigen theologischen Sprachgebrauch wie er sich zum Beispiel in der etwa 428-430

will also das christologische Problem durch das überlieferte trinitarische Dogma lösen. Die Tendenz seines Argumentierens liegt auf der Linie eines Traditionsbeweises.

Es ist nun interessant, inwieweit Terminologie und Inhalt des Nicänums aufgegriffen oder modifiziert werden. Das *ὁμοούσιος* wird wahrscheinlich deshalb nicht von Rabbula verwandt, weil es seinem biblischen Denken nicht adäquat war. Hingegen wird das johanneische Theologumenon, daß der Logos von Ewigkeit her beim Vater war, durch das nicänische *ἐκ τῆς οὐσίας τοῦ πατρός* präzisiert [13]. Ebenso wie im Nicänum wird auch von Rabbula die Inkarnation mit dem antiarianisch gemünzten Doppelausdruck *σαρκωθέντα, ἐνανθρωπήσαντα* umschrieben [14]. Der aktuellen Situation gemäßer und für die christologische Problematik eindeutiger ist aber die Ausdrucksweise, daß der Gott-Logos im Fleische geboren wurde von der Jungfrau [15]. Rabbula liegt in erster Linie daran, die Integrität und Vollständigkeit des inkarnierten Logos zu behaupten: « Auch bei seiner Menschwerdung blieb er Gott nach seiner Natur, Sohn nach seiner Person, Eingeborener nach seiner Zahl und Erstgeborener nach seiner Menschheit. Keine Veränderung, weder eine Hinzufügung noch eine Verminderung ist bei ihm bewirkt worden » [16]. Neben den trinitarischen Naturbegriff tritt hier der trinitarische Personbegriff, der in das nicänische Bekenntnis noch nicht ausdrücklich aufgenommen ist [17],

entstandenen syrischen Übersetzung des Kommentars von Theodor von Mopsuestia zum Nicänum findet. Cf. A. Mingana (ed.), *Woodbrooke Studies*, Vol. V: *Commentary of Theodor of Mopsuestia on the Nicene Creed*, Cambridge 1932, 155, 18; 156, 9 und 158, 7.

13 Overbeck, 243, 27: ܡܢ ܟܝܢܐ ܕܐܒܐ.

14 Overbeck, 243, 24-25: ܐܬܒܣܪ ܘܗܘܐ ܒܪ ܐܢܫܐ.

15 Overbeck, 243, 27-244, 2: ܐܬܝܠܕ. ܒܒܣܪ ... ܡܢ ܒܬܘܠܬܐ Die Jungfrau wird noch als heilige Gottesmutter bezeichnet. Hinzugefügt ist auch noch « aus dem Samen des Hauses Davids ». Sowohl die durch die theologiegeschichtliche Entwicklung und das Konzil von Konstantinopel (381) erweiterte Form des Nicänums wie auch die persönlichen Anschauungen Rabbulas können für diese beliebte Ausdrucksweise Pate gestanden haben.

16 Overbeck, 244, 4-7.

17 In den Anathematismen des Nicänums wird hingegen noch *οὐσία* mit *ὑπόστασις* synonym gesetzt. In diesem Zusammenhang ist die syrische Übersetzung von *ὑπόστασις* mit ܩܢܘܡܐ sehr unzutreffend, da ܩܢܘܡܐ ja gerade die Konkretion und individuelle Besonderheit bezeichnet, also dem trinitarischen und später dem christologischen *ὑπόστασις* entspricht.

aber in der dogmengeschichtlichen Entwicklung des 4.Jahrhunderts seine Ausbildung erfuhr und deshalb bei Rabbula vorausgesetzt werden kann. Hingegen sind noch keine Spuren der in der bisherigen Auseinandersetzung verwandten christologischen Begrifflichkeit zu entdecken. Die betreffenden Ausdrücke [18] sind völlig unqualifiziert, weil sie überhaupt noch nicht auf die christologische Fragestellung bezogen sind, sondern sich in den traditionellen Bahnen des trinitarischen Denkens bewegen.

Wenn aber nun die Unveränderlichkeit des göttlichen Wesens in solcher Unbedingtheit herausgestellt wird, ergibt sich die Frage, wie der geschichtliche Weg des Gottessohnes bis zu seinem Leiden und Tod verstanden werden kann. Wie bei fast allen altkirchlichen Theologen muß auch bei Rabbula die Anschauung vorausgesetzt werden, daß unter der Kenose im Sinne von Phil.2,7 die Annahme der menschlichen Natur durch den Präexistenten zu verstehen ist, eine Aufgabe göttlicher Eigenschaften bei der Inkarnation aber völlig außer Frage steht, weil sie mit dem zentralen soteriologischen Anliegen der altkirchlichen Väter unvereinbar wäre [19]. Aus diesem Grunde muß Rabbula zu der paradoxen Aussage seine Zuflucht nehmen, daß « der, der in seiner Natur nicht leidensfähig war, aus freiem Willen an seinem Leibe gelitten hat [20] ». Auch hier zeigt sich, daß das Christusbild des Bischofs von Edessa noch ganz und gar archaische Züge trägt und einer Christologie vom Typus Logos-Fleisch zuzuordnen ist, die sich der seit Jahrzehnten virulenten Fragestellung nach der Seele Christi bisher verschlossen hat [21]. Rabbula geht nicht näher auf diese Problematik ein, weil es ihm wesentlich auf das Heilswerk des Inkarnierten ankommt, das er in kultischer Begrifflichkeit in folgender Weise beschreibt: « Denn der Eingeborene hat sich selbst als Priester an unserer Stelle seinem Vater als Opfer ohne

[18] Overbeck, 244, 6: ܬܘܣܦܬܐ = Addition, Hinzufügung; ܒܨܝܪܘܬܐ = Mangel, Verminderung; ܫܘܚܠܦܐ = Variation, Wechsel, Veränderung. In ähnlicher unqualifizierter Weise wird ܬܘܣܦܬܐ von Ephräm gebraucht, cf. *Hym. contra haer.*, 36,4; Beck, 145, 10. Die gleiche Feststellung gilt für ܫܘܚܠܦܐ, cf. *Hym. de fide* 19, 3; Beck, 72, 12.

[19] Cf. F. Loofs, Artikel *Kenosis* in RE 10, 246-263.

[20] Overbeck, 244, 7-8.

[21] Zu den im 4. und 5.Jahrhundert ausgebildeten Typen der Christologie, besonders aber zu der Unterscheidung des « Logos-Fleisch » und des « Logos-Mensch » Schemas cf. Grillmeier, *Vorbereitung*.

Makel dargebracht und durch seinen Tod, den er für uns erlitt, uns das Leben gegeben. Wie er nämlich in seinem Leibe mit dem Satan gerungen hat, ihn besiegte und ihn unter unsere Füße gelegt hat, so hat er auch gelitten...»[22]. Das Sterben Jesu am Kreuz als stellvertretendes priesterliches Opfer, das uns mit Gott versöhnt und uns ewiges Leben schenkt, das Leben und Leiden Jesu als Sieg über die Macht Satans, — das sind alles charakteristische Züge eines Denkens, die Rabbula mit den soteriologischen Anschauungen der griechischen Patristik gemeinsam hat.

Leider bricht der Text der Predigt hier ab. Über den verlorengegangenen Schluß können deshalb nur Vermutungen angestellt werden. Die christologische Thematik wird wahrscheinlich nicht mehr weiter geführt worden sein, sodaß wir trotz des fragmentarischen Charakters der in Konstantinopel gehaltenen Rede uns ein einigermaßen vollständiges Bild von Rabbulas christologischen Gedankengängen machen können.

4. Rabbulas christologische Anschauungen im Zusammenhang griechischer und syrischer Theologiegeschichte.

Wie gezeigt wurde, spielt weniger die Begrifflichkeit des nicänischen Bekenntnisses als vielmehr sein christologisches Anliegen für Rabbulas Denken eine wichtige Rolle. Mit dieser Feststellung ist aber noch nicht die Frage beantwortet, wie Rabbulas christologische Anschauungen theologiegeschichtlich einzuordnen sind, ob sie primär mit der Entwicklung der griechischen Theologie zusammenhängen oder auch spezifisch orientalische Züge aufweisen. Ein Ausgangspunkt für die Lösung dieses Problems läßt sich finden, wenn wir der Frage nähertreten, wie es kommt, daß Rabbula so wenig auf die aktuellen christologischen Streitfragen eingeht und seine Argumentation noch fast ausschließlich von der antiarianischen Polemik bestimmt ist.

Der Gebrauch des Nicänums kann für diesen Sachverhalt keine ausreichende Erklärung abgeben, sondern muß vielmehr als seine natürliche Folge betrachtet werden. Schon eher kann Rabbulas Kampf gegen die Arianer in Edessa ein wesentlicher Grund für einen charakteristischen Zug seines theologischen Denkens gewesen sein.

[22] Overbeck, 244, 8-12.

Der Hagiograph berichtet, daß er ihre Kirche zerstörte und alle Arianer mit seiner Herde vereinigte, «indem sie einmütig würdigen Lobpreis darbrachten der einen Natur der drei Personen des Vaters und des Sohnes und des Heiligen Geistes»[1]. Im Verlauf dieser Auseinandersetzung wird sich der Bischof von Edessa auch mit dem antiarianischen Schrifttum beschäftigt haben. Dabei brauchte er nicht einmal auf Athanasius und andere Autoren des 4.Jahrhunderts zurückgreifen, sondern konnte sich Rat und Aufklärung bei seinem Kollegen in Alexandrien holen, der im gleichen Jahr wie er das Bischofsamt übernommen hatte und wahrscheinlich auch schon vor den nestorianischen Streitigkeiten enge Beziehungen zu Edessa unterhielt. In den ersten Jahren seines Episkopats waren aus der Feder Cyrills zwei umfangreiche Werke hervorgegangen, der Thesaurus und die Dialoge, die als zusammenfassende und abschließende Widerlegung des Arianismus konzipiert waren[2]. Weithin handelte es sich hier um die Wiederholung der von Athanasius in Contra Arianos III 35-57 formulierten Anschauungen der alexandrinischen Logos-Sarx-Christologie[3]. Der Leser fühlt sich zurückversetzt in die Zeit des schärfsten antiarianischen Kampfes. Es finden sich nicht die geringsten Andeutungen auf den Apollinarismus und das entscheidende Problem, ob der Logos eine menschliche Seele angenommen habe. Die christologische Fragestellung wird noch ausschließlich vom Standpunkt der Trinitätstheologie angegangen. Das Thema der Kontroverse um Nestorius, wie die Einheit von Gott und Mensch zu verstehen sei, liegt noch völlig außerhalb des Gesichtskreises. Hingegen dominiert die dem christologischen System des Athanasius zugrundeliegende Anschauung von der Abfolge von zwei verschie-

[1] Overbeck, 193, 15-17: ܠܚܕ ܟܝܢܐ ܕܬܠܬܐ ܩܢܘܡܝܢ. Zu Rabbulas Kampf gegen die Arianer in Edessa cf. *supra*, 98s.

[2] MPG 75, 9-654: *Ἡ βίβλος τῶν θησαυρῶν περὶ τῆς ἁγίας καὶ ὁμοουσίου Τριάδος.* MPG 75, 658-1124: *Περὶ τῆς ἁγίας καὶ ὁμοουσίου Τριάδος.* Zur Datierungsfrage cf. N. Charlier, *Le 'Thesaurus de Trinitate' de Saint Cyrille d'Alexandrie. Questions de critique litteraire,* RHE 45 (1950), 56-65 und Liébart, *Cyrille,* 12ss, die gegen G. Jouassard, *L'activité litteraire de Saint Cyrille d'Alexandrie avant 428, Mélanges Podechard,* Lyon 1945, 159-174 die Abfassung der beiden Werke zu Beginn seines Episkopats erweisen können.

[3] Cf. Liébart, *Cyrille,* 19ss den detaillierten Vergleich zwischen dem Thesaurus und dem *Contra Arianos* des Athanasius; p. 65ss handelt Liébart von den Quellen der Dialoge.

denen Existenzweisen des Logos auf der Ebene seiner ewigen göttlichen Natur und im Status seiner Menschwerdung [4]. Es ist deshalb die Zeit vor und nach der Inkarnation scharf zu unterscheiden [5]. Dem Zustand des Logos als *ἄσαρκος* korrespondiert sein *μετὰ σαρκός* [6]. Die athanasianische Grundformel, daß der Logos Mensch wurde, indem er Fleisch annahm, *σάρκα (προσ)λαβών*, und daß er Mensch wurde und nicht in einen Menschen kam [7], wird hier aufs neue variiert. Wie bei Athanasisus wird der göttliche und menschliche Aspekt der Inkarnation unter einer chronologischen Perspektive betrachtet, als zwei verschiedene Bedingungen, die sich einander ablösen. Die Inkarnation ist der Übergang von der göttlichen in die menschliche Kondition. Das Wort tritt in die menschlichen Verhältnisse ein, bleibt aber dabei unverändert in seiner göttlichen Natur. Es geht hier aber nicht nur um die Sukzession der verschiedenartigen Bedingungen, sondern auch um ihre Koexistenz. Cyrill scheut sich nicht, sogar in diesem Zusammenhang von einer « Mischung » der Menschheit und des göttlichen Logos zu sprechen [8]. Dabei steht jedoch die spätere ontologische Problematik, die dem Gegensatz zwischen Monophysitismus und Diphysitismus zugrundeliegt, völlig außerhalb des Gesichtskreises. Mit « Mischung » ist das Eingehen des unveränderlichen Logos Gottes in die menschlichen Bedingungen gemeint. Das menschgewordene Wort ist keine Mischnatur irgenwelcher Art, sondern die göttliche Natur des Logos, die auch nach ihrer Vereinigung mit dem Fleisch unverändert bleibt. Die spätere Redeweise Cyrills von der *μία φύσις τοῦ λόγου σεσαρκωμένη* ist schon in seinen theologischen Anschauungen vor Beginn der nestorianischen Streitigkeiten vorgebildet. Das von der Soteriologie her gesetzte Schwergewicht seines christologischen Denkens liegt in der Überzeugung, daß der Logos unser Fleisch tatsächlich anzog und Mensch wurde, ohne aufzuhören Gott-Logos zu sein [9]. Wie bei Athanasius muß dann die

[4] Cf. Liébart, *Cyrille*, 158, der besonders auf Contra Arianos III § 29-30 hinweist.

[5] Cf. Liébart, *Cyrille*, 160, wo alle Ausdrücke aus dem Thesaurus, die den Unterschied der Zeiten betreffen, zusammengestellt sind.

[6] *Dial.* IV; MPG 75, 877; entsprechend einer Redeweise, wie z.B. in *Thes.* 234; MPG 75, 400 A : *πρὸ τῆς ἐνανθρωπήσεως*.

[7] *Orationes contra Arianos* III; MPG 26, 388 AB.

[8] Cf. *Thes.* 197; MPG 75, 333 A : *Εἷς γὰρ ὁ Χριστὸς ἔκ τε ἀνθρωπότητος καὶ θεοῦ λόγου κεκερασμένος*.

[9] Cf. *Thes.* 231; MPG 75, 393 C; Weitere Belege für diese Anschauung bei Liébart, *Cyrille*, 180; Cf. besonders noch MPG 75, 396 CD.

Menschwerdung selbst als Kenose des ewigen und essentiell gleichbleibenden Gotteswortes verstanden werden. Die Schwachheit wird allein dem menschlichen Fleische zugeschrieben. Das Wort selbst kann nicht leiden und ist unsterblich [10].

Es ist offensichtlich, wie die sich immer neu variierenden Grundzüge dieses Denkens auch bei Rabbula wiederkehren und von ihm auf die in Konstantinopel vorgefundene Situation angewandt werden. Die nächstliegende Erklärung für diesen Sachverhalt ist in einem Einfluß der frühen Schriften Cyrills auf den Bischof von Edessa zu suchen. Jedoch kann das Gedankengut der alexandrinischen Theologie ihm direkt auch vom Schrifttum des Athanasius zugekommen sein. Besonders ist hier die Vita Antonii in Betracht zu ziehen, die offenbar für den asketischen Werdegang Rabbulas eine gewisse Rolle gespielt hat und von vornherein auch sein Christusverständnis beeinflußt haben kann [11].

Wie steht es aber nun mit dem Einfluß orientalischer Theologie auf Rabbulas christologisches Denken? Blicken wir auf Ephräm, so können wir auch bei ihm, besonders in seinen Reden und Hymnen über den Glauben, eine starke antiarianische Tendenz feststellen [12]. Betrachtet man jedoch sein Gedankengut und seine Terminologie im Lichte der späteren Entwicklung, so läßt sich leicht erkennen, daß seine Vorstellungen, besonders die von Natur und Person noch nicht genügend begrifflich präzisiert sind. So kann ܟܝܢܐ sowohl eine ganz konkrete als auch eine abstrakte Bedeutung besitzen, die mit ܐܝܬܘܬܐ synonym ist und dem philosophischen φύσις -Begriff nahekommt, der das Wesen des Existierenden bezeichnet. In der Trinitätslehre wird das Wort in der Mehrzahl für die Personen Gottes und zugleich in der Einzahl für die eine göttliche Natur verwandt [13].

[10] *Thes.* 195; MPG 75, 329 C; Hier wird die Erniedrigung als πρόσληψις τῆς σαρκός angesehen. Cf. z.B. Dial. V, MPG 75, 940 B.

[11] So ist zum Beispiel eine christologische Aussage, wie die in *Vita S. Antonii* 74; MPG 26, 945BC ins Auge zu fassen, wo es heißt der Gott-Logos nicht verwandelt wurde, sondern derselbe blieb, aber zum Heil und Wohl der Menschen einen menschlichen Leib annahm, damit er durch seine menschliche Geburt die Menschen der göttlichen und vernünftigen Natur teilhaftig mache. Zum Ganzen cf. DÖRRIES, *Vita Antonii*, 181ss: « Die Christologie des Antonius und Athanasius ».

[12] Zu Ephräms Haltung gegenüber dem Arianismus cf. *supra*, 136.

[13] Zum Beispiel in *Hym. de fide*, 59, 4-7; BECK, 183, 11-184, 6. Diese Stelle ist auch ein eindrücklicher Beleg dafür, daß keyānā und ītūtā synonym gebraucht werden können. Zur Interpretation und zur Trinitätsterminologie cf. BECK, *Theologie des hl. Ephräm*, 35ss.

Eine ähnliche Mehrdeutigkeit findet sich bei seinem christologischen Gebrauch. Allerdings gibt es nur sehr wenige Belege für die Verwendung von keyānā im Sinne der späteren Begriffsbestimmung von zwei Naturen des Inkarnierten [14]. Ungleich häufiger ist die Ausdrucksweise von der einen Natur des Gott-Logos, womit immer die einheitliche Person Christi gemeint ist [15]. Dieser Sprachgebrauch ist in erster Linie auf die starke Tendenz zurückzuführen, jegliche abstrakte Begrifflichkeit zu konkretisieren und zugleich die ewig sich gleichbleibende göttliche Wesenheit herauszustellen. Wenn es also um die Person des göttlichen Logos geht, spricht Ephräm von der einen Natur [16]. Um das Moment des unveränderlichen Beharrens zum Ausdruck zu bringen, wird betont singularisch von der Natur Christi gesprochen [17] und sogar die Ausdrucksweise von « der Natur der Wesenheit » wird gebraucht [18]. Diese göttliche Natur ist aller Veränderung entnommen, — Ephräm kann sich nicht genug tun,

[14] *Hym. de fide*, 19, 3; BECK, 72, 12-15; Übers. BECK, 56 : « Wer sollte nicht staunen über das Kleid der Veränderung. Siehe, der Körper verdeckte deinen Glanz, die furchtbare Natur, — die Gewänder verdeckten die schwache Natur, — Brot verdeckte das in ihm wohnende Feuer ». *Hym. de nativitate* 8, 2; BECK, 59; Übers. BECK, 51 : « Gelobt sei der weise (Gott), *der verbrüdert, verbunden hat — die Gottheit *mit der Menschheit ! — Die eine aus der Höhe *die andere aus der Tiefe, — (beide) Naturen hat er vereint *wie Farben — und es entstand ein Bild : *der Gottmensch ». — Eine ähnliche Terminologie findet sich auch im *Sermo de Domino nostro*, LAMY I 223/5, zitiert bei BECK, *Ephraems Reden*, 93. Im allgemeinen werden aber für die menschliche Natur andere Ausdrücke, wie zum Beispiel pagrā = corpus verwandt, cf. BECK, *Ephraems Reden*, 78.

[15] *Hym. de fide*, 10, 3; BECK, 49, 12; Übers. BECK, 34, 1-2 : « Während deine Natur (nur) eine ist, sind ihre Erklärungen viele... ». *Hym. de fide*, 11, 9; BECK, 54, 11; Übers. BECK, 38, 19-20 : « Seine Natur ist (nur) eine, (du) kannst sie sehen ».

[16] *Hym. de fide*, 19, 10; BECK, 73, 17-18; Übers. BECK, 57, 24-26 : « Du o Herr, hast deine Natur gekleidet — in den schwachen Körper, damit du darin leiden könntest ». *Hym. de fide*, 29, 3; BECK, 101, 15-16; Übers. BECK, 82, 3-4 : « Da er Mensch ist, ist er begrenzt (worden); — ohne Grenzen ist er, da seine Natur Gott ist ». — Bemerkenswert ist hier, daß vom Subjekt 'Natur' her das Attribut 'Gott' bestimmt ist.

[17] *Hym. de virginitate*, 7, 10; BECK, 27, 10; Übers. BECK, 27, 27-28 : « Christus die Natur, die nicht stirbt, kleidete sich in einen sterblichen Körper ». *Hym. de virginitate*, 28, 11; BECK, 104, 11-12; Übers. BECK, 90, 28-29 : « Er ist die preiswürdige Natur, die sich nicht ändert, — doch aus Liebe machte er sich Veränderungen zu eigen ».

[18] *Hym. contra haer.*, 32, 14; Beck 130, 16-17; Übers. BECK, 117, 22-24 : « Die Natur der (göttlichen) Wesenheit * ist niemals größer noch kleiner geworden; — denn sie ist nicht etwas Zusammengesetztes, * das in den Bereich der Veränderung fallen würde ».

dies immer wieder hervorzuheben [19] —, trotzdem wird sie bei der Inkarnation willentlich verändert, nicht ihrem Wesen nach, aber durch ihre neue Situation. Was auf der einen Seite strikt abgelehnt wird, nämlich irgendeine Art von ܫܘܚܠܦܐ, wird auf der anderen Seite geradezu zur Charakterisierung der Menschwerdung benutzt. Hier bleiben nur der unauflösliche Kontrast und die Paradoxie [20], die nicht mehr erforscht werden können. Hier ist auch die Ursache dafür zu suchen, daß Ephräm nicht die volle Tragweite der zu seiner edessenischen Zeit akut werdenden Frage nach der menschlichen Seele Christi gesehen hat. Wohl spricht er vom menschlichen Leiden und menschlichen Nichtwissen des Herrn [21], und die gnostische Anschauung von einem himmlischen Leib des Inkarnierten wird ausdrücklich verworfen. Es ist für Ephräm aber ein blindes Herumtappen an einem unerforschlichen Geheimnis, wenn man danach fragt, ob Christus nur einen Körper oder einen Körper mit einer Seele angenommen hat [22].

Vergleichen wir die christologischen Anschauungen Ephräms mit denen Rabbulas, so ist sofort zu erkennen, daß die geistig-theologische Sphäre, in der sich das Denken des Bischofs von Edessa bewegt, keineswegs von der Ephäms in jeder Hinsicht total verschieden ist [23]. Ganz im Gegenteil ist eine starke Gemeinsamkeit zwischen beiden zu konstatieren, die besonders ihren Ausdruck in der Betonung der unveränderlichen Wesenheit des Gott-Logos und der Fassung des

[19] *Hym. contra haer.*, 36, 6; Beck, 145, 8-11; Übers. Beck, 130, 18-21: « Die Natur Gottes * ist niemals kleiner, größer geworden. — Er wird klein, dem Willen nach * und er wächst, dem Willen nach. — Jenes Zunehmen also * das seine Natur nicht hat, — das hat sein Wille ».

[20] Besonders eindrucksvoll für dieses Denken in der Paradoxie ist die Stelle in *Hym. de nativitate*, 3, 5; Beck, 20-21; Übers. Beck, 19: « Die Natur, die niemals * erfaßt wurde, — ist an ihren Händen gebunden und gefesselt, * an ihren Füßen durchbohrt und gekreuzigt worden. — Sich selber hat er durch seinen Willen * verkörperlicht, für seine Häscher ». Cf. ebenso die Zitate n. 14, 16 und 17.

[21] Cf. die Belegstellen aus den *Hym. de fide* bei Beck, *Ephraems Reden*, 81-82.

[22] *Hym. de fide*, 51, 3-4; Beck, 158, 22-159, 8; Übers. Beck, 135.

[23] Eine solche totale Verschiedenheit behauptete Burkitt, *Urchristentum*, 74-75. Unzutreffend ist in bezug auf ihre einseitige Kontrastierung auch Burkitts Meinung, daß wir bei Ephräm wie bei Aphrahat nur die Stimme des Ostens vernehmen, aber « was uns Rabbula bietet ist der Reflex griechischer Philosophie » (p. 77). Gerade die Gedankenwelt Rabbulas zeigt ja deutlich, wie östliche und westliche Züge eine enge Synthese eingehen können.

Naturbegriffes im Sinne einer Einheitschristologie findet. Ebenso bildet bei beiden die antiarianische Polemik eine wichtige Komponente ihres Denkens. Wahrscheinlich ist es der Tradition dieser von Ephräm in Edessa propagierten Anschauungen zu verdanken, daß Rabbula von Anfang an sich dem Einfluß der alexandrinischen Theologie öffnete, die gerade in den Frühwerken Cyrills eine innere Affinität zu einer spezifisch syrischen Theologie besitzt, wie sie uns deutlich bei Ephräm entgegentritt [24].

In diesem Gleichklang zwischen syrischer und alexandrinischer Theologie im Denken Rabbulas läßt sich wohl auch die Erklärung dafür finden, daß von Anfang an ein tiefer Gegensatz zum antiochenischen Typ der Christologie bestehen mußte, obwohl Edessa kirchenpolitisch mit Antiochien aufs engste verbunden war. Andererseits war es Rabbula später ohne weiters möglich, ebenso wie Cyrill auf diphysitische Anschauungen positiv einzugehen und sogar von zwei Naturen Christi zu sprechen, ohne die Grundlage seiner Einheitschristologie aufzugeben (cf. infra).

Blicken wir über Ephräm hinaus noch weiter zurück in die Geschichte syrischer Theologie, so wäre noch die Möglichkeit zu erwägen, daß Aphrahat einen Einfluß auf den Bischof von Edessa ausgeübt haben kann. Allerdings ist dies aus dem Grunde sehr unwahrscheinlich, weil der « Persische Weise » sein Heimatland nie verlassen hat und von einer Kenntnis und Wertschätzung seiner Schriften in Edessa nichts bekannt ist. Diese Vermutung erhält ihre Bestätigung durch den tatsächlichen Befund der christologischen Aussagen seiner Schriften [25]. Die Gottheit Christi wird von Aphrahat eindeutig bezeugt, aber es gibt bei ihm keine Darlegung über die Art der Verbindung des Gottessohnes mit der menschlichen Natur. Von der späteren christologischen Begrifflichkeit kommt in den Homilien nur das Wort keyānā vor. In der Beziehung auf Christus ist es aber durchwegs mit « Seinsweise » wiederzugeben [26]. Es ist deshalb weit davon entfernt,

[24] Eine solche innere Verwandtschaft wird von Beck, *Theologie des hl. Ephräm*, 109 noch skeptisch beurteilt, während später die Ausführungen bei Beck, *Ephraems Reden*, 77s über die Terminologie der mia-physis doch deutlich die Nähe dieses Denkens zur alexandrinischen Theologie erhellen. Dabei scheint es sich eher um eine parallele Entwicklung als primär um eine gegenseitige Beeinflussung zu handeln.

[25] Cf. Ortiz de Urbina, *Gottheit*, 89ss : « Christus und die göttliche Natur bei Afrahat».

[26] Cf. Ortiz de Urbina, *Gottheit*, 100-101.

eine « Natur » oder « Wesenheit » im späteren Sinne zu bezeichnen, sondern ist nur Ausdruck für eine jeweilige individuelle Erscheinungsform [27]. Es ist deshalb sicher, daß von dieser Seite Rabbula nicht beeinflußt wurde, denn schon zwischen Aphrahat und Ephräm liegt bei gleicher Sprache ein weiter Abstand der Terminologie und des theologischen Denkens.

IV. Rabbulas christologische Konzeption in der Darstellung des Hagiographen

In der Lebensbeschreibung Rabbulas wird das Konzil von Ephesus nur ganz beiläufig erwähnt [1], und auf die folgenden Auseinandersetzungen und Unionsverhandlungen zwischen der antiochenischen und alexandrinischen Partei wird überhaupt nicht eingegangen. Auf Rabbulas christologische Anschauungen kommt der Hagiograph nur zu sprechen im Rahmen einer längeren Schilderung seiner Bemühungen um die Ketzerbekämpfung in Edessa [2]. An letzter Stelle aller Häretiker steht Nestorius, der Schüler des Theodor von Mopsuestia. Er wird deshalb als ein Irrlehrer gebrandmarkt, weil er glaubt, daß Maria nicht Gott, sondern nur einen Menschen geboren hat und der Sohn Gottes deshalb nur in Jesus gewohnt habe [3]. Der Mensch Jesus habe seiner Natur gemäß gelitten, der in ihm wohnende Sohn habe aber nach seinem Willen Wunder getan [4]. Es müssen also zwei verschiedene Söhne unterschieden werden, der eine aus Natur, der andere aus Gnade [5]. Es mag dahingestellt bleiben, ob hier die Lehre

[27] Cf. A.F.J. Klijn, *The word kejān in Aphraates*, VC 12(1958), 57-66, 66: « In Aphraates kejān, the existence of somebody or something is defined by the way it appears to men. One is observing God's kejān in the act of redemption ». In dieser Auffassung erkennt Klijn auch den entscheidenden Unterschied zwischen griechischer und semitischer Denkweise.

[1] Overbeck, 200, 9-14. Nur wegen der Absetzung des Nestorius scheint dem Hagiographen das Konzil erwähnenswert. Er ist wahrscheinlich deshalb an dem Konzilsverlauf nicht interessiert, weil Rabbula entweder überhaupt nicht teilnahm, oder in Ephesus nach seiner Meinung eine unrühmliche Rolle spielte. Cf. *infra* den Abschnitt V, 2.

[2] Overbeck, 195ss. Cf. *supra* das Kapitel: « Der Ketzerbekämpfer ».

[3] Overbeck, 196, 16-17 und 196, 22-23.

[4] Overbeck, 196, 24-26.

[5] Overbeck, 197, 3-4.

des Nestorius in ihren Hauptpunkten zutreffend wiedergegeben ist. In der Komposition der Vita bildet sie den Hintergrund und die Folie für eine kurze Darstellung der christologischen Konzeption Rabbulas.

Zuerst wird die biblische Grundlage seiner Predigt gegen die Irrlehre mit einigen alt- und neutestamentlichen Belegstellen erwiesen [6]. Als Quintessenz dieser zusammengestellten Zitate wird die Meinung Rabbulas dahingehend präzisiert, daß das Wort Fleisch wurde, ohne jedoch seine Natur zu verändern. Der Herr über alles (Röm.9,5) habe vielmehr die Gestalt des Knechtes angenommen (Phil.2,7), als er ein vollständiger Mensch wurde, und dabei doch nicht das, was er als Gott war, verloren [7]. Die spezifische Problematik der Einheitschristologie cyrillischer Prägung, die dem Vorwurf von antiochenischer Seite ausgesetzt war, das volle Menschentum Jesu zu schmälern, hat hier ihren Niederschlag gefunden. Die Redeweise vom « vollständigen Menschen » ist bestimmt zur Abwehr des gegnerischen Angriffes. Es wird hier Rabbula eine Anschauung zugeschrieben, die in dieser Form sich erst während der Unionsverhandlungen mit den Antiochenern herausbildete. Von einer « Besonderheit der Menschheit und Gottheit » [8] war in der Konstantinopler Predigt noch nicht die Rede. Diese Konzession war erst möglich im Laufe der Entwicklung nach dem Konzil von Ephesus, die zu der Unionsformel von 433 führte, der auch Rabbula seine Zustimmung gegeben hat [9]. Allerdings wird diese Konzession sofort abgesichert gegen zu weitgehende Interpretationen durch die Feststellung : « Trotzdem besteht eine Natur und Person des ewigen Sohnes, wie es sie schon

[6] Overbeck, 197, 13-23 : *Jes.* 7, 14; Baruch, 3, *38* (zitiert als Jeremia); *Röm.* 1, 3 und *Joh.*, 1, *14*.

[7] Overbeck, 197, 23-26. Zu beachten ist die besondere Emphase, mit der diese Anschauungen vorgetragen werden (cf. Zeile 24 !).

[8] Bedjan, AMS IV, 437 konjiziert fälschlicherweise das ܝܚܝܕܝܘܬܐ in ܚܕܝܘܬܐ. Dabei soll gerade hier nicht die Einheit, sondern die « Gesondertheit » zum Ausdruck kommen. Die Möglichkeit dieses Verständnisses bietet nur der originale Text.

[9] Cf. infra den Abschnitt V, 5. Zur Charakterisierung des sogenannten « Monophysitismus » Rabbulas sagt Nau, *Rabboula*, 104 zutreffend : « Cela n'entraîne pas grande conséquence théologique, car ces monophysites ont dû expliquer que leur unique nature était formée de deux 'sans mélange ni confusion'. Nous avons cru devoir les nommer Diplophysites, mais notre appelation n'a pas eu de succès et ils restent monophysites ». Weitere Ausführungen über die Christologie Rabbulas bei Nau, *op. cit.*, 112.

vor der Menschwerdung gegeben hat» [10]. Wenn auch Rabbula, soweit wir sehen können, nicht direkt von der «einen Natur» des Gott-Logos gesprochen hat, so trifft doch diese Formulierung die innere Tendenz seiner christologischen Konzeption, bei der das Hauptgewicht auf der Integrität und Unveränderlichkeit des Logos bei seiner Inkarnation liegt [11].

Es entspricht genau dem Duktus des entsprechenden Abschnittes der Konstantinopler Rede, wenn im Rahmen dieser Thematik das Problem des Leidens zur Sprache kommt. «Ebenso hat auch der nach seinem freien Willen im Fleische gelitten, der seiner Natur nach leidensunfähig war» [12]. Dann wird 1.Petr.3,18b angeführt: «Er ist im Leibe gestorben und lebendig geblieben im Geist» [13]. Wie im 1.Petrusbrief wird im Anschluß an diese Aussage die Predigt Christi in der Scheol erwähnt. Das Resümee der Christologie Rabbulas schließt mit der Auferstehung und Himmelfahrt des Herrn. Es dürfte damit deutlich geworden sein, daß der Hagiograph Rabbulas christologische Grundauffassung durchaus zuverlässig wiedergegeben hat. Allerdings handelt es sich hier um ein solch kurzes formelhaftes Summarium, eine Art von regula fidei, daß die unterschiedlichen Nuancen der christologischen Meinungsbildung vor und nach dem Konzil von Ephesus nicht berücksichtigt worden sind.

[10] Overbeck, 197, 27-198, 2. Bedjan, AMS IV, 437, wittert hier eine spätere monophysitische Fälschung und verbessert ܟܠܗܘܢ ܟܝ̈ܢܝܢ ܘܟܝܢܗ ܩܢܘܡܐ. Für diese Konjektur gibt es aber weder echte textliche noch inhaltliche Gründe. Bedjan übersieht, daß die monophysitische Tendenz Cyrills und Rabbulas durchaus mit dem gemäßigten antiochenischen Typ des Diphysitismus vereinbar war. Es ist nicht gerechtfertigt, die spätere Absolutsetzung der unterschiedlichen Akzente in der Verhältnisbestimmung der menschlichen und der göttlichen Natur Christi in die Frühzeit der christologischen Kämpfe zurückzudatieren.

[11] Zu vergleichen ist hier besonders die *supra*, 140, zitierte Stelle aus der Predigt Rabbulas in Konstantinopel, cf. Overbeck, 244, 4-7.

[12] Overbeck, 198, 2-3. Der gleiche Gedanke findet sich in der Konstantinopler Predigt, cf. Overbeck, 244, 7-8, das Zitat cf. *supra*.

[13] Overbeck, 194, 4. Es handelt sich um ein wörtliches, nicht gekennzeichnetes Zitat.

V. Rabbulas Rolle bei den Auseinandersetzungen vor und nach dem Konzil von Ephesus

1. Der Briefwechsel mit Andreas von Samosata.

Alle Anzeichen sprechen dafür, daß Rabbula seine Predigt in Konstantinopel noch während des Jahres 428 gehalten hat, in dem Nestorius am 10.April sein Amt antrat. Die Streitigkeiten um den Theotokos-Titel scheinen sich nämlich noch in keinem fortgeschrittenen Stadium zu befinden, Ebenso gibt es noch keine Anzeichen dafür, daß die 12 Anathematismen Cyrills die gegnerischen Fronten schon in aller Schärfe aufgerissen und die Auseinandersetzung auf die Höhe getrieben haben. Erst Anfang 430 wurden diese zwölf dogmatischen Sätze gegen Nestorius der Synode in Alexandrien vorgelegt und von ihr gebilligt. Sie riefen sofort die in der Gefolgschaft Antiochiens stehenden Bischöfe auf den Plan, und Andreas von Samosata und Theodoret von Cyrus griffen zur Feder, um die in den Anathematismen zutage getretene Position Cyrills zu widerlegen. Ihre beiden Kampfschriften sind uns leider nur noch aus den betreffenden Apologien Cyrills bekannt [1], aus denen wir schließen können, daß Andreas und Theodoret gegen den Patriarchen von Alexandrien die Anklage des Apollinarismus erhoben.

In dieser Zeit der sich verschärfenden Kontroverse, in die die orientalischen Kirchen hineingezogen wurden, gehört ein syrisch erhaltener Brief Rabbulas an Andreas von Samosata [2], der im Frühjahr 431 geschrieben sein muß, da zu Beginn erwähnt wird, daß neben der Krankheit und persönlicher Ungeneigtheit auch die Härte des Winters ein Zusammentreffen und eine Aussprache verhindert hätten. Rabbula zeigt sich erstaunt über die ihm zugegangene Widerlegung der

[1] Die beste Edition der beiden Apologien findet sich jetzt in ACO I 1, 7; p. 33-65 : *Explicatio pro duodecim capitibus adversus orientales episcopos* und in ACO I 1, 6; p. 107-146 : *Epistola ad Euoptium adversus impugnationem duodecim capitum a Theodoreto editam.* Zu allen Einzelhaiten cf. Quasten, *Patrology*, 127.

[2] Ediert von Overbeck, 222-223. Eine deutsche Übersetzung bietet Bickell, 159. Theodorus Lector, HE, II 40; MPG 86, 1; 205A weiß zu berichten, daß Rabbula blind gewesen sei, als er Andreas anklagte, gegen die 12 Kapitel Cyrills geschrieben zu haben.

12 Sätze Cyrills durch Andreas von Samosata [3]. In ironischer Weise bemerkt er, daß er anfänglich glaubte, eine Schrift des Nestorius vor sich zu haben. Der Inhalt der Streitschrift des Andreas ist nur durch ein Rückschlußverfahren aus der Antwort Cyrills zu erheben. Andreas versuchte seinem Gegner nachzuweisen, daß seine Anschauung konsequenterweise zu der Lehre von zwei Hypostasen führen müsse. Wenn man aber die Aussagen über Christus zwei Personen oder Hypostasen, oder zwei Söhnen zuteile, dann würde man den einen Sohn trennen [4]. Mit dieser Argumentation macht Andreas deutlich, daß er keineswegs nestorianischer Gedankengänge bezichtigt werden kann. Besonders scharf scheint Andreas den dritten Anathematismus kritisiert zu haben [5], bei dem die Begriffe physis und hypostasis nahezu identisch waren. Er erhob hier den Vorwurf, daß Cyrill nur von einer Hypostase rede [6].

An diesem Punkte bringt Rabbula seine Einwände gegen die Kritik des Bischofs von Samosata zur Geltung. Die wichtigsten Sätze seines Briefes lauten : « Es betrübt mich sehr die Trennung der Naturen, und besonders nach der Vereinigung, da sie uns zwei Söhne anstelle eines einzigen bringt, wie der bewundernswürdige Anastasius mitten in Konstantinopel sagte : Ich bekenne den Vater und den Sohn und den Heiligen Geist und unseren Herrn Jesus Christus » [7]. Rabbula hat hier die Gedanken und die Terminologie Cyrills übernommen. Fassen wir besonders den dritten Anathematismus und entsprechende Ausführungen des 2. und 3. Briefes an Nestorius [8] ins Auge, so ist die Übereinstimmung deutlich [9]. Gerade das, was Andreas zweifelhaft erscheint, ist Rabbula der Verteidigung wert. Ebenso wie bei Cyrill liegt für ihn die Bedeutung von *φύσις* und *ὑπόστασις* eng beieinander.

[3] Overbeck, 222, 18.

[4] Andreas bei Cyrill, *Adversus orientales episcopos*, ACO I 1, 7; p. 49, 9-12. Cf. die Besprechung dieser Stelle bei Grillmeier, *Vorbereitung*, 191-192.

[5] Sein Text ACO I 1, 1; p. 40, 28-30.

[6] ACO I 1, 7; p. 38, 6-7. Dieser Vorwurf gilt sinnvollerweise nur unter der Voraussetzung, daß physis und hypostasis identisch sind. Wird hingegen von « zwei Naturen » gesprochen, kann, wie Grillmeier, *Vorbereitung*, 192 richtig bemerkt, auch Andreas von einer Hypostase sprechen.

[7] Overbeck, 223, 1-6.

[8] Ep. 4 : ACO I 1, 1; p. 25-28; ep. 17 : ACO I 1, 1; p. 33-42.

[9] Folgende Ausdrücke entsprechen sich : *διαιρεῖν*/ܦܠܓ; *ὑπόστασις*/ܩܢܘܡܐ; *ἕνωσις*/ܚܕܝܘܬܐ.

Wohl sind beide Ausdrücke nicht synonym, aber doch eng aufeinander bezogen. Zu Beginn der Auseinandersetzung mit Nestorius hatte Cyrill die apollinaristische *μία φύσις* Formel übernommen, im guten Glauben, sie stamme von Athanasius. Im bedeutsamen Unterschied zu Apollinaris hatte er aber physis nun im Sinne eines individuellen, subsistierenden Seins verstanden. Es handelt sich hier nicht mehr nur um eine bloße Wesenheit, sondern um eine volle Lebenstätigkeit, die allerdings nicht als autonomes Gebilde denkbar ist. Die physis im Verständnis Cyrills schließt immer eine hypostasis in sich, eine konkrete, individuelle Existenz. Hier liegt ein unübersehbarer Berührungspunkt mit dem keyānā-Begriff der Predigt Rabbulas in Konstantinopel, der ja auch nicht nur eine abstrakte Wesenheit, sondern eine konkrete, individuell geprägte Existenz und Wirklichkeit bezeichnete. Die spätere spezifische Bedeutung von hypostasis ist hier noch miteinbegriffen. Bei Rabbula und Cyrill ist diese Übereinstimmung in der inneren Verwandtschaft der Begriffe keyānā, physis und hypostasis ein Indiz für den gemeinsamen christologischen Ansatz. Beide gehen nicht von dem Problem aus, wie zwei verschiedene und ursprünglich getrennte Naturen in einer Einheit gedacht werden können. Bei beiden liegt vielmehr die Vorstellung zugrunde von zwei Phasen in der Existenz der einen physis des Logos, der sich inkarniert. Die Fleischesnatur Christi ist deshalb mit der Wirklichkeit des göttlichen Logos, seiner physis und seiner hypostasis unlösbar verbunden. Die Seinsgrundlage der Menschennatur Christi ist im Logos beschlossen. Gleichwohl kann Cyrill von den zwei Aspekten der einen fleischgewordenen Existenz des Logos sprechen als von zwei *φύσεις* oder *ὑποστάσεις* oder auch *πράγματα* [10]. Hypostasis ist hier die Existenzform eines Dinges, das von anderen Dingen aus derselben Substanz getrennt existiert, ohne schon eine Person zu sein. Die apollinaristische Einheitsterminologie hindert ihn nicht daran, die gleichen Ausdrücke auch im Plural zu gebrauchen [11], um den fundamentalen Unterschied zum Christusverständnis des Apollinaris zu markieren, nämlich die Anerkennung der *ψυχὴ λογική* Christi [12]. Die mensch-

[10] Cf. ACO I 1, 6; p. 112, 15-16 die Terminologie in der Apologie gegen die Streitschrift Theodorets.

[11] So im 3. Anathematismus ACO I 1, 1; p. 40, 28 : *ὑποστάσεις*, aber auch schon im Brief an Nestorius ACO I 1, 1; p. 27, 2 : *φύσεις*.

[12] Cf. ep. 4; ACO I 1, 1; p. 26, 27.

liche Natur Christi kann somit auch als eine physis, als ein Prinzip der Selbstbewegung gedacht werden.

Wie wir sahen, enthält der schon bei Ephräm vorliegende und von Rabbula übernommene keyānā-Begriff die Möglichkeit einer christologischen Anwendung, wie wir sie bei Cyrill vorfinden. Es konnte deshalb für den Bischof von Edessa nicht schwierig sein, sich der Konzeption seines Kollegen in Alexandrien anzuschließen, die er in seinen Briefen an Nestorius und in seinen 12 Anathematismen entwickelt hatte. Die tiefverwurzelte Übereinstimmung seiner Christologie mit der alexandrinischen Lehre ließ Rabbula unmittelbar vor dem Konzil von Ephesus zu einem Verteidiger Cyrills gegenüber den von Antiochien her beeinflußten Bischöfen werden.

Rabbula hatte in seinem Brief um eine nähere Erläuterung der christologischen Anschauungen des Andreas gebeten [13]. Bis vor wenigen Jahren war nur die handschriftliche Existenz eines Briefes des Andreas an Rabbula bekannt [14]. Nun ist aber dieser Brief ediert und damit der weiteren Erforschung erschlossen [15]. Er trägt die Überschrift: « Brief des hl. Andreas, Bischofs von Samosata an Rabbula, Bischof von Edessa, in dem er ihn tadelt wegen der Ähnlichkeit seiner Lehre mit dem Bekenntnis Cyrills und des gottlosen Apollinaris » [16]. Dem Schreiben war ein Florileg patristischer Zitate angehängt, das leider verloren gegangen ist. Die Autoren dieser Zitate werden aber vorher im Brief angeführt [17]. Es ist interessant, daß die Liste der Wahrheitszeugen auch Diodor von Tarsus enthält, aber an ihrem Ende Andreas bemerkt, daß er wegen Rabbulas feind-

[13] Overbeck, 222, 19-223, 1.

[14] Nr. 82 der Sammlung Borgia syriaca der Vatikanischen Bibliothek. Cf. A. Baumstark, *Ein Brief des Andreas von Samosata an Rabbula von Edessa und eine verlorene dogmatische Katene*, OC 1 (1901), 179-181; J. Rucker, *Florilegium Edessenum anonymum*, SBAW 1933, H. 5, München 1933, p. XV-XVI; Grillmeier, *Vorbereitung*, 192 benutzt eine lateinische Übersetzung von G. Brandhuber.

[15] Die Edition wurde besorgt von Pericoli-Ridolfini, *Lettera*. Eine Interpretation des Briefes gibt Abramowski, 51-64. Es wurde bisher noch nicht bemerkt, daß die von Overbeck wiedergegebenen Fragmente aus diesem Brief stammen. Es entsprechen sich folgende Partien: Overbeck, 223, 11-17 = Pericoli-Ridolfini, 154, 3-5; Overbeck, 223, 19-224, 8 = Pericoli-Ridolfini, 155, 24-30; Overbeck, 224, 10-14 = Pericoli-Ridolfini, 157, 22-25; Overbeck, 224, 16-22 = Pericoli-Ridolfini, 157, 31-158, 3.

[16] Pericoli-Ridolfini, 154, 1-2.

[17] Pericoli-Ridolfini, 159, 1-13. Zu den einzelnen Namen, cf. Abramowski, 52-54.

licher Einstellung darauf verzichte, ein Zeugnis von Theodor von Mopsuestia hinzufügen [18].

Es kann kein Zweifel darüber bestehen, daß es sich bei diesem Brief um das Antwortschreiben des Andreas auf den vorangegangenen und oben besprochenen Brief Rabbulas handelt. Auf diesen Zusammenhang weisen folgende Sätze der Einleitung: « Du hast uns einen kurzen Brief gesandt, der keine genaue Information (ܡܠܦܢܘܬܐ = Lehre) enthält. Du sprichst in ihm von dem Buch, das wir zur Wiederlegung der 12 Kapitel Cyrills geschrieben haben. Ich hätte zwei Söhne erfunden anstelle des einen unserer Verkündigung » [19]. Das Schreiben Rabbulas war tatsächlich so kurz und in seinem Inhalt so unbestimmt, daß es den Wunsch des Andreas nach weiterer Aufkärung verständlich erscheinen läßt.

Die Situation des Briefes wird noch durch eine weitere Bemerkung aufgehellt: « Kürzlich ist ein Mann von dort zu uns gekommen, der erzählte, daß sich deine Väterlichkeit sehr scharf gegen uns verhält, nicht nur im Verborgenen, sondern auch öffentlich vor dem Volk und dazu noch den Bann gegen diejenigen ausspricht, die nicht mit der Meinung Cyrills von Alexandrien übereinstimmen und gegen diejenigen, die unsere Schriften lesen, die wir zur Widerlegung seiner 12 Kapitel verfaßt haben » [20]. Diese Angaben über die Vorgänge in Edessa haben Pericoli-Ridolfini dazu geführt, den Brief der Korrespondenz des Bischofs von Samosata nach dem Konzil von Ephesus einzuordnen, wie sie hauptsächlich in der Collectio Casinensis der Konzilsakten gesammelt wurde [21]. Ausschlaggebend für die Datierung nach Ephesus war die Übereinstimmung dieser Angaben mit ähnlichen Nachrichten in dem Brief des Andreas an Bischof Alexander von Hierapolis [22]. Bei näherer Prüfung erheben sich aber schwerwiegende Bedenken gegen diese Zuordnung. Ein genauer Vergleich der beiden Briefe des Andreas an Rabbula und an Alexander zeigt nämlich, daß es sich hier um gänzlich verschiedene Situationen handelt. Im Brief an Alexander wird ein Bericht über die Tätigkeit Rabbulas

[18] Pericoli-Ridolfini, 159, 13-16. Diodor wird 159, 7 erwähnt.

[19] Pericoli-Ridolfini, 154, 19-21.

[20] Pericoli-Ridolfini, 154, 3-6.

[21] Pericoli-Ridolfini, *Controversia*, cf. besonders die Korrespondenzliste, p. 216-217.

[22] ACO I 4, 2; p. 86-87. Die lateinische Übersetzung ist ebenso wiedergegeben bei Schwartz, *Konzilstudien*, 23-24, n. 2. Zur weiteren Interpretation, cf. *infra*.

wiedergegeben, der in Edessa das Anathema über Theodor ausgesprochen hat, den Kampf gegen sein Schrifttum eröffnet und sogar eine öffentliche Verbrennung seiner Schriften zusammen mit denen des Andreas veranstaltet [23]. Im Brief an Rabbula wird hingegen auf die bestimmte Nachricht eines einzelnen Mannes Bezug genommen, daß Rabbula öffentlich gegen Andreas auftrete und den Bann gegen die Gegner Cyrills und die Leser der Refutatio seiner 12 Kapitel verkünde. Gegen Theodor hat Rabbula zu diesem Zeitpunkt nur eine ablehnende Haltung eingenommen, ohne jedoch mit bestimmten Kampfmaßnahmen zu beginnen. Überdies fehlen in diesem Brief alle Details über eine Reihe von Vorgängen, wie sie in dem Schreiben an Alexander berichtet werden. Wir haben es also in den beiden Briefen mit zwei verschiedenen Situationen zu tun, die die Eskalation der Auseinandersetzung vor und nach Ephesus illustrieren. Schon vor dem Konzil machte Rabbula kein Hehl aus seiner entschiedenen Ablehnung der Streitschrift des Andreas gegen die 12 Kapitel Cyrills. Ob er schon tatsächlich den Bann gegen die Opponenten Cyrills ausspricht, oder dies nur die übertreibende Darstellung seiner Gegner ist, mag dahingestellt bleiben. Der offene Kampf gegen Theodor und Bücherverbrennungen beginnen wenigstens erst nach dem Konzil. Erst jetzt ist der Weg zum offenen Angriff freigegeben. So zwingt gerade die zutreffende Charakterisierung des Briefes durch Pericoli-Ridolfini [24] dazu, ihn vor Ephesus anzusetzen [25].

Seinem Inhalt nach ist der ganze Brief eine Rechtfertigung der Widerlegung der 12 Anathematismen Cyrills. Andreas sagt ausdrücklich, daß er sich weigert, irgendetwas zurückzunehmen, was er in dieser Streitschrift behauptet habe [26]. Dann nimmt er direkt Bezug auf den von Rabbula erhobenen Vorwurf, « daß es sich nicht zieme,

[23] Cf. *infra* die Darstellung des Zusammenhanges.

[24] Pericoli-Ridolfini, *Controversia*, 192 : « La lettera di Andrea a Rabbula é quindi una apologia dei suoi scritti contro i κεφάλεια di Cirillo e, a detta dello stesso autore, si può considerare un compendio del pensiero teologico da lui espresso nella confutazione dei κεφάλαια ».

[25] Die Alternative ist unvollziehbar. Dann müßte auch der Brief Rabbulas an Andreas nach Ephesus angesetzt werden. Dies ist aber unmöglich. Es müßte höchstens ein uns noch unbekannter Brief im Spiel sein. Schwierig ist bei der vorgeschlagenen Datierung lediglich das Anathema gegen die Anticyrillianer schon vor Ephesus. Vielleicht handelt es sich hierbei um eine Übertreibung der Gegner.

[26] Pericoli-Ridolfini, 154, 24s.

die Naturen nach der Union in der Rede zu trennen, damit wir nicht zwei Söhne daraus machen»[27]. Andreas hat hier durch die Hinzufügung von (ܒܡܠܬܐ/κατὰ λόγον) einen neuen Akzent gesetzt, der die Hauptrichtung seiner Argumentation angibt. Zugleich nimmt er den Vorwurf Rabbulas auf, wenn er ihn in folgender Weise referiert: «... und da es nicht richtig sei im Verstande (ܒܪܥܝܢܐ/κατὰ διάνοιαν) die Menschheit Christi von seiner Gottheit zu unterscheiden, um nicht zwei Söhne zu unterscheiden...»[28]. Andreas möchte zeigen, wenn es sich um eine bloß gedachte Unterscheidung handelt, die er ja einzig und allein im Auge hat, so kann sie sich natürlich nicht auf die Naturen selbst, sondern nur auf ihre Idiomata beziehen. Dabei ist der Ausgangspunkt immer das eine *πρόσωπον*. «Da ein *πρόσωπον* in der *συνάφεια* der Naturen erkannt wird, unterscheiden wir im Denken und in der Rede (ܒܣܘܟܠܐ/κατ' ἔννοιαν) nicht die Naturen, sondern was im einzelnen jeder der Naturen zukommt»[29]. Für Andreas ist das eine logische Argument ausschlaggebend, daß die Unterscheidung von verschiedenen Eigenschaften schon als ein Beweis für die Existenz einer Person ist. Es kann keine wirkliche Vereinigung geben, wenn nicht wenigstens im Denken unterschieden wird, woraus die Einigung entsteht. «Das muß ich zusammenfassend jenen sagen, die mich tadeln, daß ich zwei Naturen verkündige, die miteinander verbunden sind: es (kann) auch nicht 'Einigung' heißen, wenn nicht zuvor im Denken (die) getrennt werden, in deren Verbindung die Einigung geschehen ist»[30]. Aber offenbar handelt es sich bei diesen Gedanken, die den größten Wert auf die Unterscheidung der Eigenschaften der Naturen legen, um ein apologetisches Argument. Denn daß hier keineswegs nur eine theoretische Sache und ein bloß noetischer Aspekt gemeint sind, enthüllt am Anfang des Briefes die Anwendung dieses ganzen Gedankenganges auf das eine *πρόσωπον*. «Und ich sage, daß eine *συνάφεια* der göttlichen und menschlichen Natur geschah, und der Eingeborene aus dem Vater verband sich (ܐܩܦ)

[27] Pericoli-Ridolfini, 156, 27s; Übers. Abramowski, 62.

[28] *Ibid.*, 158, 18s; Übers. *ibid.*, 62.

[29] *Ibid.*, 155, 21s; Übers. *ibid.*, 61. Cf. auch Pericoli-Ridolfini, 157, 9s: «...ebenso wird auch nicht Christus, der einer ist, in zwei geteilt, dadurch daß in ihm in der Rede Dinge unterschieden werden, die einzeln jeder der Naturen gehören». (Übers. Abramowski, 62). Ähnlich auch Pericoli-Ridolfini, 155, 29ss; Übers. Abramowski, 62.

[30] Pericoli-Ridolfini, 158, 22-24; Übers. Abramowski, 62.

in der Union die Natur, die er aus dem Samen Davids nahm, so daß es zwei Naturen waren, im Denken aber ein *πρόσωπον* wegen der *συνάφεια*» [31]. Diese kongruente Anwendung des ܒܪܢܫܐ sowohl auf die Idiomata der zwei Naturen als auch auf das eine Prosopon dürfte es Andreas unmöglich machen, die Bedenken Rabbulas zu zerstreuen, der durch die Unterscheidung der Naturen, wie sie Andreas auch ohne Vorbehalt behauptet [32], die wesenhafte Einheit des Menschgewordenen bedroht sieht.

Da der Brief diesen durchgehenden Tenor enthält, kann von einer Annäherung der Standpunkte keine Rede sein. Durch die Einführung des noetischen Momentes mußte hingegen nur eine Verschärfung des Gegensatzes erreicht werden. Daß Rabbula und Andreas nicht imstande sind, sich auf ein und derselben Verstehensebene zu begegnen, zeigt auch die auf einem absichtlichen Mißverständnis beruhende Ablehnung der von Rabbula akzeptierten Redeweise Cyrills von einem Zeitpunkt nach der Einigung. « Sehr töricht und ohne Verstand ist vor allem die List, daß man sagt 'nach der Einigung', denn es gibt keine Gelegenheit dafür. Denn der Mensch unseres Herrn wird nicht vor der Union mit Gott gedacht. Und es gab keine Zeit, in der jene Natur (sc. der Gott-Logos) nicht in ihm (sc. im Menschen) gefunden worden wäre. Die Weisheit baut sich ihr Haus (Prov. 9,1), und der Bewohner trennt sich nie von seinem Tempel. Es ist also sehr dumm, zu sagen 'nach der Einigung', als ob zuerst der Mensch gebildet würde und dann schließlich die *συνάφεια* geschehen würde » [33]. Dabei verkennt Andreas völlig das in der Unterscheidung von *πρό τῆς ἑνώσεως* — *μετὰ τὴν ἕνωσιν* zutage tretende Anliegen, die Transzendenz und die Unwandelbarkeit des Logos unbedingt zu wahren. Es liegt hier eine dynamisch-geschichtliche Betrachtungsweise vor [34], die für Andreas der Anlaß ist, seinem Gegner nestorianische Anschauungen

[31] Pericoli-Ridolfini, 155, 8-10; Übers. Abramowski, 61.

[32] Cf. Pericoli-Ridolfini, 156, 9ss.

[33] Pericoli-Ridolfini, 156, 28-157, 1; Übers. Abramowski, 59. Cyrill hat es natürlich gänzlich ferngelegen, die von Andreas angedeuteten Folgerungen aus seiner Christologie der sich einander ablösenden Zeitphasen zu ziehen.

[34] Gegen J. Lebon, *La christologie du monophysisme syrien*, in: *Chalkedon* I, 425-580, p. 522ss, der meint, daß diese Unterscheidung bei Cyrill rein abstrakt sei und völlig des geschichtlichen Momentes entbehre. Hier liegt gerade der entscheidende Unterschied zwischen Cyrill und Severus. Erst in der Spätphase seines Denkens hat Cyrill auch ontologische Kategorien stärker benutzt.

zuzuschreiben. Der tiefste Gegensatz zu Rabbula liegt in der sich in ontologischen Kategorien bewegenden wissenschaftlichen Betrachtungsweise des Bischofs von Samosata, die von einem grundsätzlich anderem Ansatz her bestimmt ist als die christologische Konzeption der alexandrinischen und syrischen Theologie. Aus diesem Grunde ist es auch nicht verwunderlich, daß sich bei Andreas alle Elemente der späteren Formel von Chalcedon finden [35], obwohl er bei seiner Auseinandersetzung mit Rabbula den hypostasis-Begriff sehr selten gebraucht, wahrscheinlich mit der Absicht, der Terminologie und Denkweise seines Opponenten entgegenzukommen [36].

2. Hat Rabbula am Konzil von Ephesus teilgenommen?

Nach den uns verfügbaren Quellen hat Rabbula von Anfang an Kritik an den christologischen Anschauungen des Nestorius geübt. Darüberhinaus war er bis zum Frühjahr 431 zu einem entschiedenen Parteigänger Cyrills geworden, indem er für die 12 Anathematismen eintrat.

Nicht ebenso eindeutig ist die Frage zu beantworten, auf welcher Seite Rabbula während der Verhandlungen in Ephesus gestanden hat, oder ob er überhaupt an diesem Konzil teilnahm. Weder von ihm selbst noch vom Hagiographen liegt die geringste Andeutung vor, daß er zu den Konzilsvätern gehörte [1]. Natürlich war auch Rabbula als Metropolit vom Kaiser Theodosius II. dringend zu dieser Versammlung eingeladen worden [2]. Wenn ihn nicht die im Brief an Andreas erwähnte Krankheit [3] sowieso verhinderte, eine lange Reise anzutreten, hätte er normalerweise zu den orientalischen Bischöfen gehören müssen, die unter der Führung des Johannes von Antiochien am 26.Juni in Ephesus eintrafen, nachdem Cyrill schon

[35] GRILLMEIER, *Vorbereitung*, 192.

[36] In dem Brief an Rabbula wird hypostasis nur zweimal verwandt, und zwar PERICOLI-RIDOLFINI, 155, 25 in dem Zitat von *Hebr. 1, 3* und *ibid.* 155, 11 auf den Logos bezogen: ܟܝܢܐ ܕܩܢܘܡܗ, die Natur seiner Hypostase. Zur Verwendung des Begriffes bei Andreas cf. M. RICHARD, *L'introduction du mot Hypostase dans la Théologie de l'incarnation*, *Mélanges de science religieuse* 2 (1945), 5-32. 243-270, 254ss.

[1] Cf. *supra*. Beim Hagiographen kann dieser Sachverhalt natürlich mit seiner tendenziösen Darstellung zusammenhängen.

[2] Cf. ACO I 1, 1; p. 114-116 das Schreiben von Theodosius II. an Cyrill, in dem er über die Einladung an alle Metropoliten berichtet.

[3] OVERBECK, 222, 6-7.

am 21.Juni in ihrer Abwesenheit das Konzil eröffnet hatte und am 22.Juni in seiner ersten Sitzung Nestorius und seine Anhänger abgesetzt worden waren [4]. Allerdings ist es auch möglich, daß Rabbula zu denjenigen syrischen Metropoliten gehörte, die nach einer Nachricht Cyrills den übrigen Bischöfen vorausgeeilt und früher als sie in Ephesus eingetroffen waren. Dort hätten sie vorgeschlagen, nicht auf die Ankunft des Johannes zu warten, sondern sofort die Verhandlungen zu beginnen [5]. Es wäre aber in diesem Falle zu erwarten gewesen, daß Rabbula sich dem Urteil über Nestorius angeschlossen hätte und sein Name unter den 197 Unterschriften dieses Dokumentes enthalten ist [6]. Dies ist aber nicht der Fall. Ebensowenig ist Rabbulas Name zu finden unter den 43 Unterschriften der ersten Entschließung der Synode der Orientalen, die am 26. oder am 27.Juni unter dem Vorsitz von Johannes von Antiochien zusammentrat und sofort die Exkommunikation von Cyrill und Memnon und ihrer Anhänger verfügte [7]. Rabbula muß also zu diesem Zeitpunkt überhaupt noch nicht in Ephesus gewesen sein, oder er hat sich absichtlich von der Versammlung der Orientalen ferngehalten. Sein Name fehlt auch in der Liste der am 17.Juli in der fünften von Cyrill geleiteten Sitzung abgesetzten orientalischen Bischöfe [8].

Um so überraschender und unerklärlicher ist es, daß die Unterschrift des Bischofs von Edessa in drei anderen Dokumenten der Synode der Orientalen zu finden ist. Das erste enthält die Exkommunikation Cyrills und Memnons und die Verurteilung ihrer Lehre [9]. Es trägt 53 Unterschriften, darunter die Rabbulas an vorletzter Stelle. Das zweite Dokument ist ein Schreiben der Synode der Orientalen an die Gemeinde von Hierapolis, in dem die Verurteilung Cyrills und seiner Anhänger erläutert und gerechtfertigt wird [10]. Es trägt

[4] Zu den Einzelheiten des Verlaufs des Konzils cf. zuletzt CAMELOT, *Ephesus*, 50ss.

[5] *Apol. ad Theod.* 18; ACO I 1, 3; p. 83. Die Zeitangaben Cyrills lassen allerdings diese Nachricht in einem zweifelhaften Lichte erscheinen.

[6] ACO I, 1, 1; p. 54-64.

[7] ACO I, 1, 5; p. 123-124. Die Liste der Unterschriften wird als vollständig angesehen, da sie mit der Bemerkung endet: ὁμοῦ πάντες $\overline{\mu\gamma}$ (124, 10).

[8] ACO I, 1, 3; p. 24-25. Diese Liste enthält nur 34 Namen. Das conciliabulum der Antiochener scheint inzwischen einige Anhänger gewonnen, aber auch andere verloren zu haben.

[9] ACO I, 4, 2; p. 36, 41ss: Sententia totius synodi quae cum Johanne Antiocheno convenit episcopo. Die Unterschrift Rabbulas p. 38, 52.

[10] ACO I, 4, 2; p. 44, 29ss.

ebenso 53 Unterschriften [11]. Und schließlich steht Rabbulas Name auch unter einem Brief an den Beauftragten der antiochenischen Partei in Konstantinopel, der gebeten wird, auf eine Intervention des Kaisers hinzuwirken [12]. Dieser Brief trägt insgesamt 42 Signaturen [13].

Zur Beurteilung der hier angeführten Quellen ist es wichtig zu beachten, daß die ersten beiden (n.7-8) den in der Collectio Vaticana gesammelten griechischen Konzilsakten entstammen, deren Grundform von einem Anhänger Cyrills verfaßt wurde [14]. Hingegen sind die übrigen drei Dokumente (cf.n.9-13) in der lateinischen Übersetzung und Bearbeitung der Konzilsakten der Collectio Casinensis enthalten. Diese lateinische Sammlung wurde während des sogenannten «Dreikapitelstreites» von dem Diakon Rusticus in Konstantinopel geschaffen, um den Beweis zu erbringen, daß 553 die «drei Kapitel» zu Unrecht verurteilt wurden [15]. Hauptquelle dieser lateinischen Bearbeitung ist die «Tragoedia» des Comes Irenäus, eines engen Freundes des Nestorius [16].

In bezug auf die Rolle Rabbulas liegt es nahe, sowohl bei den Quellen der Collectio Vaticana als auch der Collectio Casinensis eine tendenziöse Darstellung für möglich zu halten. Hat Rabbula an der Synode der Orientalen teilgenommen, so könnte eine Cyrillfreundliche Schilderung leicht der Versuchung erlegen sein, diese feige Kollaboration zu verschweigen. Hat Rabbula aber nicht an der Synode der Orientalen teilgenommen, weil er sich von ihr fernhielt, oder weil er überhaupt nicht in Ephesus anwesend war, so könnte eine Nestorius-freundliche Darstellung ein Interesse daran haben, nachträglich seine Mitwirkung zu postulieren. Der gleiche Gesichtspunkt gilt auch für einen in der Collectio Casinensis enthaltenen Brief des Andreas an Alexander von Hierapolis aus dem Jahre 432 [17],

[11] Rabbulas Name, p. 45, 17.

[12] ACO I, 4, 2; p. 65, 31ss.

[13] Rabbulas Unterschrift, p. 67, 6.

[14] Über die Collectio Vaticana und ihren Kompilator cf. ALTANER, *Patrologie*, 22 und die betreffenden Ausführungen von SCHWARTZ in der praefatio zu ACO I 1, 1.

[15] Zur Collectio Casinensis cf. ALTANER, *Patrologie*, 22, und SCHWARTZ, *praefatio*, ACO I 4.

[16] Cf. SCHWARTZ, praefatio XIII, ACO I 4.

[17] ACO I 4, 2; p. 86, 25-87, 6. Zu weiteren Ausführungen über diesen Brief, cf. *infra*, 181s.

dessen Inhalt nicht unbedingt darüber Aufschluß gibt, ob Rabbula an der Synode der Orientalen teilgenommen hat, der aber in diesem Sinne durch eine spätere Überschrift interpretiert wurde [18].

Auf Grund der bisher besprochenen Quellen ist es also nicht möglich, mit Sicherheit eine Entscheidung über die Beteiligung Rabbulas am Konzil von Ephesus zu fällen. Vielleicht kann uns aber der Bericht des Ibas in seinem Brief an Mari [19] über die Vorgänge in Ephesus einen weiteren Aufschluß geben. Nachdem Ibas die nach seiner Meinung unrechtmäßige Synode Cyrills geschildert hat, schreibt er : « Zwei Tage nach dieser Absetzung (des Nestorius) kamen wir in Ephesus an und da wir hörten, daß sie dabei zugleich die 12 Kapitel Cyrills bestätigt und ihm als dem wahren Lehrer beigestimmt hatten, setzten sämtliche Bischöfe des Orients Cyrill ab und beschlossen gegen die übrigen Bischöfe, die seinen Kapiteln beistimmten, die Exkommunikation. Hierauf kehrten alle in ihre Städte zurück » [20]. Dann schildert Ibas die Kampagne, die Rabbula nach seiner Rückkehr in Edessa gegen die Gegner Cyrills beginnt. Mit keiner Silbe erwähnt er aber die doch gewiß bemerkenswerte Tatsache, daß der « Tyrann der Stadt » in solch kurzer Zeit eine völlige Sinnesänderung erfuhr. Wäre hier wirklich ein Anhaltspunkt gegeben, hätte Ibas sich kaum diesen Vorwurf entgehen lassen, da er sowieso darauf zielt, die Handlungen seines Bischofs auf das Konto persönlicher Feindschaft und Charakterschwäche zu setzen.

Aus dem Brief des Ibas ist deshalb mit großer Wahrscheinlichkeit zu folgern, daß Rabbula überhaupt nicht in Ephesus erschienen war. Wie sollte er sich auch nach seiner klaren Stellungnahme in Konstantinopel und seiner entschiedenen Auseinandersetzung mit Andreas zur Teilnahme an einer Synode entschlossen haben, die von vornherein im offenen Gegensatz zu Cyrill stehen mußte! Nach allem, was vorangegangen war, ist zu schließen, daß Rabbula entweder

[18] Epistola sanctae memoriae viri Andreae episcopi Samosatae civitatis ad Alexandrum episcopum Hierapolitanum de Rabbula episcopo Edesseno, qui se ab Orientali synodo seperavit. Auch nach dieser Überschrift muß es offen bleiben, ob die Trennung dadurch geschah, daß Rabbula von der Synode fernblieb, oder während oder nach der Versammlung seine Opposition kundtat.

[19] Einzelheiten zu diesem Brief, cf. *infra*, 166, n. 9-10.

[20] ACO II, 1, 3; p. 33, 10-16. Die deutsche Übersetzung dieses Abschnittes ist ebenso wie der infra 166-167 und 180-181 zitierten Partien entnommen aus der Wiedergabe des gesamten Briefes bei C.J. von Hefele, *Conciliengeschichte* II, 2. Aufl. Freiburg 1875, 487-489.

überhaupt nicht nach Ephesus reiste, um einer offenen synodalen Auseinandersetzung zu entgehen, oder im Falle seiner Anwesenheit von Anfang an auf der Seite Cyrills gestanden hat. Die zuerst von Lagrange geäußerte Vermutung [21], daß die Partei der Orientalen ihre Unterschriftlisten zum Teil etwas künstlich erweiterte, um den Eindruck größerer Geschlossenheit zu erwecken [22], hat deshalb einen hohen Grad der Wahrscheinlichkeit. Wenn auch nicht mit letzter Sicherheit in dieser Frage eine Entscheidung getroffen werden kann, so sprechen doch innere und äußere Gründe mit großer Wahrscheinlichkeit dafür, daß Rabbula sich nicht durch kirchenpolitischen Druck von seiner ursprünglichen christologischen Überzeugung abbringen ließ und weiterhin konsequent die Linie Cyrills verfolgte. Es gibt weder einen Anhaltpunkt dafür, daß er sich von seinen Mitbischöfen dazu bewegen ließ, gegen das autoritäre und rücksichtslose Verhalten Cyrills zu opponieren [23], noch ist die Darstellung zutreffend, daß er erst nach seiner Heimkehr nach Edessa sich als zelotischer Anhänger des Patriarchen von Alexandrien entpuppte [24]. Irgenwelche tendenziösen Erklärungen des angeblichen Frontwechsels Rabbulas sind also durchaus überflüssig. Bei allen Widersprüchen und Rätseln, die uns die Quellen aufgeben, dürfte es der Wahrheitsfindung am dienlichsten sein, dem Bischof von Edessa eine Stellungnahme zu den Vorgängen in Ephesus zuzutrauen, die seiner innersten Über-

[21] LAGRANGE, *Un évêque Syrien*, 214.

[22] Diese Erweiterung kann natürlich auch von dem Nestorius-Freund Irenäus in seiner « Tragoedia » vorgenommen worden sein, vielleicht aber auch erst von Rusticus.

[23] So BICKELL, 160. Nach dieser Vermutung wäre Rabbula eine sehr nachgebende, inkonsequente und leicht beeinflußbare Persönlichkeit gewesen, eine Sicht, die unvereinbar mit dem uns bekannten Charakterbild ist. Rabbula war der letzte, der nur aus Kollegialität und Konformität seine tiefsten Überzeugungen verleugnete.

[24] So SCHWARTZ, *Konzilstudien*, 23. Schwartz verfällt hier der historischen Schwarz-Weiß-Malerei. Rabbula erscheint bei ihm als ein skrupelloser Opportunist, der sich jeder neuen Situation anzupassen vermochte. Zurückhaltender und differenzierter ist das Urteil von BARDENHEWER, *Geschichte*, 389, der voraussetzt, daß Rabbula am Konzil von Ephesus teilgenommen hat : « Jedenfalls aber sind für diese Stellungnahme andere als dogmatische Erwägungen bestimmend gewesen. Die Lehre des Nestorius hat Rabbula unzweifelhaft schon zu Anfang des Streites, noch vor dem Konzil, entschieden bekämpft ».

zeugung gemäß war, dies um so mehr, da keine schwerwiegende Gründe dieser Annahme entgegenstehen [25].

3. Rabbulas Kampf gegen Theodor und seine Anhänger in Edessa. Seine Auseinandersetzung mit der « Schule der Perser ».

Nach dem Konzil von Ephesus mußten die schon vorher sichtbar gewordenen dogmatischen Gegensätze zum vollen Austrag kommen. In Edessa ergriff nun Rabbula die Initiative. Über sein Vorgehen sind wir unterrichtet durch einen Brief des Andreas von Samosata an Alexander von Hierapolis, der etwa Anfang des Jahres 432 geschrieben wurde [1]. Der Bericht des Andreas beruht auf Nachrichten aus Edessa, die ihm wahrscheinlich von Ibas und seinen Kreisen übermittelt wurden [2]. So schreibt Andreas an Alexander, daß Rabbula öffentlich von den Dogmen der Wahrheit abweiche und die Verteidiger des rechtmäßigen Glaubens verfolge [3]. In der Gegenwart der Gemeinde hat er den seligen Theodor, den Lehrer der rechten Orthodoxie, anathematisiert [4] und viele tausende gegen ihn aufgebracht. Auch belegte er diejenigen mit dem Bann, die die Schriften Theodors und seine eigenen lesen [5] und auch alle die, die die Codices Theodors besitzen und nicht zur Verbrennung bringen. Rabbula predige die eine Natur Christi und vertreibe alle, die anderer Meinung seien [6].

[25] Wenn überhaupt schon Gestalten der Geschichte auf der Anklagebank sehr parteiischer Historiker erscheinen müssen, so dürfte wenigstens dann der geläufige juristische Grundsatz « in dubio pro reo » recht und billig sein. Es geht nicht an, bei bestimmten Persönlichkeiten immer nur das Schlechteste für möglich zu halten und das Gute von vornherein auszuschließen.

[1] ACO I 4, 2; p. 86-87. Cf. die Besprechung des Zusammenhangs und der Details bei SCHWARTZ, *Konzilstudien*, 23-24.

[2] *Ibid.*, p. 86, 28 : Hi qui pro recta fide laborant, scripserunt mihi ab Edessa...

[3] *Ibid.*, p. 86, 38-29 : ...quia Rabbulas apertissime declinavit a dogmatibus veritatis et persequitur rectae fidei defensores...

[4] *Ibid.*, p. 86, 29-31 : ...ita ut Theodorem quidem beatum, rectae glorificationis magistrum, praesente anathematizaret ecclesia... 'glorificatio' entspricht wohl hier *ὀρθοδοξία*.

[5] *Ibid.*, p. 86, 32 : ...insuper et qui illa quae scripsimus... Gemeint ist damit wahrscheinlich die Schrift des Andreas gegen die 12 Anathematismen Cyrills.

[6] *Ibid.*, p. 86, 34-35 : Dicitur autem et praedicare quod una tantum natura sit Christi, et expellere valide hos qui aliquid aliud dicunt.

Aus der anfänglichen Opposition gegen die von Andreas vertretene Position, die sich hauptsächlich auf die Autorität Theodors stützte [7], hat sich jetzt eine offene Feindschaft entwickelt, deren ungewöhnliche Schärfe im öffentlichen Bann, in der Verbrennung von Büchern und in der Vertreibung der Gegner zum Ausdruck kommt. Gegenüber der von Rabbula propagierten Lehre von der einen Natur Christi und seinen Zwangsmaßnahmen, diese Lehre in Edessa durchzusetzen, mußten sich seine Gegner als Verteidiger des rechtmäßigen, überlieferten Glaubens betrachten. Es ist deshalb auch nicht erstaunlich, daß die so Unterdrückten nicht länger schweigen, sondern den Kampf aufnehmen, da sie fest davon überzeugt sind, daß Rabbula weder das Recht noch die Mehrheit der orientalischen Bischöfe auf seiner Seite hat [8].

Vergleichen wir nun mit dem Bericht des Andreas die Darstellung des Ibas in seinem Brief an Mari, bei dem es sich wahrscheinlich um den Metropoliten von Seleucia-Ctesiphon handelt [9]. Dieser Brief ist im Jahre 433 nach der Rekonziliation zwischen Cyrill und den Orientalen verfaßt [10]. Mari ist wahrscheinlich durch die « Schule der Perser » in Edessa hindurchgegangen und wurde dort mit der antiochenischen Theologie vertraut. Er muß aber schon vor Ausbruch der christologischen Streitigkeiten wieder nach Persien zurückgekehrt sein, denn Ibas hält es für nötig, ihm den Verlauf der ganzen Auseinandersetzung zu schildern. Er berichtet, daß die « anatolische Synode » auch nach dem Konzil von Ephesus von den Anhängern Cyrills getrennt blieb « und eine große Zwietracht entstand, so daß Heiden und Häretiker spotteten. Niemand wagte von einer Stadt in die andere, von einer Gegend in die andere zu gehen. Jeder verfolgte seinen Nachbarn wie einen Feind » [11]. Nach dieser eindrücklichen

[7] Cf. supra die Besprechung des von Pericoli-Ridolfini edierten Briefes des Andreas an Rabbula.

[8] ACO I 4, 2; p. 87, 1-3 : Mihi autem rationabile videtur ut qui ipse fiducialiter impie agit et omnes abiuravit Orientales, et nos contra eum clare pugnemus.

[9] « Mari », ist nicht ein Appellativum, das sich wahrscheinlich auf den Metropoliten Dadišō' bezieht, wie J. Labourt, *Le christianisme dans l'empire perse sous la dynastie sassanide*, Paris, 1904, 133 n. 6 vermutet, sondern der auf den Apostel Mari zurückgeführte offizielle Titel des Metropoliten, cf. Payne Smith, *Thesaurus*, II, 2207 und 2225.

[10] Der griechische Text ACO II 1, 3; p. 32-34, die lateinische Übersetzung ACO II, 3, 3; p. 39-43, die syrische Rückübersetzung bei Flemming, *Akten*, 48-52.

[11] ACO II 1, 3; p. 33, 17ss.

Darstellung der nach Ephesus in der orientalischen Kirche entstandenen Zwietracht und feindseligen Stimmung gibt Ibas nun auch genaue Auskunft über das Motiv von Rabbulas Vorgehen gegen die Anhänger Theodors in Edessa. «... und viele haben unter dem Vorwand kirchlichen Eifers ihre Privatfeindschaften befriedigt. Einer von ihnen ist der wohlbekannte Tyrann unserer Stadt, der unter dem Vorwand der Religion nicht nur Lebende, sondern auch Tote verfolgte, so zum Beispiel den seligen Theodor, diesen Herold der Wahrheit und Lehrer der Kirche, der nicht bloß bei seinen Lebzeiten die Häretiker schlug, sondern auch nach seinem Tode den Kindern der Kirche geistliche Waffen in seinen Schriften hinterließ. Diesen wagte er öffentlich vor der ganzen Kirche zu anathematisieren, und es entstand überall eine große Untersuchung wegen seiner Bücher, nicht weil sie dem Glauben zuwider sind, denn solange Theodor lebte, lobte ihn Rabbula und las seine Bücher, sondern aus einer bis dahin verborgenen Feinschaft gegen Theodor, weil er ihn auf der Synode einmal öffentlich widerlegt hatte» [12].

Die Diskrepanz zu der Berichterstattung des Andreas fällt sofort ins Auge. Während nach dessen Darstellung ein Wink von Konstantinopel die Verfolgungsaktion in Edessa auslöst [13], ist nach Ibas die tiefste Triebfeder dieses Kampfes in niederen Motiven persönlicher Feindschaft zu suchen. Bedenkt man, daß die Schilderung des Ibas einige Zeit später als die des Andreas liegt, stellt man außerdem in Rechnung, daß Andreas seine Nachrichten aus den Kreisen des Ibas bezog und erwägt man schließlich, daß Ibas persönlich unter der Herrschaft seines Bischofs zu leiden hatte, dürfte die Entscheidung darüber nicht schwer fallen, welcher von beiden Darstellungen die größere historische Glaubwürdigkeit gebührt. Diese Feststellung wird in negativer Weise bestätigt durch die von dem nestorianischen Bischof Barḥadbešabbā ʿArbāyā berichtete Episode, daß Rabbula von Theodor in Konstantinopel auf einer Synode deswegen zurechtgewiesen worden sei, weil er Presbyter geschlagen habe [14]. Ebenso

[12] ACO II, 1, 3; p. 33, 23ss.

[13] ACO I, 4, 2; p. 87, 3-5: Et mihi quidem videtur quod a Constantinopolim suscipiens litteras, quas nunc usque sustinuit, erupisset et impietatem, quam olim conceperat, clarissime peperisset.

[14] BARHADBŠHABBA, SCHER, 380, 6-381, 5: « Ungeachtet der Tatsache, daß die Welt für Theodor war, verachtete ihn sehr Rabbula, der Bischof von Edessa. Früher hatte Rabbula dem berühmten Exegeten viel Freundschaft erwiesen und seine Werke studiert.

dürfte die Bemerkung auf das Konto der Polemik des Ibas gehen, daß Theodor von Rabbula nicht nur gelesen, sondern auch gelobt worden sei. Ibas möchte seinem Gegner alle theologischen Motive seines Kampfes abstreiten und ihn dafür um so mehr mit schlechten Charaktereigenschaften behaften. Es ist auffallend, daß die von ihm abgelehnten theologischen Meinungen nur im Zusammenhang mit Cyrill zur Sprache kommen und so damit indirekt deutlich wird, daß er seinem eigenen Bischof eine eigenständige Überzeugung absprechen möchte.

Die von Andreas weitergegebenen Beschwerden waren auch nach Antiochien gelangt. Johannes reagiert nun auf die Kampfmaßnahmen Rabbulas durch ein Synodalschreiben an die Bischöfe der Osrhoëne und spricht in ihm die Empfehlung aus, sich der Gemeinschaft mit dem Metropoliten von Edessa zu enthalten, solange dieser den orthodoxen Glauben verfolgt [15]. Dieses energische Eingreifen Antiochiens liegt noch vor der Korrespondenz zwischen Cyrill und Rabbula, die uns über die Vorgänge in Edessa und Rabbulas Anschauungen weiteren Aufschluß gibt. Bevor wir uns jedoch dieser Korrespondenz zuwenden, müssen wir einen besonderen Abschnitt der Auseinandersetzung Rabbulas mit der « Schule der Perser » in Edessa widmen. Andreas hatte am Schluß seines Briefes bemerkt, daß die Kampfmaßnahmen in Edessa auf Anweisung aus Konstantinopel getroffen worden seien (cf. supra, n.13). Es kann sich hier nur um die Weisung des dem Nestorius gefolgten Patriarchen Maximian handeln, die Anhänger und das Schrifttum Theodors zu bekämpfen, um die nestorianische Irrlehre

Nachdem er aber nach Konstantinopel gegangen war, um einem Konzil der Väter beizuwohnen, wurde er angeklagt, Kleriker zu schlagen. Als er antwortete, daß auch selbst unser Herr geschlagen habe, als er den Tempel betrat, erhob sich der « Exeget », verwies ihn und sagte : 'Unser Herr hat dies nicht getan. Er hat sich nur mit dem Wort an die Leute gewandt indem er rief, 'Tut dies von hier fort', und er warf ihre Tische um. Aber er trieb mit Peitschenhieben die Stiere und Hammel hinaus'. Von dieser Zeit an hegte Rabbula einen Groll gegen ihn in seinem Herzen, und nach seinem Tod ließ er in Edessa alle seine Schriften verbrennen. Nichts entging dem Feuer außer den Kommentaren des Johannesevangeliums und des Kohelet ». Seit Ibas scheint diese Geschichte zum Arsenal der nestorianischen Polemik gegen Rabbula gehört zu haben. Dabei ist wohl kaum zu bezweifeln, daß die Anklage sich auf Tatsachen berufen konnte, — zur körperlichen Züchtigung cf. *supra*, 54s —, eine andere Frage ist jedoch, ob die Feindschaft zwischen Rabbula und Theodor wirklich, in der berichteten Begebenheit ihren tiefsten Grund hat.

[15] ACO I, 4, 2; p. 87, 7-20.

an der Wurzel zu packen. Als Anführer einer solchen Kampagne konnte unter den orientalischen Bischöfen nur Rabbula in Frage kommen. Er empfahl sich für ein solches Unternehmen durch seine entschiedene Parteinahme für Cyrill und seine Theologie. Aber nicht nur wegen der Person Rabbulas war für den Austrag dieses Kampfes Edessa besonders geeignet. Für die konsequenten Cyrillianer lag hier die Brutstätte eines Krypto-Nestorianismus, denn die « Schule der Perser » war ganz und gar an der Theologie Theodors orientiert. Hier mußte die Säuberung beginnen, wenn der Gegner in seinem Lebensnerv getroffen werden sollte. Um die volle Bedeutung dieser Auseinandersetzung zu ermessen, müssen wir uns in aller Kürze die Geschichte dieser Schule vergegenwärtigen.

Seit den Anfängen des Christentums in Edessa hat es in dieser Stadt auch einen theologischen Unterricht gegeben. Allerdings wissen wir nicht, inwieweit Bardesanes und dann im 3. Jahrhundert Macarius schon öffentliche Schulen gründeten, oder ihre Vorträge nur privaten Charakter trugen [16]. Dieses Unterrichtswesen nahm dann einen ungewöhnlichen Aufschwung, als im Jahre 363 aus dem von Kaiser Jovian an Persien abgetretenen Nisibis eine große Zahl von christlichen Exulanten in Edessa eintrafen. Unter ihnen befand sich auch Ephräm, der in seiner neuen Heimat eine rege theologische Lehrtätigkeit entwickelte und eine Reihe von bedeutenden Schülern heranbildete [17]. So erfolgreich ist Ephräms Wirksamkeit in Edessa gewesen, daß spätere Geschichtsschreiber ihn für den Gründer der sogenannten « Schule der Perser » hielten [18]. Es ist aber ebenso durch-

[16] Zu allen Einzelheiten und Quellenbelegen cf. NELZ, *Schulen*, 54-56. Ebenso sind die betreffenden Abschnitte heranzuziehen bei E.R. HAYES, *L'École d'Édesse*, Thèse. Paris, 1930. Eine zusammenfassende Darstellung der ersten Periode der Schule von Edessa bis zur Übernahme ihrer Leitung durch Narses nach dem Tode Rabbulas findet sich in dem Eingangskapitel von VÖÖBUS, *Nisibis*, 7-24.

[17] Die Belege aus dem sogenannten « Testament » des Ephräm und der Kirchengeschichte des Sozomenos sind zusammengestellt bei NELZ, *Schulen*, 57-58. Zur historischen Glaubwürdigkeit des Testamentes cf. ORTIZ DE URBINA, *Patrologia*, 57.

[18] So BARHADBŠHABBA, *Scher*, 381, 9-10. Cf. ebenso die Nachricht zitiert bei ASSEMANI, BO III², 924. Die hier mit Ephräm in Verbindung gebrachte Lehranstalt dürfte identisch sein mit der in anderen Quellen auftauchenden « Schule der Perser ». Cf. Simeon von Bēt Aršām zitiert bei ASSEMANI, BO I, 203 und THEODORUS LECTOR, HE, II 5; MPG 86, 1; 185 A-B : *Ἐν Ἐδέσσῃ τῇ πόλει διδασκαλεῖον Χριστιανικὸν ἦν Περσικῆς, ὥς φασι, διατριβῆς. Ἐξ οὗ τοὺς Πέρσας οἶμαι τὰ Νεστορίου φρονεῖν, τινῶν τοῖς τοῦ Νεστορίου χαιρόντων καὶ Θεοδώρου, προκαθημένων τοῦ τόπου, καὶ τὰ φίλα δόγματα τοῖς Πέρσαις παραδιδόντων.*

aus möglich, daß dieser große Denker und Gelehrte durch seine persönliche theologische Arbeit und freie Vortragstätigkeit die schon in Edessa bestehenden Schulen befruchtete und ihrer Entwicklung einen neuen Auftrieb gab. Daß es in der Stadt neben der «Schule der Perser» noch andere Stätten des allgemeinen Unterrichts, der Übersetzung und der Schriftauslegung gegeben hat, ist uns aus mehreren Quellen eindeutig bezeugt [19].

Was war nun das Verhältnis Rabbulas zu diesen Schulen, die er bei seinem Amtsantritt in Edessa vorfand? Leider erfahren wir vom Hagiographen nichts über dieses Thema. Hingegen findet sich in der Lebensbeschreibung Alexanders [20] ein interessanter Passus. «Nachdem er Bischof geworden war, wurde er gleichsam ein Hafen der göttlichen Erkenntnis, nicht nur für Syrien, Armenien und Persien, sondern fast für den ganzen Erdkreis. Denn seit Anfang an hat der Herr in jener Stadt Schulen der syrischen Sprache errichten lassen. Denn die Fürsten, nämlich die der benachbarten Städte, und Wohlhabende ließen ihre Kinder dort zur Schule gehen. Nachdem Rabbula nun die Herrschaft erlangt hatte, bemühte er sich, unter Mitwirkung des Heiligen Geistes alle im wahren und beständigen Glauben zu vereinigen... Die Söhne auswärtiger heidnischer Eltern ließ er zweimal im Monat aus der Schule zu sich kommen und lehrte sie das Wort der Wahrheit. Nachdem sie dann das Siegel des Heiligen Geistes empfangen hatten und auf diese Art und Weise eines sehr großen Segens inne geworden waren, kehrten sie in ihre Heimat zurück und vermittelten ihre im Lauf der Zeit erworbenen guten Sitten dann später auch ihren Kindern bis auf diese Zeit» [21]. Von theologischen Schulen kann also in unserem Zusammenhang keine Rede sein. Es handelt sich vielmehr um einen Elementarunterricht, der in erster Linie der Erlernung der syrischen Sprache und Schrift diente. Ob dieser Unterricht als eine Vorbereitung zu theologischen Studien angelegt war, muß dahingestellt bleiben [22]. Wenigstens hatte

[19] Abgesehen von den bei NELZ, *Schulen*, 60-62 zusammengestellten Belegen, cf. infra, n. 35.

[20] Über die in der Lebensbeschreibung Alexanders enthaltene Bekehrungsgeschichte Rabbulas, cf. *supra*, 36-39.

[21] DE STOOP, *Alexandre*, 673, 17-674, 13.

[22] Ohne hinreichende Gründe möchte BICKELL, 224 n. 1 diesen Unterricht als Vorbereitung für die theologischen Schulen verstehen. Wahrscheinlich stehen aber beide Arten des Unterrichts in keinem organisatorischen Zusammenhang.

Rabbula als Bischof der Stadt selbst nichts unmittelbar mit der Leitung dieser Schulen zu tun, er mußte vielmehr die Kinder « aus der Schule » zu sich kommen lassen, um ihnen Taufunterricht geben zu können. Offensichtlich ist aber die Tendenz dieses Berichtes. Die sehr bescheidenen Rolle Rabbulas im Schulwesen Edessas soll aufgewertet werden, und unter der Hand wird ihm dabei zugeschrieben, was nur von den theologischen Schulen gelten kann, die tatsächlich ein Hort der Gotteserkenntnis für Syrien, Armenien und Persien geworden sind.

Von diesen theologischen Schulen hat zur Zeit Rabbulas die größte Bedeutung die « Schule der Perser », die sich nicht nur auf Ephräm, sondern sogar auf den legendären Apostelschüler Addai zurückführte [23]. Ihr « Direktor und Exeget » ist Qioras [24], der wohl zuerst seine theologische Arbeit auf das Schrifttum Ephräms gründet, dann aber als seine Hauptaufgabe die Übersetzung der Kommentare Theodors von Mopsuestia ansieht [25]. Ihm zu Seite stehen eine Reihe bewährter Übersetzer, von denen uns besonders Ibas, Cumas und Probus bekannt sind [26]. Für diese Männer gilt Theodor als « der Exeget »

[23] Cf. Barhadbšhabba, *Scher*, 382, 11ss. 381, 9-10 war Ephräm als der Gründer der Schule bezeichnet worden.

[24] *Ibid.*, 382, 4 : « Der Direktor und Exeget der Schule war damals Qioras ».

[25] *Ibid.*, 382, 9 heißt es, daß « er aus den Traditionen Ephräms interpretierte ». Jedoch scheint allmählich Theodor eine Vorrangstellung bekommen zu haben. *Ibid.*, 381, 1ss wird berichtet, daß bei der Aktion Rabbulas nur zwei seiner Werke den Flammen entkamen, weil sie noch nicht ins Syrische übersetzt waren, das Zitat cf. supra, n. 14. *Ibid.*, 382, 9-10 wird von Qioras gesagt : « Das einzige, was er bedauerte, war, daß die Kommentare des 'Exegeten' noch nicht ins Syrische übersetzt waren », und *ibid.*, 383, 3s : « Als die Kommentare Theodors ins Syrische übersetzt und der Versammlung Edessas zugeleitet waren, erfreute sich Qioras der Ruhe mit allen seinen Schülern. » Einen Überblick über die syrischen Übersetzungen Theodors gibt Vosté, *De versione syriaca*.

[26] Cf. das Zitat bei Assemani, BO III 1, 85 aus Ebedjesu Sobensis, *Catalogus librorum ecclesiasticorum* : « Ibas, Cumas und Probus übertrugen aus dem Griechischen ins Syrische die Bücher des « Exegeten » und die Schriften des Aristoteles ». Vööbus, *Nisibis*, 17 zitiert aus einer anonymen Quelle der Ms.Br.Mus.Add. 12, 138, fol. 312a : « Der heilige Theodor interpretierte die Schriften in Griechisch und Mār Hībā, Bischof von Edessa, übersetzte (sie) vom Griechischen ins Syrische zusammen mit anderen Männern, die in den heiligen Schriften geübt waren ». Weitere Belege für die Übersetzungstätigkeit des Cumas und Probus bei Vosté, *De versione syriaca*, 478. Zur Übersetzung von Theodors « De incarnatione » durch Cumas cf. M. Richard, *La tradition des fragments du traité περὶ τῆς ἀνθρωπήσεως de Théodore de Mopsuestia*, *Mus* 46

schlechthin [27]. Allerdings ist die « Schultradition » nach ihrem eigenen Selbstverständnis nicht nur dem Kommentarwerk Theodors verpflichtet, sondern in erster Linie der normativen christlichen Überlieferung, die in mündlicher Form von den Anfängen her weitergegeben wird [28]. Außer den Werken Theodors werden auch die Schriften des Aristoteles übersetzt [29], und ebenso scheint auch Theodoret einen nicht unerheblichen Einfluß auf die Arbeit der Schule ausgeübt zu haben [30]. Qioras versteht es, nicht nur einen Kreis von fähigen Theologen und Übersetzern um sich zu sammeln, sondern auch Schüler heranzubilden, die später die antiochenische Theologie theodorianischer Prägung in bedeutenden Positionen zur Geltung bringen werden. Unter diesen sind besonders Barṣaumā, Ma'nā und Narses hervorzuheben [31]. Der erstere ging nach Abschluß seiner Studien nach Nisibis und wurde im Jahre 435 Bischof dieser Stadt [32]. Auf seine bedeutende Rolle in den späteren kirchenpolitischen und dogmatischen Auseinandersetzungen braucht in diesem Zusammenhang nicht näher eingegangen zu werden [33]. Narses hingegen blieb in Edessa

(1943), 55-75. Zur Übersetzung der gleichen Schrift durch Ibas ins Armenische; cf. *infra*, 185 n. 15.

[27] Cf. *supra* n. 25. Aus der n. 24 zitierten Stelle geht hervor, daß ܡܦܫܩܢܐ auch eine amtliche Stellung an der Schule, eine Art Professur bezeichnet. Daneben gab es noch andere Ämter, cf. BARHADBŠHABBA, *Scher*, 383, 10-14.

[28] *Ibid.*, 382, 14-383, 2 : « Und sogar das, was wir 'Schultradition' nennen, bezeichnet nicht die Kommentare des 'Exegeten', sondern die, die von Anfang an bewahrt wurden vom Mund zum Ohr und was der selige Narses seinen Homilien und seinen übrigen Werken einfügte ».

[29] Cf. *supra*, n. 26. Diese Übersetzungstätigkeit wirft ein interessantes Licht auf die philosophischen Interessen der antiochenischen Theologie.

[30] Simeon von Bēt Aršām, zitiert von ASSEMANI, BO I, 203-204. 350, erzählt, daß Ibas von Theodoret die nestorianische Lehre empfing und dieser sie dann an den Presbyter Elīša' bar Qūzbāyē weitergab, der an der Schule der Perser das Amt des Lehrers verwaltete. Zur Identifikation cf. VÖÖBUS, *Nisibis*, 122ss.

[31] BARHADBŠHABBA, *Scher*, 381, 14-382, 3 : « Als Mar Narses, Barṣaumā und Ma'nā, die dann als Bischöfe konsekriert wurden, der zweite für Nisibis und der letztere für Rewardašir, vom Ruhm dieser Schule hörten... ».

[32] *Ibid.*, 384, 1-2 : « Barṣaumā kam nach Nisibis und wurde zum Bischof gewählt. Ma'nā ging nach Persien und empfing dort das Joch des Priestertums ». Nach Simeon von Bēt Aršām wurde Barṣaumā erst 457 mit Narses aus Edessa vertrieben. Dies ist jedoch ein Irrtum. PO IV, 384 n. 1 bringt *Scher* weitere Belege für die Konsekration Barṣaumās zum Bischof von Nisibis im Jahre 435.

[33] Zu allen Einzelheiten cf. G. BARDY, Artikel *Barsauma de Nisibe*, DTC 4, 948-950 und W.F. MACOMBER, *The Christology of the Synod of Seleucia Ctesiphon A.D. 486*, OCP 24 (1958), 142-154, 143s.

und wurde nach dem Tode des Qioras zu dessen Nachfolger gewählt [34]. Dieser Wechsel im leitenden Amt der Schule kann jedoch nicht vor dem Tode Rabbulas stattgefunden haben.

Dieser kurze Überblick über die Geschichte und die Arbeit der « Schule der Perser » zeigt deutlich, mit welch gewichtigen geistigen und theologischen Potential Rabbula es hier zu tun hatte, das auf Grund seiner einseitigen antiochenischen Prägung die Anerkennung und Ausbreitung der in Ephesus approbierten Theologie Cyrills im syrischen Sprachraum verhindern konnte. Wohl mag es in Edessa auch noch andere Schulrichtungen gegeben haben, die den theologischen Anschauungen ihres Bischofs mehr entsprachen, aber im Vergleich mit der « Schule der Perser » muß ihr Einfluß verhältnismäßig unbedeutend gewesen sein [35]. Wenn Rabbula also die Vormachtstellung der antiochenischen Theologie in Edessa brechen wollte, mußte sich sein Angriff gegen diese Hochburg theologischer Arbeit richten. Wohl hatte er selbst ein solches Format, obgleich er kein wissenschaftlich ausgebildeter, sozusagen akademischer Theologe

[34] Barhadbšhabba, *Scher*, 383, 5-15 : « Die Heiligen, die wir oben erwähnt haben (cf. *supra*, n. 31), blieben lange Zeit zu Füßen des seligen (Qioras). Sie waren geübt in der Exegese der göttlichen Bücher und in ihrer Tradition, und sie studierten die Schriften des 'Exegeten'. Nach dem Tode des Qioras, des Exegeten der Schule, forderte die ganze Versammlung Narses als Leiter und Direktor... Narses leitete die Schule 20 Jahre und verfaßte die ganze Zeit von Gesang begleitete Kommentare ».

[35] Bei den Verhandlungen von Ephesus im Jahre 449 wird eine gegen Ibas gerichtete Bittschrift vorgelegt, die von folgenden Gruppen unterzeichnet ist, cf. Flemming, *Akten*, 25, 31ss : « Es unterschreiben aber alle Kleriker und Archimandriten, Klosterbewohner und Gelübdebrüder; Würdenträger (ἀξιωματικοί); Ratsleute (πολιτευόμενοι) und Römer; Schulen (σχυλαί) der Armenier, Perser und Syrer; Handwerker und die gesamte Stadt ». Vorher hieß es über die Verantwortlichen der Bittschrift, *ibid.*, 21, 26-35 : « Der ganze Klerus der heiligen katholischen Kirche der Metropolis Edessa nebst den Häuptern und Ersten derer, welchen die Leitung der Mönche obliegt und Gelehrten... und Handwerker... und solche, deren Lebensberuf im Landbau besteht... ferner andere, die in Gewerkschaften sind... « Wenn auch kaum anzunehmen ist, daß die unter der Leitung des Narses stehende « Schule der Perser » insgesamt die alexandrinische Theologie vertrat, so muß es doch auch eine starke Gegenströmung innerhalb der bestehenden Schulen gegeben haben. Allerdings verließen einzelne Opponenten, wie Z.B. « Benjamin der Aramäer » die Stadt; er gründete dann eine Klosterschule, cf. Assemani, BO III [1], 353. Es muß sogar eine Tradition gegeben haben, die Rabbula nachträglich zu einem Schulhaupt werden ließ, sonst könnte selbst einem Nestorianer nicht der Irrtum unterlaufen sein, daß er Narses als den Nachfolger Rabbulas bezeichnet, cf. Barhadbešabba, *Nau*, 598, 13.

war, daß er die geistige Auseinandersetzung mit den maßgeblichen Exegeten und Lehrern nicht zu scheuen brauchte. Dennoch schienen ihm kirchenamtliche Zwangsmaßnahmen unerläßlich, um der Christologie Cyrills in Edessa und in Syrien zum Siege zu verhelfen. Das Anathema über Theodor, die Konfiskation und Verbrennung seiner Bücher und schließlich die Auflösung der « Schule der Perser » und die Vertreibung ihrer Lehrer und Schüler aus der Stadt [36] waren konsequente Akte, die einzig und allein das Ziel hatten, den tiefsten Lebensnerv des Gegners entscheident zu treffen.

4. Rabbulas Briefwechsel mit Cyrill.

Nach seiner Exkommunikation durch die Synode von Antiochien wendet sich Rabbula an Cyrill und versucht, vor ihm seine Verfolgungsaktion in Edessa zu rechtfertigen, indem er die gefährlichen christologischen Irrtümer Theodors dem Patriarchen von Alexandria darlegt, um ihm die Augen für die tiefste Wurzel des Streites um Nestorius zu öffnen. Von dieser Situation und von diesem Motiv her ist die außerordentliche Schärfe des Briefes an Cyrill [1] erklärbar, die aber keineswegs ein hinreichender Grund ist, dieses Schreiben dem Bischof von Edessa abzusprechen [2], denn das Übermaß paßt genau zum Charakterbild Rabbulas, der sich nicht gerade durch Mäßigung auszeichnet.

Rabbula ist deshalb bitter gestimmt, weil « Theodor von den auf ihre Wissenschaftlichkeit Eingebildeten heimlich geehrt wird » [3]. Wie in der Rede in Konstantinopel zeigt sich hier ein Ressentiment gegen-

[36] Über die Auflösung der Schule cf. ASSEMANI BO III², 70. Rabbula muß noch 431 diese Maßnahme getroffen und Ibas vertrieben haben. Nach der Union zwischen Johannes und Cyrill im Jahre 433 wäre dies ganz unmöglich gewesen. V. INGLISIAN, Artikel *Ibas* in LThK 5, 590 datiert fälschlicherweise die Schließung der « Schule der Perser » auf 433. Auch in den Akten der Synode von Ephesus 449 findet sich ein eindeutiges Zeugnis über die Absetzung des Ibas, cf. FLEMMING, *Akten*, 21, 7-8 : « Der heilige Rabbula hat Ibas abgesetzt in die Verbannung (ἐξορία) ».

[1] Er findet sich in lateinischer Übersetzung in den Akten des zweiten Konzils von Konstantinopel, cf. MANSI, IX, 247-248 und ebenso in einem Brief des Papstes Pelagius I. an die Bischöfe von Istrien, cf. ACO IV, 2; p. 124. Im Vergleich zu dem bei Mansi wiedergegebenen Exzerpt handelt es sich hier um eine kürzere Form. Nur ein kleines Bruchstück ist syrisch erhalten, cf. OVERBECK, 225, wo es nur 13 Zeilen umfaßt.

[2] So mit großer Bestimmtheit DEVREESSE, *Essai*, 129.

[3] MANSI, IX, 247.

über der wissenschaftlichen Methode der antiochenischen Schule. Ebenso ist Rabbula verärgert über den in seinen Augen als Zwiespalt erscheinenden Unterschied zwischen der populären und durchaus orthodoxen Predigt Theodors und dem geheimen Einfluß, den seine Schriften auf die Gebildeten ausüben [4]. Seltsam mutet die Bemerkung an, daß Theodor einige seiner Schriften mit einem Anathema über diejenigen beginne, die ihren Inhalt weitergeben [5]. Derartige Eingangsklauseln sind uns nicht bekannt. Auch ist es ganz unwahrscheinlich, daß Theodor eine solche Esoterik seiner Lehre beabsichtigte. Offenbar haben wir es hier mit einer polemisch motivierten Verleumdung seines Werkes zu tun, die dem Zweck dienen soll, den Zwiespalt und die Hinterhältigkeit seines Wesens herauszustellen. Erst Nestorius habe ja den bisher verborgenen Irrtum an die Öffentlichkeit gebracht. Dies beruhe aber auf göttlicher Vorsehung, um der Häresie nicht die Bestätigung einer zu langen Lebensdauer zu geben [6].

Durch das Referat Rabbulas über die Anschauungen Theodors und seiner Anhänger gewinnen wir auf indirekte Weise einen neuen Einblick in sein eigenes christologisches Denken. Es fällt sofort auf, daß jetzt ein Begriff mehr und mehr in den Mittelpunkt rückt, der bisher eine ganz periphere Rolle spielte : subsistentia - *ὑπόστασις* - ܩܢܘܡܐ. Das Fragment des Briefes beginnt mit dem Satz : « iam vero quidam unitatem secundum subsistentiam omnibus modis abdicant » [7]. Wenig später wird die Meinung der Gegner abgelehnt, daß der Gott-Logos weder secundem substantiam noch secundum subsistentiam mit dem Menschen vereinigt sei, sondern nur bona voluntate [8]. Die Differenzierung zwischen substantia - *φύσις* - ܟܝܢܐ und subsistentia ist bemerkenswert. Bisher konnte für Rabbula der keiānā-Begriff die Bedeutungsinhalte sowohl von physis als auch von hypostasis subsumieren. Jetzt wird beiden Verstehensmöglichkeiten mehr Rechnung getragen und auch die Ausdrucksweise entsprechend nuanciert. Wie bei Cyrill die *μία φύσις* - Formel einer der antiochenischen Denkweise mehr entgegenkommenden Terminologie nach

4 Overbeck, 225, 4ss.
5 Overbeck, 225, 9-11.
6 Overbeck, 225, 15s.
7 ACO IV, 2; p. 124, 9 = Mansi, IX, 247.
8 ACO IV, 2; p. 124, 19-19 = Mansi, IX, 248.

dem Konzil von Ephesus weichen mußte [9], so hält auch Rabbula nicht mehr an der früheren Ausdrucksweise fest, ohne dabei das Anliegen seiner ursprünglichen Konzeption von der Einheit Christi aufzugeben, denn auch bei der « einen Natur » ging es ihm ebenso wie Cyrill um die hypostatische Union. In Konfrontation mit der antiochenischen Theologie mußte nun der Begriff der hypostasis in seinem Verhältnis zu dem der physis zu einer Klärung gebracht werden. Trotz des Entgegenkommens in der Terminologie ist aber die Auffassung Theodors von der Einheit Christi [10] noch immer mit Rabbulas Denken inkommensurabel, da ihre Begründung ihm völlig unzugänglich bleiben muß : « tamquam divina natura non suscipiente alterum modum unitatis propter non circumscriptibile [11].

Rabbula erwähnt noch einige andere Punkte der Lehre Theodors, die seine heftige Kritik hervorrufen und seine Zweifel an der Rechtgläubigkeit des Christusverständnisses der antiochenischen Schule bestätigen. Teils handelt es sich hier um originale Ansichten Theodors, teils aber auch nur um vermeintliche Konsequenzen, die Rabbula seinem Gegner ohne ausreichende Gründe zuzuschreiben versucht. So sei Maria nicht die Mutter Gottes, da der Gott-Logos nicht in gleicher Weise wie wir die Geburt auf sich genommen habe [12]. Jesu Christus dürfe nicht als Gott angebetet, sondern wegen seiner Bezie-

[9] Cf. die Ausführungen und Belege bei GRILLMEIER, *Vorbereitung*, 176ss und CAMELOT, *Ephesus*, 89ss.

[10] Zum Verständnis Theodors von der Einheit Christi cf. zuletzt NORRIS, *Manhood*, 211ss : Theodore's anthropology and his doctrine of 'henosis'.

[11] ACO IV, 2; p. 124, 19-20.

[12] ACO IV, 2; p. 124, 16-17 : Iste primus exposuit non esse vere dei genetricem secundum veritatem sanctam virginem, tamquam deo verbo non suscipiente secundum nos nativitatem. Dies entspricht genau der Auffassung Theodors, cf. *Les homélies catéchétiques de Théodore de Mopsueste*, reproduction phototypique du Ms.Mingana Syr., 561 (Selly Oak Colleges library, Birmingham), traduction, introduction, index par R. TONNEAU/R. DEVREESSE, *Studi e Testi* 145, Città del Vaticano 1949, « Es ist bekannt, daß das nicht die göttliche Natur des Einzigen gewesen ist, von der sie glauben, daß sie von einer Frau geboren wurde, als ob von dieser ihr Anfang wäre ; denn sie, von der sie sagen, daß sie vor allen Zeiten vom Vater gezeugt worden ist und von ihm und mit ihm von Ewigkeit her besteht, — sie hat nicht von Maria ihren Anfang ». Cf. ebenso H.B. SWETE, *Theodori Episcopi Mopsuesteni in epistolas B. Pauli commentarii*, II, Cambridge, 1882, 310.

hung zu Gott nur wie ein Bild verehrt werden [13]. Das Wort des Herrn im Johannesevangelium (6,63) «Das Fleisch ist nichts nütze» sei auf die menschliche Natur Christi zu beziehen [14]. Schließlich habe der Apostel Christus nicht als Gott erkannt, und die Kirche sei deshalb auf den Glauben an einen bloßen Menschen erbaut [15]. Alle kritischen Punkte, seien sie nun sachlich berechtigt oder nur polemisch bedingt, bringen zum Ausdruck, daß für Rabbula in der Christologie Theodors die Einheit der Hypostase nicht gewährleistet erschien. Der Brief Rabbulas an Cyrill ist die erste historisch greifbare direkte Kontaktaufnahme zwischen den beiden Bischöfen. Wie wir sahen, hat aber schon vor diesem Zeitpunkt eine intensive Beeinflussung Rabbulas durch den Patriarchen von Alexandrien stattgefunden. Ob auch schon persönliche Beziehungen brieflicher Art bestanden, kann nur als Möglichkeit erwogen werden. Das Schreiben Rabbulas an Cyrill enthält wenigstens kein Anzeichen dafür, daß es das erste seiner Art ist.

Die Antwort Cyrills [16] ist voll des Lobes über die Rechtgläubigkeit,

[13] ACO IV, 2; p. 124, 20ss. Wie der anschließende Vergleich zwischen dem Verhältnis von göttlicher und menschlicher Natur Christi und der Beziehung eines Besessenen zu seinem Dämon zeigt, liegt hier eine polemische Verzerrung der Anschauungen Theodors vor, die allerdings den Ausführungen des Nestorius in seiner ersten Rede in Konstantinopel zur Frage des Theotokos-Titels sehr nahe kommt, cf. das Referat Cyrills in seinem Brief an Nestorius ACO I, 1, 1; p. 35-37. Zur Lehre Theodors über die 'Einwohnung' cf. NORRIS, *Manhood*, 216ss.

[14] Hier zeigt sich, daß in den Augen der Anhänger Cyrills die Betonung der Menschlichkeit Christi zugleich eine Abwertung seiner menschlichen Natur in sich schließt. Wie die uns erhaltenen Fragmente aus dem Johanneskommentar Theodors zeigen, ist diese Befürchtung keineswegs unbegründet. Zu *Joh, 6, 63* cf. das bei DEVREESSE, ESSAI, 331 mitgeteilte griechische Fragment: *οὐ γὰρ ἡ σὰρξ ἀφ' ἑαυτῆς ὠφέλειαν παρέχεται, ἀλλ' ἡ θεία καὶ ἀσώματος φύσις, ἡ διὰ τῆς σαρκὸς τὴν ζωὴν παρεχομένη.* Zu *Joh.6, 62*, cf. *Theodori Mopsuesteni commentarius in Evangelium Iohannis Apostoli*, ed. J.M. VOSTÉ, CSCO 115, Parisiis, 1940, p. 152, 12-15: «Mit der menschlichen Natur stimmt nicht überein dieses 'Er stieg auf dorthin, wo er vorher war'. Sie ist nämlich nicht vom Himmel herabgestiegen und steigt nicht wieder nach dort hinauf».

[15] Hier handelt es sich deutlich um eine polemische Schlußfolgerung. Zur Exegese Theodors von *Mt, 16, 13* cf. FACUNDUS, *Pro defensione tertium capitulorum*, IX 2, MPL 67, 742 D- 743 A. *Zu Mt. 16, 18-19* cf. das Fragment bei J. REUSS, *Matthäus-Kommentare aus der griechischen Kirche*, TU 61, Berlin 1957, 129.

[16] Die syrische Übersetzung bei OVERBECK, 246-249; der griechische Text MPG 77, 347-348, ep. 74 der Korrespondenz Cyrills; ein lateinisches Fragment bei MANSI, IX, 245-246.

den Mut und die Beharrlichkeit des Bischofs von Edessa. Mit begeisterten Worten nennt Cyrill ihn eine Säule und Grundfeste der Wahrheit für alle Bewohner des Orients, weil er die tödliche Krankheit des Nestorius vertreibe [17]. Die rein beiläufige Bemerkung, daß die Wurzel des Übels bei Theodor zu suchen sei [18], läßt darauf schließen, daß Cyrill erst von Rabbula auf diesen Zusammenhang aufmerksam gemacht wurde. Cyrill zeigt sich nicht weiter an der Theologie Theodors interessiert. Gefährlicher erscheinen ihm auch jetzt noch mögliche Nachwirkungen der kirchenpolitischen Machtposition, die Nestorius in Konstantinopel innehatte. Er bittet Rabbula, sich nicht durch Drohungen von Nestoriusanhängern beunruhigen zu lassen, da sie ohne bischöfliche Befugnisse wären und all ihre Unternehmungen durch die heilige Synode von Ephesus für ungültig erklärt worden seien [19]. Wahrscheinlich ist hiermit besonders Johannes von Antiochien gemeint, der mit seinem Synodalschreiben gegen Rabbula Partei ergriffen hatte. Die orientalischen Bischöfe, die ihm noch treu geblieben sind, versucht Cyrill als eine verschwindende Minderheit hinzustellen, der alle Bischöfe im Gebiete der Römer in einer einigen Glaubensgemeinschaft gegenüberstehen [20]. Zu Rabbula hat Cyrill vollkommenes Vertrauen : « Denn deine in allem weise Vollkommenheit ist imstande, die dir benachbarten Gegenden auf den rechten Weg zu führen und das Wort des Glaubens rein und bestimmt zu lehren » [21]. Der Patriarch von Alexandrien sieht also im Bischof von Edessa einen Vorkämpfer der Rechtgläubigkeit im Orient und einen vorgeschobenen Posten seiner Kirchenpolitik und Theologie.

Seinem Brief fügt Cyrill zwei Abhandlungen bei mit der Bitte, sie öffentlich zu verlesen. Die erste ist eine Widerlegung des Nestorius. Aller Wahrscheinlichkeit handelt es sich hier um die im Frühjahr 430 entstandene Streitschrift « Adversus Nestorii blasphemias contradictionum libri quinque » [22]. Die zweite Abhandlung ist ursprüng-

[17] Overbeck, 226, 24ss.

[18] Overbeck, 227, 3-5.

[19] Overbeck, 227, 24ss.

[20] Overbeck, 228, 1ss.

[21] Overbeck, 228, 18-20.

[22] ACO I 1, 6; p. 13-106; MPG 76, 9-248. Die Vermutung von Schwartz, *Konzilstudien*, 24, n. 4 ist kaum zutreffend, daß es sich hier um eine im Brief an Rufus von Thessalonich erwähnte, aber nicht mehr erhaltene Schrift handelt. Eine syrische Übersetzung dieser Streitschrift gegen Nestorius ist uns nicht bekannt.

lich an den Kaiser gerichtet und hat die Inkarnation des Sohnes zum Hauptthema [23]. Es handelt sich hier mit Sicherheit um « De recta in dominum nostrum Jesum Christum fide ad imperatorem Theodosium » aus dem Jahre 430 [24]. Diese Schrift liegt uns auch in der syrischen Übersetzung Rabbulas vor [25]. Wir haben hier einen erneuten Beweis für die intensive Beschäftigung Rabbulas mit der Theologie Cyrills und die Propagierung der alexandrinischen Lehre in Edessa. Es scheint in dieser Zeit ein reger Gedankenaustausch und eine enge Zusammenarbeit zwischen den beiden Metropolen stattgefunden zu haben, denn auch Cyrill erwähnt, daß er die Schreiben Rabbulas vor seinem Klerus und seiner Bischofssynode verlesen habe, « indem ich ihnen dadurch zeigte, daß Christus nicht schläft, sondern an allen Orten Lichter hat, welche die Stätten des Lebens ausfüllen » [26].

Am Schluß seines Briefes versucht Cyrill, seine zwölf Anathematismen zu rechtfertigen, indem er darauf hinweist, daß der Inhalt der übersandten Schriften mit ihnen völlig übereinstimme. Gegen zwei Mißverständnisse seiner Lehre, die einen Hauptangriffspunkt seiner Gegner darstellen, wendet er sich mit großer Entschiedenheit, daß er nämlich die Leidensfähigkeit der göttlichen Natur Christi behauptet hätte und daß er der Lehre des Apollinaris nachfolge [27].

5. Rabbula und der Friedensschluß von 433.

Am 12.April 433 verkündet Cyrill in einem überschwenglichen Brief die Versöhnung mit seinen bisherigen Gegnern [1]. Der wiederhergestellte Friede entsprach dem sehnlichsten Wunsch des Kaisers, der durch seinen befähigten Sonderbeauftragten Aristolaus auf die Führer der sich gegenüberstehenden Parteien eingewirkt hatte. Dieser

[23] Overbeck, 229, 3ss.

[24] ACO I 1, 1; p. 42-72; MPG 76, 1133-1200. Zu allen Einzelheiten cf. Quasten, *Patrology*, 126-127.

[25] Zu den Editionen dieser Übersetzung cf. *supra*, 1 n. 2. Die im Cod.Mus.Brit.Add. 14557 foll. 94-123 enthaltene syrische Version trägt die Überschrift: « Abhandlung über die Menschwerdung unseres Herrn, die Cyrill, der Bischof von Alexandria geschrieben hat für den gläubigen Kaiser Theodosius. Eine Abschrift hat er dem heiligen Rabbula, Bischof von Edessa, geschickt und dieser übersetzte sie aus dem Griechischen ins Syrische ». (Der syrische Text bei Overbeck, VIII-IX).

[26] Overbeck, 229, 10-13.

[27] Overbeck, 229, 15-16.

[1] ACO I 1, 4; p. 15-20, nach seinem Anfang gewöhnlich als Laetentur-Brief bezeichnet.

Friede war aber auch die Frucht der klugen Mäßigung Cyrills, der in diesem Brief an Johannes von Antiochien die zwölf Anathematismen nicht mehr erwähnt, umstrittene Ausdrücke, wie zum Beispiel die mia-physis-Formel, vermeidet und vor allen Dingen das von Johannes vorgeschlagene christologische Unionsbekenntnis akzeptiert [2]. Auch die Antiochener hatten hier beträchtlich Konzessionen gemacht. Abgesehen davon, daß sie die Verbannung des Nestorius und die Weihe Maximians zum Patriarchen von Konstantinopel billigten, erkannten sie den Theotokos-Titel an und ebenso die Vereinigung der Naturen [3]. Jedoch hielten sie fest an der Unterscheidung von Aussagen der Evangelien, die es mit den beiden Naturen in ihrer Verschiedenheit zu tun haben und Aussagen, die unterschiedslos gebraucht werden, weil sie sich auf das eine *πρόσωπον* beziehen [4].

Wie es immer bei derartigen Unionsformeln geschieht, gab es Vorbehalte auf beiden Seiten. Besonders Cyrill zog sich die Kritik seiner konsequentesten Anhänger zu. Was wissen wir in diesem Zusammenhang über Rabbulas Einstellung zu dem Friedensschluß von 433? Für den verbleibenden Zeitraum von der Korrespondenz mit Cyrill bis zum Vollzug der Union sind uns keine weiteren Schreiben Rabbulas erhalten. Aber ein Brief Cyrills an den Bischof von Edessa [5] zeigt uns, daß Cyrill über einen Friedensvorschlag des Acacius unbefriedigt war und er eine weitere Initiative von Johannes erwartet. Hieraus ist zu folgern, daß Rabbula ungeachtet seiner konsequenten Haltung den Friedensbemühungen positiv gegenüberstand und vielleicht an ihnen beteiligt war.

Vergleichen wir aber mit diesem Befund die Darstellung, die Ibas in seinem Brief an Mari über die Vorgänge des Jahres 433 gibt. « Bei so trauriger Sachlage erweckte Gott... den Sinn des Kaisers, daß er seinen hohen Palastbeamten absandte und den heiligen Erzbischof Johannes von Antiochien zwang, sich mit Cyrill zu versöhnen. Johan-

[2] Dieses wahrscheinlich von Theodoret stammende Unionsbekenntnis ist in dem Versöhnungsbrief des Johannes an Cyrill enthalten (ACO I 1, 4; p. 7-9), ebenso auch in dem Schreiben der Orientalen an Theodosius (ACO I, 1, 7; p. 70s).

[3] ACO I 1, 7; p. 70, 19-22 : *δύο γὰρ φύσεων ἕνωσις γέγονε, δι᾽ ὃ ἕνα Χριστὸν, ἕνα υἱόν, ἕνα κύριον ὁμολογοῦμεν κατὰ ταυτὴν τὴν τῆς ἀσυγχύτον ἑνώσεως ἔννοιαν ὁμολογοῦμεν τὴν ἁγίαν παρθένον θεοτόκον διὰ τὸ τὸν θεὸν λόγον σαρκωθῆναι καὶ ἐνανθρωπῆσαι* ...

[4] ACO I 1, 4; p. 8-9. Diese Ausführungen waren direkt gegen den vierten Anathematismus gerichtet.

[5] ACO I 4, 2; p. 140.

nes schickte den Bischof Paul von Emesa mit einem Schreiben, worin der wahre Glaube dargelegt war, an Cyrill ab und trug ihm auf, wenn Cyrill diesem Glauben beistimme und diejenigen anathematisiere welche sagen : die Gottheit hat gelitten und die Gottheit und Menschheit sind nur eine Natur, so solle er mit ihm in Gemeinschaft treten. Und Gott... erweichte das Herz des Ägypters, daß er ohne Schwierigkeit dieser Glaubenserklärung beitrat und sie annahm und alle anders Glaubende anathematisierte. Und sie traten in Gemeinschaft miteinander, der Streit hörte auf und der Friede kehrte in die Kirche zurück. Die Briefe Johannes' und Cyrills habe ich dir beigelegt, damit du siehst und allen es verkündest, daß der Streit aufgehört hat und die Scheidewand weggenommen ist und diejenigen beschämt sind, welche Lebendige und Tote ungerecht verfolgt haben. Jetzt müssen sie ihre eigenen Fehler eingestehen und das Gegenteil von ihren früheren Behauptungen lehren. Denn jetzt wagt niemand mehr zu sagen, daß Gottheit und Menschheit nur eine Natur seien, sondern sie stimmen zusammen im Glauben an den Tempel und den darin Wohnenden als den einen Sohn Jesus Christus» [6]. Nach der Meinung des Ibas gehört also Rabbula zu den eindeutigen Verlierern der Union, da nun das Herzstück seiner Christologie, die Lehre von der einen Natur der Gottheit und Menschheit Christi, nicht mehr öffentlich vertretbar sei. Ibas übersieht hier aber, daß das christologische Anliegen Rabbulas nicht mit der mia-physis-Formel steht oder fällt, sondern ebenso wie bei Cyrill auch einer anderen Ausdrucksweise fähig ist, die nicht nur als Konzession an die gegnerische Position verstanden werden will. Sie ist vielmehr echte inhaltliche Entfaltung der eigenen Anschauung. Nach der Darstellung des Ibas müßte Rabbula der Union sehr negativ gegenübergestanden haben. Wegen seiner engen Zusammenarbeit mit Cyrill nach dem Konzil von Ephesus ist dies aber sehr unwahrscheinlich.

Bestätigt wird diese Folgerung durch Nachrichten, die uns über Rabbulas Verhalten nach dem Friedensschluß vorliegen. Auch Andreas hatte sich schnell dem Frieden angeschlossen und versuchte nun, den noch immer abseits stehenden Alexander von Hierapolis zu versöhnen. In einem an ihn gerichteten Schreiben [7] berichtet er, daß die ihm zuvor sehr feindlichen Bischöfe Gamallinus und Rabbula

6 ACO II 1, 3; p. 34, 2-25.

7 ACO I 4, 2, p. 136-137.

nun Frieden geschlossen hätten und zur Wahrheit zurückgekehrt seien, zum Bekenntnis zu den zwei Naturen und zur Leidensunfähigkeit der Gottheit [8]. In einem zweiten Brief [9] möchte er den sich noch weiter zurückhaltenden Alexander besänftigen und von der Notwendigkeit des Friedens überzeugen. Er wäre sicher, daß der letzte Brief aus Ägypten, — gemeint ist wohl der Laetentur-Brief Cyrills —, den orthodoxen Glauben anerkenne. Deshalb würde er mit den bisher Getrennten wieder Gemeinschaft halten [10].

Schließlich war sogar zu dem nach Ägypten verbannten Nestorius die Nachricht vom Frieden Rabbulas mit den orientalischen Bischöfen gedrungen [11]. Die Berichterstattung des Andreas über die positive Einstellung des Bischofs von Edessa zum Friedensschluß von 433 dürfte also zutreffend sein.

6. Die Fortsetzung des Kampfes gegen das Schrifttum Theodors.

Obwohl die volle Gemeinschaft mit den orientalischen Bischöfen wiederhergestellt ist, setzt Rabbula mit unverminderter Heftigkeit den Kampf gegen die Schriften Theodors fort. Das in seinem Sinne orthodoxe Verständnis des Unionsbekenntnisses scheint für ihn nur dann gewahrt werden zu können, wenn die endgültige Verurteilung der Theologie des Bischofs von Mopsuestia erreicht wird, ein Wunsch,

[8] *Ibid.*, p. 136, 32ss : Ab hac tuae sanctitati scribo provincia; exii enim multis adversus nos pertubatis ex columniis Gemellini et Rabbulae satisfacere volens.nec enim vel ipsi a veritate recedentes neque prodita pietate amplectimur pacem, sed... et duarum naturarum confessionem repperientes in scriptis et impassibilitatem divinitatis, quod maxime prius erat oppositum rem resistens.

[9] ACO I, 4, 2; p. 139.

[10] *Ibid.*, p. 139, 8ss : Audio quod valde irascatur sanctissimus episcopus et per multa loca contra nos epistulas dirigat, quasi viderimus religiosissimum episcopum Rabbulam... *Ibid.*, 139, 17ss : ... quia et postquam allata est ultima epistula ex Aegypto clare continens orthodoxae fidei dogmata, ego et amplector pacem et omnibus ubique sanctissimis episcopis communico et sanctissimo episcopo Xysto et Cyrillo et Maximiano et Rabbulae et Melitinensi et omnibus Ponticis et a nullo discissus sum... confiteor dominum nostrum Christum deum esse atque hominem, duas naturas, unam personam.

[11] Im Brief des Alexander an Theodoret ACO I 4, 2; p. 187, 11ss heißt es : Deo amicissimus et sanctissmus episcopus ex Aegypto tuo religiositate per epistulam coindicavit : Rabbulas de vobis quidem sapit quod pietatem cognoveritis; de nobis vero ubique scribit evidenter nos haereticus nominans. DEVREESSE, *Essai*, 130 n. 3 meint allerdings, diese Nachricht könne nicht von Nestorius stammen, da er zu dieser Zeit noch nicht die Reise in die Verbannung angetreten habe.

der sich erst 120 Jahre später bei der Verurteilung der sogenannten «Drei Kapitel» durch das 2.Konzil von Konstantinopel erfüllt.

Die ersten Anfänge jenes über ein volles Jahrhundert anhaltenden und die ganze östliche Kirche bewegenden Ringens um die Christologie Theodors sind in dem Zeitpunkt zu suchen, als Rabbula den Kampf gegen seinen Gegner über die Grenzen seiner Diözese in das ökumenische Feld der zwischenkirchlichen Beziehungen hineinträgt. Dies scheint aber schon 432 der Fall gewesen zu sein, als Rabbula sich mit Acacius von Melitene verbindet und über diesen auf die Verhältnisse in Armenien Einfluß zu gewinnen sucht. Nichts lag näher, als gerade an dieser Stelle den Kampf fortzusetzen, da zwischen Syrien und Armenien schon seit langem enge Verbindungen bestanden [1], aber gerade auch durch die unter der Leitung von Qioras stehende Schule von Edessa wahrscheinlich Übersetzungen von Werken Theodors ins Armenische angefertigt wurden [2]. Die direkte Verbindung zwischen Edessa und Armenien war also von Rabbulas Gegenspieler blockiert. Es blieb nur die indirekte Einflußnahme über die Verbindungen, die offenbar Acacius nach Armenien besaß [3]. Durch seine ganze Person und Haltung hatte sich dieser für Rabbulas Pläne empfohlen. Schon in Ephesus war er durch seine überspitzte Polemik gegen Nestorius hervorgetreten, dem er vorwarf, daß er Geburt und Leiden Christi nur von seiner Menschheit und nicht auch von seiner Gottheit aussage [4]. Bei der nach dem Abschluß des Konzils vor dem Kaiser stattfindenden Disputation am 11.September 431 in Chalcedon wurde diese extreme Position des Acacius besonders heftig

[1] Cf. R. Grousset, *Histoire de l'Arménie des origines à 1071*, Paris 1947, 121; P. Peeters, *Pour l'histoire des origines de alphabet Arménien*, in: *Recherches d'histoire et de philologie Orientales*, SH 27, Bruxelles 1951, 171-207, 177ss; A. Vööbus, *La première traduction arménienne des Évangiles*, RSR 9 (1950), 581-586; Vööbus, *Gospel*, 144: Über die Vetus Syra als Grundlage der armenischen Übersetzung, und *ibid.*, 146: Über die Schule der Armenier in Edessa.

[2] Sarkissian, *Chalcedon*, 132-134 spricht von Übersetzungen von Arbeiten Theodors ins Armenische mit besonderem Hinweis auf sein christologisches Hauptwerk *De incarnatione*, ohne jedoch genaue Belege anzugeben. Hierzu cf. *infra*, n. 15.

[3] Koriun, *Maštoç*, 14, 2; 38, 16-20; Übers. Weber, *Eznik*, 215-216 erzählt von Maštoç: « Er hatte eine Menge seiner Schüler mitgenommen und sie in die Stadt Melitene geführt. Dort empfahl er sie dem Bischof der Stadt, der Akakios hieß. Als Haupt der Jünger ließ er dort den, den man mit Namen Leondius nannte, einen vertrauenswürdigen und der Wahrheit ergebenen Mann ».

[4] ACO 1, 2; p. 32. Cf. ebenso die in Ephesus gehaltene Predigt in ACO I 1, 2; p. 90-92.

von den Antiochenern kritisiert [5]. Nach der Union gehörte er dann zu den wenigen, gegenüber denen Cyrill sein Friedenswerk verteidigen mußte [6], denn er forderte, weiterhin diejenigen zu anathematisieren, die behaupteten, nach der Vereinigung blieben noch zwei Naturen und jede habe ihre eigene Wirkung und Tätigkeit [7].

Acacius beginnt den Angriff auf die Anhänger Theodors in Armenien durch einen Brief an den Patriarchen Sahak [8], der wahrscheinlich schon im Jahre 432 entstanden ist [9]. Auf die christologischen Anschauungen dieses Schreibens, die weithin auf der Linie des in Chalcedon vertretenen Standpunktes liegen und entschieden gegen den Vorwurf theopaschitischer Tendenzen verteidigt werden, braucht in diesem Zusammenhang nicht näher eingegangen zu werden [10]. Wichtig ist nur die Beobachtung, daß Acacius ohne konkreten Anlaß gegen die Nestorianer die gleiche Beschuldigung erhebt, die zuvor schon Rabbula in seinem Brief an Cyrill gegen Theodor vorgebracht hatte, als er ihm eine falsche Exegese des Wortes Jesu vorwarf, daß das Fleisch nichts nütze sei (Joh.6,63) [11]. Hier zeigt sich, wie sehr er unter dem Einfluß seines Amtsbruders in Edessa steht, der ihn wahrscheinlich sogar zur Abfassung dieses Briefes veranlaßt hat [12], um den Katholikos der Armenier auf die Gefährlichkeit Theodors und seiner Schriften hinzuweisen. « Sed nobis timor est ne forte quis inveniatur imbutus disciplina Theodori Mopsuestiae maloque veneno Nestorii, instiguat animas simplices. Nam eius superstites libros, cum haec quaestio manifesta est, et imprimis (liber) qui de incarnatione scriptus erat, sanctum concilium oecumenicum episcoporum,

[5] ACO I 1, 7; p. 77.

[6] Cf. den Brief Cyrills in ACO I 1, 4; p. 25-26.

[7] Cf. die Briefe an Cyrill ACO I 1, 4; p. 20-21 und ACO I 4; p. 118.

[8] Der armenische Text befindet sich in dem von I. ISMIREANTZ edierten, *Buch der Briefe, Girk T'lt'oç*, Sahak-Mesrop Bibliothek V, Tiflis 1901, die von B. MERCIER, stammende lateinische Übersetzung bei RICHARD, *Acace*.

[9] Cf. RICHARD, *Acace*, 405s.

[10] Siehe hierzu die Ausführungen bei INGLISIAN, *Beziehungen*, 40-41.

[11] Buch der Briefe 15, RICHARD, *Acace*, 395, 2ss : « In medium proferunt verbum dicendo : 'Caro non prodest quidam ! Quomodo vero Dominus dixit : Nisi manducaveritis de carne mea et biberitis de sanguine meo, non habetis vitam in vobis ipsis ?' (*Joh.* 6, *53*) Iam vero hoc verbum adversator et reprehensor est eorum iniquitatis, in quantum conveniens est ad propositum mensurae istius epistulae ». Zum Brief an Cyrill, cf. *supra*, 176-177.

[12] Dies folgert mit Recht aus den übrigen Quellen SARKISSIAN, *Chalcedon*, 230-231.

quod fuit Ephesi in civitate, mandato decrevit ut in unum locum collegerent omnino omnes libros et comburerent...» [13]. Offensichtlich ist das Bemühen des Acacius, Theodor, dessen Rechtgläubigkeit bisher unbezweifelt war, auf eine Ebene mit Nestorius zu stellen und den Anschein zu erwecken, daß die Vernichtung seiner Bücher schon in Ephesus beschlossen worden sei [14]. Die besondere Zielscheibe dieses Angriffes ist Theodors christologisches Hauptwerk De incarnatione, dessen syrische und armenische Übersetzung zusammen mit anderen Arbeiten Theodors deshalb so schnell verbreitet wurden, weil auf diesem Wege unter dem Namen eines bisher unbelasteten und hochgeschätzten Theologen das genuin antiochenische Christusverständnis ungehindert propagiert werden konnte [15].

Das Antwortschreiben Sahaks [16] hat sicherlich nicht den Erwartungen des Acacius entsprochen, der gehofft hatte, durch seine Anfrage in Armenien eine Aktion gegen Theodor hervorrufen zu können. Sahak ist zurückhaltend und ausweichend. Er geht überhaupt nicht auf die vorgebrachten Anschuldigungen ein, sondern beruft sich mehrere Male auf seine Unwissenheit in solchen Streitfragen, um dann am Schluß seines Briefes rundherum das Vorhandensein einer Irrlehre in Armenien abzustreiten: «At quod scripsisti sectam esse abhorrendam, ad tempus per gratiam Dei nihil huius modi (sectae) adhuc evenit; si quid autem veneni illius esset absconditum, conatus necessarius esset evellendae spinae e medio, ut unanimiter Christum glorificaremus» [17]. Diese vorsichtige Haltung könnte auf theologische Indifferenz zurückzuführen sein, kann aber ebenso begründet sein in einer taktisch bedingten Rücksichtnahme auf die besonderen

13 Buch der Briefe 15; RICHARD, *Acace*, 396, 4ss.

14 Das Relativpronomen eius bezieht sich nicht auf Nestorius, sondern auf Theodor. Es soll ja gerade gezeigt werden, daß zwischen beiden kein Unterschied besteht, wenn auch in Ephesus nur Nestorius verurteilt wurde. Zur Diskussion aller Einzelheiten cf. INGLISIAN, *Beziehungen*, 42 und SARKISSIAN, *Chalcedon*, 228.

15 Zu der syrischen Übersetzung von *De incarnatione*, cf. *supra*, 171-172 n. 26 und QUASTEN, *Patrology*, 410-411. Armenische Fragmente dieser Schrift sind uns nicht bekannt. Es kann jedoch auf eine armenische Übersetzung geschlossen werden auf Grund der bei *Wright*, II, 644 wiedergegebenen Notiz der Handschrift Add.12156: «Dann übersetzte der gottlose Ibas die gottlosen Schriften Theodors und sandte (sie) nach Armenien zum Kopieren».

16 Buch der Briefe 15-18; RICHARD, *Acace*, 397-398.

17 Buch der Briefe 18; RICHARD, *Acace*, 398, 4ss.

politischen Verhältnisse Persarmeniens, die eine einseitige Begünstigung der im römischen Reich approbierten dogmatischen Anschauungen unmöglich machten [18].

Da Sahak nicht darauf eingeht, sich ex officio bei der Aktion gegen Theodor zu engagieren, wendet sich Acacius an die armenischen Feudalherren [19]. In diesem Schreiben kann er auf alle Vorsicht und Rücksichtnahme, die er gegenüber dem Katholikos walten lassen mußte, verzichten und offen zur Fortführung des Kampfes gegen Theodor ermutigen. Der Brief setzt voraus, daß die Aktion im vollen Gange ist und schon zu gewissen Erfolgen geführt hat. « Hoc coactus sum scribere ad vestram dilectionem, quia, cum venirent ad nos dilecti nostri presbyteri Hona, Khota, Anjna, narraverunt nobis bona opera quae operati estis; vos ligavisse et signavisse scripta Diodori. Iam vero ne quis vobis suadeat tradere iterum illa (scripta) eis qui cum festinatione et appetitu acquirunt (illa) in ruinam possessorum et auditorum; quia si Nestorius sublatus est ab omnibus Ecclesiis, quomodo Diodorus, libri doctrinaque acceptabiles essent, quae eandem mentem damnumque habent? » [20]. Die drei namentlich erwähnten Presbyter sind offensichtlich persönlich Beauftragte des Bischofs von Melitene, die er in besonderer Mission nach Armenien sandte [21]. Höchst unwahrscheinlich ist es, daß in diesem frühen Stadium der Auseinandersetzung schon das Schrifttum Diodors der Polemik ausgesetzt war. Die Hypothese, daß in diesem Abschnitt der Name Diodor auf einen Abschreibefehler zurückgeht und deshalb überall durch Theodor zu ersetzen ist, dürfte eher der historischen Wirklichkeit entsprechen [22]. Die Methode der Versiegelung statt der

[18] Die erste Möglichkeit vertritt Inglisian, *Beziehungen*, 46, die zweite Sarkissian, *Chalcedon*, 137-138. Dieser informiert auch ausführlich über die politische Situation Armeniens (p. 61ss).

[19] Buch der Briefe 19-21; Richard, *Acace*, 398-400. Mit *նախարարք* (Fürsten oder Große) sind wahrscheinlich die armenischen Feudalherren gemeint, die nach der Abschaffung des armenischen arsakidischen Königshauses (428) neben dem persischen Gouverneur eine entscheidende politische und auch religiöse Rolle spielten.

[20] Buch der Briefe 21; Richard, *Acace*, 400.

[21] M. Tallon, *Livre des Lettres, Girk T'LT'OÇ*, Ier groupe : Documents concernant les relations avec les Grecs, Mélanges de l'Université St. Joseph 32 (1955), fasc. I, 1-146, Beyrouth 1955, 25-26 vermutet ohne stichhaltige Gründe, daß es sich hierbei um drei syrische, von Rabbula nach Armenien gesandte Priester handele.

[22] Diese Hypothese wird eingehend begründet bei Sarkissian, *Chalcedon*, 229.

Verbrennung von theologischen Schriften läßt noch auf eine gewisse Reverenz gegenüber dem bekämpften Gegner schließen.

Konnte bisher nur gemutmaßt werden, daß bei den Bemühungen des Acacius um eine eindeutige Stellungnahme der Armenier gegen Theodor auch Rabbula seine Hand im Spiele hatte, so geht dies klar aus einer Anfrage hervor, die von armenischer Seite an den seit April 434 die Nachfolge von Maximian angetretenen Patriarchen Proclus von Konstantinopel gerichtet wird [23]. Die besondere Bedeutung dieses Briefes macht es unerläßlich, ihn hier in seinem vollen Wortlaut wiederzugeben. « Abschrift des Schreibens, das die Bischöfe und Presbyter von Großarmenien an Proklos, den treuen Bischof von Konstantinopel, über die Schriften des Theodor von Mopsuestia sandten. Dem heiligen und von Gott gar sehr geliebten Bischof der katholischen und apostolischen Kirche, Proklos, schreiben Leontius und Abel, Presbyter von Groß-Armenien, und die Brüder, die mit uns. Wir, o Heiligster, glauben und bekennen das wahre und rechte Bekenntnis nach der Überlieferung unserer Väter, der Bischöfe, die in Nikaia (waren). Es kamen einige aus den Ostgebieten zu uns und hatten die Absicht, uns einfache Menschen zu beunruhigen, indem sie die Schriften des Theodor, gewesenen Bischofs von Mopsuestia, mitbrachten, welcher, wie wir aus den Schriften des hl. Rabbula, Bischofs von Edessa, und des Akakios, Bischofs von Melitene, aufs genaueste erfahren hatten, den unverwirrbaren Glauben verderbt und verwirrt hatte. Einige aber, die von Kilikien zu uns kamen, machten dem hl. Akakios, Bischof von Melitene, und dem gottgeliebten Rabbula, Bischof von Edessa, Vorhaltungen, indem sie sagten, daß diese aus Haß und Feindschaft die Bücher des Theodor ablehnten. Deshalb schien es allen heiligen Bischöfen gut, daß wir dorthin als Gesandte gehen, um genau von dir, dem Gottgeliebten, mit großer Einsicht und Hirtensorge unterrichtet zu werden, ob jene Schriften und die Auszüge aus den Werken tatsächlich entstellt sind. Wir bitten dich demnach, daß du uns einer schriftlichen Antwort würdigst, aus der wir und die, welche uns gesandt haben, entnehmen können,

[23] Zur Rekonstruktion aller mit diesem Briefwechsel verbundenen Vorgänge cf. SCHWARTZ, *Konzilstudien*, 24ss, DEVREESSE, *Essai*, 125ss und R. DEVREESSE, *Le début de la querelle des Trois Chapitres : la lettre d'Ibas et le tome de Proclus*, Rev SR 11 (1931), 543-565, zuletzt L. ABRAMOWSKI, *Der Streit um Diodor und Theodor zwischen den beiden ephesinischen Konzilien*, ZKG 67 (1955/56), 252-287.

ob wir denen, die von Kilikien kamen und die Schriften des Theodor überbrachten, beistimmen dürfen oder ob wir uns nach den Schriften der hl. Bischöfe Rabbula und Akakios richten sollen. Außerdem haben wir auch eine Abschrift der Werke von Theodor in unseren Händen. Wir bitten dich, daß du darin Einblick nimmst, ob das darin Geschriebene gefällt, damit Männer, Frauen und Kinder in Groß-Armenien, das ganze Volk der heiligen Kirche nach der Auffassung deiner Heiligkeit in jenem Glauben unterwiesen werde, der durch die Überlieferung genau bei den Römern festgelegt wurde. Und außerdem sollen die, welche aus Kilikien gekommen sind, um uns in die Irre zu führen, durch Gottes Gnade durch den Brief deines Glaubens auf den richtigen Weg gebracht werden, und sich von jenem Umstürzler abwenden und sich dem apostolischen Glauben, der durch die 318 Väter in rechtskräftiger Entscheidung festgesetzt wurde, anschließen. Diesen Glauben bekennen auch wir, damit wir durch ihn in einem Geist und einer Gesinnung wie echte Brüder und Glieder des (einen) Leibes in tiefem Frieden miteinander leben und nicht verwirrt werden und nicht mit den Andersdenkenden in Übereinstimmung geraten, sondern einen Herrn und einen wahren Glauben, der fest in unseren Seelen steht, bekennen. Deiner Gottesverehrung eingedenk» [24].

Auf den ersten Blick fällt der Widerspruch zwischen der Überschrift und dem Inhalt des Briefes in bezug auf seine Verfasser ins Auge. Daß die Bischöfe und Presbyter Großarmeniens dieses Schreiben aufsetzten, dürfte dem Wunsch eines Abschreibers entsprechen [25]. Die tatsächlichen Autoren sind Leontius und Abel. Wir gehen jedoch nicht fehl, wenn wir sie als Repräsentanten und Wortführer einer starken gegen Theodor eingestellten Gruppe in der Kirche Armeniens ansehen [26]. Leontius ist uns überdies noch bekannt durch seiner

[24] Zitiert nach der Übersetzung bei Inglisian, *Beziehungen*, 36-37. Der syrische Originaltext wurde ediert von P. Bedjan, *Nestorius, Le Livre d'Héraclide de Damas*, Paris/Leipzig 1910, 594-596; eine Rückübersetzung ins Griechische ACO IV 2; p. XXVIIs.

[25] Zur Diskussion dieses Widerspruchs im Hinblick auf die besondere Situation der Briefschreiber cf. Sarkissian, *Chalcedon*, 138ss. Großarmenien ist hier die Bezeichnung für Persisch-Armenien. Belege für diesen Sprachgebrauch bei Inglisian, *Beziehungen*, 39.

[26] Ausführliche Beweisführug bei Sarkissian, *Chalcedon* 141-143.

früheren Verbindungen mit Acacius [27]. Der Brief gibt uns darüber Aufschluß, daß inzwischen der Streit an Schärfe zugenommen hat, da aus Cilicien und den « Ostgebieten » [28] weitere Aktionen für Theodor unternommen wurden, nicht nur dadurch, daß man weiterhin seine Schriften einführt, sondern auch durch direkte verleumderische Angriffe gegen Acacius und Rabbula, dem alle sachlichen Motive für seine Einstellung abgesprochen werden. Diese Zuspitzung der Auseinandersetzung verlangt dringend nach einer Entscheidung, die nun in Konstantinopel gesucht wird. Die Auswahl aus den Werken Theodors, die Proclus vorgelegt wird, dürfte nach Gesichtspunkten vorgenommen sein, die im Interesse der eindeutigen Stellungnahme der Briefschreiber stehen [29].

Proclus ist nun gezwungen, zu dem ausgebrochenen Streit Stellung zu nehmen. Er tut dies jedoch, ohne einseitig für eine Person Partei zu ergreifen. Absichtlich scheint er auf Theodor keinen direkten Bezug zu nehmen [30]. Desto eindeutiger ist er aber in der Sache. In seinem für die christologische Lehrentwicklung bedeutsamen Tomus ad Armenios [31] bekennt er sich zu einer gemäßigten Form der cyril-

[27] Cf. *supra*, 183, das Zitat n. 3. Außerdem hatte Leontius zusammen mit Koriun eine Reise nach Konstantinopel unternommen, cf. KORIUN, *Maštoç*, 16, 4; 44, 23-45, 1; Übers. WEBER, *Eznik*, 57, 221 : « Nachdem dann inzwischen einige Zeit verstrichen war, traf es einige Brüder, aus dem Land Armenien nach den Gebieten der Griechen hinabzureisen; der Name des ersten davon war Leondes, der des zweiten Koriun ».

[28] Mit « Ostgebieten » ist kaum eine Himmelsrichtung bezeichnet, sondern wahrscheinlich einfach das Gebiet der Diözese Oriens.

[29] Es ist eine bloße Vermutung von SCHWARTZ, *Konzilstudien*, 25, daß Rabbula und Acacius auch bestimmte Exzerpte aus den Schriften Theodors den Armeniern geliefert hätten.

[30] Daß Proclus keine Absicht hatte, Theodor anzugreifen, geht aus einem Schreiben an seinen Diakon Maximus hervor, MPG 65, 879-880 : « Memor est tua reverentia quando ad sanctissimum Antiochenum archiepiscopum tibi litteras injungebam, quia omnia cum eius admonui voluntate fieri oportere et nihil ad confusionem vel tumultum ecclesiarum pacem habentium agi, sed tomum quidem subscribi, capitula autem subdita sine nomine, haec tamquam non habentia subtilitatem pietatis averti et abdicari. Quomodo ergo per litteras didici nunc, quia Theodori Mopsuesteni et aliorum quorundam nomina praeposita sunt capitulis ad anathematizandum, cum illi ad Deum jam migraverint : et eos qui jam vitam relinquerunt, supervacuum est injurari post mortem, quos nec vivos aliquando culpavimus ? ».

[31] Griechischer Text ACO IV 2; p. 187-195. Der armenische Text im Buch der Briefe 1ss and bei A. VARDANIAN, *Klassische kleine Texte* 2, Nat.Bibl. 97, Wien 1923, 1-40. Zu allen Einzelheiten der Textgeschichte und Textkritik cf. INGLISIAN, *Beziehungen*, 35 n. 1.

lischen Christologie, vermeidet aber alle extremen Formeln [32]. Einen scharfen antitheodorianischen Akzent erhält diese Glaubensdarlegung erst durch einen Einschub bei ihrer armenischen Übersetzung, der wahrscheinlich schon auf eine Änderung des griechischen Textes zurückgeht [33]: «... damit ihr nicht mit dem Banne belegt werdet und zugrunde gehet mit Nestorius und Theodorus, seinem Lehrer, der das böse Unkraut, die verkehrte Häresie, hervorbrachte...» [34]. Wie schon im Brief des Acacius an Sahak wird auch hier Theodor auf die gleiche Stufe gestellt mit Nestorius. Außerdem ist in dieser armenischen Übersetzung die ursprüngliche, an die Bischöfe, Presbyter und Archimandriten Armeniens gerichtete Adresse geändert worden. Aus dem Tomus, der sich an die Allgemeinheit des armenischen Klerus wandte, wurde ein «Schreiben des Bischofs Proclus an den heiligen Sahak, Patriarchen der Armenier und an den heiligen Maštoç», die beiden höchsten Persönlichkeiten der Kirche Armeniens [35].

Wem sind diese Änderungen zuzuschreiben? Wenn die Differenzen des armenischen Textes schon auf eine griechische Vorlage zurückgehen, können sie nicht den mutmaßlichen Übersetzern Leontius und Abel angelastet werden [36], sondern stammen wahrscheinlich von dem als entschiedenen Anhänger Cyrills bekannten Diakon Basilius, der beim Patriarchen Proclus eine wichtige Stellung innehatte und als Verbindungsmann nach Alexandrien fungierte [37]. Aber auch die

[32] So bekennt er sich zur Einheit Christi in einer Formulierung die das Anliegen Cyrills aufnimmt, aber die spezifische Terminologie des Alexandriners vermeidet, ACO IV 2; p. 191, 20: *μίαν ὁμολογῶ τὴν τοῦ σαρκοθέντος θεοῦ λόγου ὑπόστασιν.*

[33] Dies folgert mit Recht SARKISSIAN, *Chalcedon*, 145. Eingang und Schluß des armenischen Proclus-Briefes bei VARDANIAN, *Briefwechsel*, 420-424.

[34] VARDANIAN, *Briefwechsel*, 423: *և մի՛ ի նզովս և ի կորուստ մատնիջիք ընդ Նեստորայ և ընդ Թէոդորեայ, որ վարդապետն լեալ էր նորա և որ զչար բոյսն երևեցոյց՝ [և] զչարաբան նորաձայնս,*

[35] VARDANIAN, *Briefwechsel, 420*: *Թուղթ Պրոկղեայ եպիսկոպոսի առ սուրբն Սահակ Հայրապետ Հայոց և առ սուրբն Մաժդոց* :

[36] So allerdings noch INGLISIAN, *Beziehungen*, 49. Für Sahak dürfte jedoch kaum eine armenische Übersetzung bestimmt gewesen sein, da er ebenso wie Maštoç in der Lage war, das griechische Original zu lesen.

[37] Darüber berichtet Innocentius Maroniae (Incipit sancti Innocenti Episcopi Maroniae de his qui unum ex trinitate vel unam subsistentiam seu personam dominum nostrum

andere Möglichkeit ist nicht auszuschließen, daß Acacius hier seine Hand im Spiele hatte, denn Leontius und Abel haben auf ihrer Heimreise nach Armenien sicherlich in Melitene Station gemacht [38].

Die « Antwort auf den Brief des seligen Proclus von Sahak und Maštoç, Patriarchen der Armenier » [39] ist deshalb für das Verständnis des ganzen Vorganges aufschlußreich, da aus ihr hervorgeht, daß Sahak von den Streitigkeiten in seiner eigenen Kirche nichts weiß, oder vielmehr nichts wissen will. « Was aber die Schüler des Theodor von Mopsuestia betrifft, so haben wir hier solche, Gott sei Dank, bis zur Stunde noch nicht entdeckt, auch wenn es im Schmutze verborgen liegt, so werden wir uns freilich bemühen, das Hindernis wegzuräumen und das Ärgernis zu beseitigen... » [40]. Noch einmal wird hier bestätigt, daß die Anfrage nach Konstantinopel nicht von dieser offiziellen Seite ausgegangen sein kann, sondern ohne das Wissen der armenischen Kirchenleitung auf das Betreiben einflußreicher Kreise, zu denen auch Teile des Mönchtums gehörten [41], von Leontius

Iesum Christum dubitant confiteri), ACO IV 2; p. 68, 23-37 : « Beatissimus itaque Proclus et libellos Armeniorum et volumen Theodori diligenter examinans, admirabilem illam ad Armenios scripsit epistolam; quam sumens Basilius quidam diaconus Alexandriam venit et libellos Armeniorum suis annectens obtulit beatissimo Cyrillo eiusdem civitatis antistiti. Quibus, ut fertur, valde permotus adversus Theodorum et Diodorum mirabile volumen explicuit. Post haec antefatus Basilius Constantinopolim veniens alios libellos composuit et sancto archiepiscopo Proclo porrexit, cuncta quae beatissimo Cyrillo antehac obtulerat suis libellis adsocians. Sed beatissimus Proclus et priusquam Basilii preces acciperet, Armeniorum, ut dictum est, libellis et Theodori volumine, qui iuxta Nestorii similitudinem pro trinitate quaternitatem docere deprehendebatur, instructus, illam superius nuncupatem scripsit epistolam. Puto namque quia secundam post haec edidit paginam, propter quod Basilius in suis libellis unam tantum Alexandriam se detulisse memoravit; verumtamen, sive prius hanc seu postea scripserit, sic in ea docuit, libros Theodori esse vitandos sicut Arrii Eunomiique blasphemias ».

38 Diese Möglichkeit zieht besonders Sarkissian, *Chalcedon*, 146 in Erwägung.

39 Buch der Briefe 9-13. Eine kritische Ausgabe des armenischen Textes mit einer deutschen Übersetzung bei Vardanian, *Briefwechsel*.

40 Buch der Briefe 13 : Übersetzung Vardanian, *Briefwechsel*, 441. Schon in seiner Antwort an Acacius hatte Sahak sich für die Anfrage nach Schülern Theodors in Armenien taub gestellt.

41 Zu der antitheodorianischen Einstellung des armenischen Mönchtums cf. den Bericht des Liberatus, in seinem *Breviarium causae Nestorianorum et Eutychianorum*, ACO II 5; p. 112, 3-17 : « Post haec autem occasione accepta surrexerunt quidam monachi ab Armenia Apollinaris sectatores duo vel tres, sicut refert Johannes Antiochenus in epistola sua portantes excerpta capitula, ut dicebant, de libris Theodori Mopsuesteni vel aliorum sanctorum patrum qui illo in tempore, sicut diximus, contra Apollinarem

und Abel ins Werk gesetzt wurde, um eine klare Entscheidung Sahaks in dieser Frage zu provozieren. Die Hintermänner und ursprünglichen Initiatoren dieser großangelegten Aktion gegen die Verbreitung des Schrifttums Theodors in Armenien sind aber Acacius und Rabbula. Da Leontius eine Gruppe von Schülern des Maštoç anführte, die sich längere Zeit bei Acacius aufhielt und wahrscheinlich während dieses Aufenthaltes in Melitene vollständig unter den Einfluß der cyrillischen Christologie geriet, konnte er wirksam für dieses Unternehmen in seiner Heimat eingesetzt werden.

Über den Erfolg dieser antitheodorianischen Bewegung geben uns auch die Berichte zweier armenischer Historiographen ein beredtes Zeugnis. Koriun, ein Zeitgenosse Sahaks, erzählt in seiner Lebensbeschreibung des Maštoç : « In dieser Zeit erschienen, (dahin) verschleppt, im armenischen Lande, Bücher mit falscher Lehre, nichtige Überlieferungen eines Griechen, dessen Namen Theodius hieß. Über diesen gaben die Synodalbeschlüsse der Väter der heiligen Kirche den rechtgläubigen Predigern Sahak und Maschthotz Nachricht. Diese schafften mit wahrheitsliebendem Eifer dies hinweg und verbannten es aus ihrem Lande hinaus, damit ja nicht der leuchtenden Lehre satanischer Rauch sich anhefte » [42]. Diese Darstellung ist durch und durch von dem Wunschbild eines entschiedenen Anhängers der cyrillischen Partei bestimmt, wie sich die beiden Führer der armenischen Kirche im Streit um Theodor hätten verhalten müssen. Außerdem unterstellt sie, daß schon durch das Konzil von Ephesus eine Entscheidung in der strittigen Frage gefällt worden sei.

Aufschlußreicher für die Beurteilung der historischen Tatbestände ist der viel spätere Bericht des Moses von Choren. Nach der Schilderung der Vorgänge in Ephesus schreibt er : « Und weil Sahak der Große und Mesrop nicht am Konzil teilgenommen hatten, schrieben ihnen Cyrill von Alexandrien und Proclus und Acacius, die Bischöfe der

scripserant, et intrantes regiam civitatem et multorum sordidantes auditum calliditate sua omnia pertubabant. Deinde circumeuntes totius Orientis civitates et universa monasteria damnanda esse cum auctoribus clamabant, accusantes ea Nestoriano sensu fuisse conscripta, qui si Nestorius juste damnatus est, damnentur dicebant, et ista cum suis auctoribus ». Es ist klar, daß Johannes die Bedeutung dieser Bewegung in Armenien verkleinern möchte.

[42] Koriun, *Maštoç*, 16, 3; 44, 14-22, Übers. Weber, *Eznik*, 226. Die Zweifel Akinians an der Echtheit dieses Abschnittes werden von Inglisian, *Beziehungen*, 48 zurückgewiesen.

Stadt Konstantinopel und Melitene, und warnten sie, weil sie gehört hatten, daß einige häretische Schüler mit Büchern des Theodor von Mopsuestia, des Lehrers des Nestorius und des Schülers von Diodor, nach Armenien gekommen waren. Dann kamen unsere Übersetzer zurück, deren Namen wir oben genannt haben, und fanden Sahak und Mesrop in Aštišat in Taron und überreichten ihnen die Briefe und die Canones von Ephesus in sechs Kapiteln niedergelegt und genaue Kopien der Bücher» [43]. Auch dieses Resümee des armenischen Geschichtsschreibers ist ebenso wie der Bericht des Koriun dadurch gekennzeichnet, daß in ihm alle Aktionen gegen Theodor als unmittelbare Konsequenz der Beschlüsse von Ephesus angesehen werden. Dem späteren Betrachter, der Wert legte auf das Kontinuum einer dogmatischen Entwicklung, mußte sich diese Schau der Dinge nahelegen. Auch die Hauptakteure des Geschehens werden einfach in zusammenraffender Darstellung als Aktionsgemeinschaft hingestellt. Es ist auffallend, daß hier offen neben Proclus und Acacius Cyrill genannt wird. Dabei ist nicht nur an den Einfluß des Alexandriners auf Rabbula und Acacius zu denken, sondern auch an seine Repräsentation in Konstantinopel durch Mittelsmänner wie den schon erwähnten Basilius oder den Diakon und Archimandriten Maximus [44]. Die Rolle Rabbulas tritt bei dieser Schilderung nicht in das Blickfeld. Sie wird gleichsam subsumiert von dem Einfluß, der Cyrill zugeschrieben wird.

43 Moses von Choren, *Geschichte* III 61; 342, 16-343, 5 :
Եւ վասն զի ոչ Հանդիպեցան յայնմ ժողովի մեծն Սահակ և Մեսրոպ՝ գրեն առ նոսա Կիւրեղ Աղեքսանդրացի և Պրոկղոս Կոստանդնուպօլսի և Ակակ Մելիտինեայ եպիսկոպոսք, զգուշացուցանելով զնոսա. քանզի լուան, եթէ ոմանք ի չարափառացն աշակերտաց առեալ զգիրսն Թէոդորոսի Մամուեստացւոյ, զվարդապետին Նեստորի, և զաշակերտին Թէոդորի՝ գնացին յաշխարՀն Հայոց : Ապա եկեալ Թարգմանիչքն մեր, զորոց զանուանսն յիշատակեցաք յառաջագոյն՝ գտին զմեծն Սահակ և զՄեսրոպ յԱշտիշատ Տարօնոյ, և մատուցին զթուղթսն և զկանոնս ժողովոյն Եփեսոսի, վեց սաՀմանեալ կանոնաւ, և ճշգրիտ օրինակս Գրոց :

44 Maximus entzog sich der Kirchengemeinschaft mit Johannes von Antiochien und intrigierte in Konstantinopel gegen Theodor, cf. Cyrill, ep. 57. 58; MPG 77, 320-321. Cyrill preist bei Acacius seinen antinestorianischen Eifer, cf. ACO I 4; p. 226-227, und beauftragt ihn, seine Auslegung des Nicänums Theodosius zu überbringen (*ibid.*, 229). Der Comes Irenäus berichtet von seiner Tätigkeit, ACO I 4; p. 208 : « ...etenim Maximum quandam monachi habita circumpositum et ferventer Apollonarii errore languentem, cum litteris imperialibus et praeceptis praefectoriis et virtute maxime plurima ad Orientem dirigent (sc. die Cyrillianer !) ».

Der den Kampf um das Schrifttum Theodors auslösende Anstoß ist aber zweifellos nicht von Cyrill, sondern vielmehr von Rabbula ausgegangen. Neben den uns zur Verfügung stehenden primären Quellen wird uns dieser historische Sachverhalt bezeugt durch Innocentius Maroniae, dessen Bericht wegen seiner relativen Vollständigkeit hier zum Abschluß zitiert werden soll. « Post Nestorii damnationem, cum sectatores eius mortiferos libros illius in publicum proferre non possent, quia et anathematibus a sancta synodo quae primum apud Ephesum convenerat, editis et imperiali constitutione prohibiti fuerant lectitari coeperunt iam Theodori Mopsuestanae civitatis episcopi, qui quondam Nestorii magister extiterat, circumferre volumina et simplices quosque mortiferis laqueis inretire. Tantum vero studii gesserunt per eum eiusdem in Nestorii dilatare contagia, ut ipsa volumina eius ad laesionem et interitum simplicissimarum, ut dictum est, animarum in linguam Syrorum Armenorum Persarumque transferrent. Sed ubi haec agnoverunt beatae memoriae viri Rabbula Edessenae et Acacius Melitinae civitatis antistites, scripserunt in Armeniam sanctis episcopis ne ea susciperent, apostolice denuntiantes atque dicentes : videte canes, videte malos operarios, videte concisionem (Phil.3,2). Ciliciae vero episcopis insimulantibus eosdem viros Rabbulam et Acacium quod non ex caritate hoc, sed ex aemulatione atque contentione fecissent, in unum omnes Armeniae regionis sanctissimi convenientes episcopi duos venerabiles presbyteros Leontium et Abelium ad urbem regiam Constantinopolim destinarunt; qui libellos pro more facientes nec non et unum volumen blasphemiarum Theodori deferentes secum beatissimo Proclo Constantinopolitanae urbis archiepiscopo supplices obtulerunt, scire desiderantes quaenam doctrina, utrum Theodori an Rabbulae et Acacii episcoporum vera esse probaretur » [45].

Als Grund für die Übersetzung und Verbreitung der Schriften Theodors wird in dieser Darstellung ein kaiserliches Verbot der Schriften des Nestorius angegeben. Dieses Verbot kann jedoch mit dem Einfluß des theodorianischen Schrifttums in Armenien in keinem

[45] ACO IV 2; p. 68, 4 - 23. Cf. *supra*, n. 37 der vollständige Titel der Schrift des Innocentius und die Fortsetzung des Zitates. Dieser Bericht wird dann später benutzt in der Darstellung des karthagischen Diakons Liberatus, der gegen die Entscheidung des 2.Konzils von Konstantinopel über die « Drei Kapitel » opponiert : LIBERATI *Archidiaconi Breviarium causae Nestorianorum et Eutychianorum*, ACO II 5; p. 98-141.

ursächlichen Zusammenhang stehen, da es erst im Jahre 436 erlassen wurde [46]. Es ist aber leicht zu verstehen, daß für den Berichterstatter eine solche Beziehung sich nachträglich ergeben konnte, obwohl die Übersetzung und Verbreitung der Werke Theodors schon einige Jahre früher begonnen hatte, wahrscheinlich schon zu seinen Lebzeiten, also vor 428. Mit den primären Quellen stimmt Innocentius Maroniae darin überein, daß nach seiner Meinung die ganze Aktion von Rabbula und Acacius ausgeht, die sich zunächst einmal nicht an Sahak selbst, sondern an die « Bischöfe Armeniens » wenden, um den Einfluß Theodors einzudämmen. Diese delegieren dann Leontius und Abel nach Konstantinopel, um eine Entscheidung des Patriarchen zu erwirken.

Die Warnung an die armenische Kirche steht offenbar im Zusammenhang mit einer größeren Aktion, bei der sich Rabbula an alle alexandrinisch beeinflußten Metropolen wie Konstantinopel, Caesarea, Ancyra und Melitene wendet, um ein gemeinsames Vorgehen herbeizuführen [47]. Proclus ist nun gezwungen, den gültigen Glauben darzulegen und amtlich zu fixieren. Sein Tomus ad Armenios ist so von Rabbula mittelbar mitveranlaßt und dürfte den christologischen Anschauungen des Bischofs von Edessa voll entsprochen haben. Mit Recht wird Rabbula dieses Glaubenszeugnis als die Frucht seines Kampfes um die Rechtgläubigkeit aufgefaßt haben, denn aller Wahrscheinlichkeit nach hat er es selbst noch zu Gesicht bekommen, vorausgesetzt, daß sein Sterbetag erst auf den 8. August 436 angesetzt wird [48].

[46] So nach Schwartz, ACO I 4; p. XI (cf. ACO I 1, 3; p. 68, 31 und *Cod. Theod.* XVI 5, 66), der hier seine frühere Datierung auf den August 435 in *Codex Vaticanus*, 92 korrigiert.

[47] Cf. Richard, *Acace*, 404ss. Zu Bischof Firmus von Caesarea in Kappadozien cf. Schwartz, *Codex Vaticanus*, 91-92, der hier auf den nur in Cod.Vat.1431 Nr. 44 enthaltenen Schluß von Cyrills ep. 57 an den Diakon Maximus hinweist.

[48] Zur Diskussion des Sterbejahres Rabbulas, cf. *supra*, 7.

AUSBLICK

Der Kampf um das Erbe Rabbulas. Auseinandersetzungen und Nachwirkungen.

Kann auch der Tomus ad Armenios des Proclus als ein Erfolg des Kampfes Rabbulas um das in seinem Sinne orthodoxe Verständnis der Unionsformel von 433 angesehen werden, so war damit doch noch nicht eine endgültige Entscheidung in der begonnenen Auseinandersetzung erreicht. Der theologische und vor allem der kirchenpolitische Einfluß Antiochiens war beim Hinscheiden Rabbulas so stark, daß es möglich wurde, den vakanten Bischossitz mit Ibas, dem prominenten Lehrer der « Schule der Perser » zu besetzen [1]. Jetzt konnte dieser profilierte Anhänger Theodors, der zu den markantesten Gegnern Rabbulas gehörte und der 431 den Weg in die Verbannung antreten mußte, als endgültiger Sieger an die Stätte seiner früheren Wirksamkeit zurückkehren. Daß Antiochien ein brennendes Interesse daran hatte, den Stuhl Edessas Ibas anzuvertrauen, lag in erster Linie an dem neuen und verstärkten Einfluß, den man sich von der « Schule der Perser » auf das christologische Denken erhoffte. Jetzt war eine reibungslose Zusammenarbeit zwischen dem Bischof der Stadt und Narses, dem Leiter der Schule [2], gewährleistet. Nach der Periode der Unterdrückung und fast völligen Aufhebung wird die wissenschaftliche Arbeit und der Unterricht dieser Lehranstalt grundlegend reorganisiert worden sein, um der theologischen Zielsetzung von Ibas und Narses dienen zu können. Durch das Episkopat des Ibas und die Wiederbelebung der « Schule der Perser » mußte das tiefste Anliegen Rabbulas einen schweren Rückschlag erhalten,

[1] Leider sind wir über die Hintergründe und einzelne Motive, die zur Wahl des Ibas zum Bischof von Edessa führten, nicht informiert, Die *Edessenische Chronik,* 110 Nr. LIX berichtet : « Sein (sc. Rabbulas) Nachfolger wurde der erhabene Hîbâ. Dieser baute die neue Kirche, welche heute die Kapelle der Apostel genannt wird ». Die Chronik gibt dann nur noch Auskunft über die Stiftung eine Altartisches für die alte Kirche (Nr. LX) und eines Schreines für die Gebeine des Apostels Thomas (Nr. LXI), die Wahl des Dioskur zum Bischof von Alexandrien (Nr. LXII) und die Absetzung des Ibas in Ephesus (Nr. LXIII).

[2] Zu Narses als dem Nachfolger des Qioras in der Leitung der « Schule der Perser » cf. VÖÖBUS, *Nisibis,* 61ss.

ja sein Erbe stand in Gefahr, ganz verloren zu gehen. Die Entscheidung über das von ihm vertretene Christusverständnis war nun vom Schicksal des Ibas und seiner theologischen Schule abhängig.

Nach seinem Herkommen war Ibas ein Mann der theologischen Wissenschaft. Als Bischof von Edessa mußte er sich deshalb fast ausschließlich auf eine dünne Schicht von Intellektuellen und Gelehrten stützen. Hingegen stand ihm die breite Masse des Kirchenvolkes und besonders das von Rabbula so tiefgehend geprägte Mönchtum in Reserve und Ablehnung gegenüber. Sehr bald regt sich in diesen Kreisen eine starke Opposition, die nicht nur in Edessa, sondern auch auf der höchsten kirchenpolitischen Ebene aktiv wird [3]. Ein Exponent des Widerstandes ist der Mönch Barsumas (Barṣaumā) aus dem Kloster Basmul, der selbst bei Kaiser Theodosius in hohem Ansehen steht [4]. Als Ibas einige seiner Kontrahenten, die ihn wegen Irrlehre und Veruntreuung von Kirchengütern anklagen, aus dem Klerikerstand verstößt, und sie beim Patriarchen Domnus in Antiochien kein Gehör finden [5], wenden sie sich direkt nach Konstantinopel, wo sie nicht nur gegen Ibas Anklage erheben, sondern auch Domnus und Theodoret mit in diese Affäre ziehen wollen [6]. Zugleich haben sie auch Verbindung mit Alexandrien aufgenommen, wo besonders der Mönch Theodosius gegen die Antiochener Bundesgenossen wirbt [7]. Durch diese Vorgänge sieht sich der Kaiser veranlaßt, eine Kommission einzusetzen, die aus den Bischöfen Photius von Tyrus, Eustathius von Berytus und Uranius von Himeria besteht, um die gegen Ibas erhobenen Vorwürfe prüfen zu lassen. Die Verhandlungen im Frühjahr 449 in Berytus und Tyrus enden aber mit einem Freispruch des Angeklagten [8]. Trotzdem nehmen die Unruhen in Edessa kein Ende. Beim Empfang des Comes und Richters der Osrhoëne

[3] Eine zusammenhängende Darstellung der Bedeutung des Mönchtums in diesen Auseinandersetzungen gibt H. BACHT, *Die Rolle des orientalischen Mönchtums in den kichenpolitischen Auseinandersetzungen um Chalkedon* (431-519), in: *Chalkedon* II, 193-314.

[4] Cf. den Brief des Theodosius an Barsumas ACO II 1, 1; p. 71, Nr. 48. Zu Barsumas cf. F. NAU, Artikel *Barsumas* in DTC 2, 430-434 und zuletzt die eingehende auf bisher unerschlossene handschriftliche Quellen fundierte Datrsellung dieses kirchenpolitisch so einflußreichen Abtes bei VÖÖBUS, *Asceticism*, II, 196-208.

[5] Zu den Vorgängen in Antiochien cf. FLEMMING, *Akten*, 39, 36ss; 41, 10ss und 57,36ss.

[6] Cf. ACO II 1, 3; p. 379 Nr. 37 und THEODORET, *Ep.* 111; MPG 83, 1308s.

[7] Cf. FLEMMING, *Akten*, 131, 33s.

[8] Cf. FLEMMING, *Akten*, 3-7 und 43, 24-25.

hatte die Volksmenge stürmisch die Absetzung ihres Bischofs gefordert [9]. Am zweiten Tag der Ankunft des Chaireas setzte sich der Tumult fort. Das Volk versammelte sich vor dem Amtsgebäude, um gegen Ibas zu demonstrieren [10]. Hier zeigt sich, wie stark das Andenken Rabbulas in Edessa noch verwurzelt ist. « Heiliger Rabbulas bitte mit uns! Deinen Glauben hat Ibas ruiniert. Den heiligen Glauben der Synode hat Ibas ruiniert. Den Ephesischen Glauben hat Ibas ruiniert! Den wahren Glauben des Kyrillos hat Ibas ruiniert! Barmherzige Könige setzt diesen ab! Orthodoxe Könige setzt diesen ab! Befreit ihr eure Metropolis! Erlöset eure gläubige Magd. Ein anderer Bischof für die Metropolis. Dem Erzbischof Dioskoros viele Jahre! Möge Alexandreia, die Stadt der Orthodoxen, Bestand haben!... Heiliger Rabbulas bitte mit uns! Die Kirchengeräte hat Ibas eingeschmolzen! » [11]. Immer aufs neue wird Rabbula um Fürbitte angerufen. Sein Vorgehen gegen Ibas ist noch in lebendiger Erinnerung. « Vierzehn Jahre lang hat Ibas diese Christenstadt irregeführt... Heiliger Rabbulas bitte mit uns! Ein orthodoxer Bischof für die Metropolis! Den Ibas nimmt niemand an! Sein Name werde aus dem Kirchenregister (διπτύχιον) entfernt. Der heilige Rabbulas hat Ibas abgesetzt in die Verbannung (ἐξορία)! » [12]. Schließlich sieht sich Chaireas gezwungen, schleunigst einen Lagebericht an seine vorgesetzte Behörde zu geben und dieser eine Bittschrift vorzulegen, durch die verhindert werden soll, daß Ibas nach Edessa zurückkehrt [13]. Sie ist unterschrieben von « Klerikern und Archimandriten, Klosterbewohnern und Gelübdebrüdern, Würdenträgern, Ratsleuten und Römern; Schulen der Armenier, Perser und Syrer; Handwerkern

[9] *Ibid.*, 15, 35-17, 30. 15, 39 wird Chaireas als Comes der ersten Ordnung und als Richter der Osrhoëne bezeichnet.

[10] *Ibid.*, 17, 31-21, 11. 17, 33ss werden aufgezählt: « ehrwürdige Kleriker, gottliebende Archimandriten, Mönche und Gelübdebrüder... ferner Handwerker und lauter Einwohner der Metropolis Edessa... ».

[11] *Ibid.*, 19, 13-20. Als neuer Bischof wird ein sonst unbekannter Dagalaïphos vorgeschlagen.

[12] *Ibid.*, 21, 5ss. Es wird hier auf die Vorgänge des Jahres 431 angespielt, cf. *supra*, 173-174.

[13] Der Text dieser Bittschrift gehört zu dem der Synode in Ephesus vorgelegten zweiten Bericht, cf. *ibid.*, 23, 20-25, 30.

[14] *Ibid.*, 25, 31ss. Eine andere Aufzählung der Verantwortlichen dieser Bittschrift in 21, 26-35. Das Zitat cf. *supra*, 173 n. 35.

und der gesamten Stadt» [14]. Die Menge fordert schnelle Erledigung dieser Angelegenheit. An den folgenden Tagen bedrängt sie mehr und mehr den Comes, und ihre Erregung macht sich Luft in immer neuen Kundgebungen, bei denen die Erinnerung an Rabbula eine wichtige Rolle spielt. «Die Schreiben des orthodoxen Kyrillos hat dieser korrumpiert! Die richtige Lehre des heiligen Rabbulas hat dieser korrumpiert. Die richtige Lehre der 318 hat dieser vernichtet» [15]. Wir erfahren in diesem Zusammenhang, daß auch Ibas nicht gerade glimpflich mit seinem verstorbenen Gegner umgegangen ist. Er hat schon sein Andenken ausgelöscht und ihn zum Häretiker erklärt, indem er ihn aus den Diptychen streichen ließ. «Heiliger Thomas bitte mit uns! Mit deiner Hilfe möge des heiligen Rabbulas (in der Liturgie) gedacht werden. Durch dich möge des heiligen Kyrillos gedacht werden. Jene haben die Orthodoxie hergestellt. Ibas und Nestorius haben diese zerstört! Die Bücher des Nestorius wurden bei Ibas gefunden. Die Schriften des Theodor wurden bei Ibas gefunden!» [16] Die fürbittende Kraft und Hilfe Rabbulas wird von der Volksmasse als gegenwärtig wirksam angesehen. «Heiliger Rabbulas, setz den Ibas ab! Heiliger Rabbulas, ersuche mit uns!» [17]

Schließlich kommt es in Edessa unter dem Vorsitz des Comes Theodosius zu einer Verhandlung, in der der Brief des Ibas an Mari verlesen wird und alle schon in Berytus vorgebrachten Anklagepunkte noch einmal zu Protokoll genommen werden. Aus der Fülle der Anschuldigungen seien folgende Beispiele erwähnt, um den Eindruck zu charakterisieren, den das Kirchenvolk, der Klerus und das Mönchtum im scharfen Kontrast zu Rabbula von den theologischen Anschauungen des Ibas haben mußte. Der Presbyter Samuel bezeugt den Ausspruch: «Ich beneide Christus nicht, daß er Gott geworden ist; denn insofern er es geworden ist, bin ich es geworden; denn er ist von meiner eigenen Natur» [18]. Der Mönch Barṣaumā hat Ibas am Auferstehungstage sagen hören: «Heute ist Christus unsterblich geworden». Ebenso hätte er gesagt: «Wir müssen uns vernünftigerweise den Gott und den Menschen verschieden vorstellen; den, der durch

[15] *Ibid.*, 27, 12-14. Es ist bezeichnend, daß von der Volksmenge immer wieder Cyrill und Rabbula in einem Atemzug genannt werden.

[16] *Ibid.*, 27, 18-22.

[17] *Ibid.*, 27, 42-43.

[18] *Ibid.*, 41, 27-29.

Gnade angenommen wurde, und den, der durch Gnade annahm» [19], Andere zitieren Ibas: «Mögen sich die Juden nicht rühmen, Gott gekreuzigt zu haben; denn sie haben einen Menschen gekreuzigt» [20]. Oder: «Ein anderer ist der Gestorbene, ein anderer der im Himmel; und ein anderer ist der Anfanglose, und ein anderer der unter dem Anfang; und ein anderer der vom Vater, und ein anderer der von der Jungfrau» [21]. Es ist offensichtlich, daß durch diese Aussagen sich die Volksfrömmigkeit, die sich aus den Quellen cyrillischer Theologie nährte, in ihrem tiefsten Anliegen getroffen fühlen mußte. So konnte es nicht ausbleiben, daß die Volksmasse und das Mönchtum mobilisiert wurde, das nicht eher ruhte, bis dieser häretische Bischof endgültig aus der Stadt verbannt und die Ehre Rabbulas wiederhergestellt war.

Inzwischen hatte auch der Streit um Eutyches seinen Höhepunkt erreicht. Dieser hatte auf einer Synode in Konstantinopel (448) die Anerkennung der Unionsformel von 433 abgelehnt und verfiel daraufhin dem Anathema. Er legte aber sofort bei den Patriarchen von Rom und Alexandrien Berufung gegen dieses Urteil ein. Während Leo der Große eine abwartende Haltung einnahm, stellte sich Dioskur ganz auf seine Seite. Da nun diese Auseinandersetzung um Eutyches dringend einer Entscheidung bedurfte und auch die bedrohliche Lage in Edessa geklärt werden mußte, entschließt sich Kaiser Theodosius, eine Synode nach Ephesus einzuberufen [22]. Über den letzten Teil der Verhandlungen dieser Versammlung sind wir unterrichtet durch syrisch erhaltene Protokolle, in denen die Einberufung des Kaisers, sämtliche Berichte über die Vorgänge in Edessa und die Bittschrift seiner Bevölkerung enthalten sind [23]. Ebenso kommen

[19] *Ibid.*, 45, 29-32.

[20] *Ibid.*, 47, 23-24.

[21] *Ibid.*, 45, 42-44.

[22] *Ibid.*, 3-7. Hier zeigt sich ganz deutlich, daß neben dem Streit um Eutyches die Vorgänge in Edessa der Anlaß der Synode von Ephesus gewesen sind. Gegen Ibas wird in dem kaiserlichen Einberufungsschreiben schon eine Vorentscheidung gefällt.

[23] Die Berichte über die ersten Sitzungen sind griechisch erhalten in den Akten von Chalcedon, cf. ACO II 1, 3; p. 13-32. Die von FLEMMING edierten syrischen Protokolle, die nach dem 20. August datiert werden müssen (cf. FLEMMING, *Akten III*), sind ein Auszug aus dem Werk des Timotheus Aelurus gegen das Konzil von Chalcedon. Zur Datierung, Anordnung des Stoffes und der Quellenkritik cf. die Rezension von A. MARTIN, *Le pseudo-synode connu dans l'histoire sous le nom de Brigandage d'Éphèse*

die von Photius von Tyrus, Eustathius von Berytus und Uranius von Himeria geführten Untersuchungen noch einmal zur Sprache [24]. Der Eindruck der vorliegenden Berichte, Akten und Zeugnisse auf die unter dem Vorsitz von Dioskur zusammengetretene Synode ruft eine flammende Empörung hervor. Nach einer verhältnismäßig kurzen Aussprache wird Ibas seines Bischofsamtes enthoben und aus der Gemeinschaft der Kirche ausgestoßen [25]. Das gleiche Urteil trifft eine Reihe anderer Bischöfe seiner theologischen Richtung, unter ihnen Theodoret von Cyrus und Domnus von Antiochien.

Ist aber nun dieses Ergebnis der sogenannten « Räubersynode » ein Sieg der Sache Rabbulas gewesen und nicht nur ein nachträglicher Triumph über einen persönlichen Gegner ? Zweifellos ist die Opposition des Kirchenvolkes und des Mönchtums in Edessa gegen Ibas ein Beweis für die echte Volkstümlichkeit und die fortdauernde Lebenskraft der von Rabbula vertretenen theologischen Position. Der in Ephesus zutage tretende Radikalismus, der zur Rehabilitierung des Eutyches führte, dürfte aber kaum in seinem Sinne gelegen haben. Wenn er auch leidenschaftlich gegen eine einseitig antiochenische Interpretation des Unionsbekenntnisses von 433 gekämpft hatte, war er doch zusammen mit Cyrill entschieden den Weg der Verständigung und des Verzichtes auf extreme und agressive Formulierungen gegangen. Dieser Versuch einer echten Vermittlung unter Vermeidung eines oberflächlichen Kompromisses hatte jetzt einen schweren Rückschlag erlitten. Es ist allerdings nicht zu übersehen, daß Ibas sein Schicksal und den Zusammenbruch der Union durch seine eigene extreme Haltung provozierte, die weniger in seinem Brief an Mari als in seinen übrigen Äußerungen in Erscheinung tritt. Wurde dieser Brief aber im Lichte dieser Aussagen gelesen, so mußte auch seine Christologie sich schließlich doch als unvereinbar mit einer auch noch so gemäßigten alexandrinischen Anschauung erweisen. Die der Kontroverse um Ibas zugrundeliegende Sachfrage, um die

étudié d'après ses actes retrouvés en Syriaque, Paris, 1875 durch C. Weizsäcker in ThLZ 4 (1879), 147-151. Die Verhandlungen über Eutyches sind nicht in den syrischen Akten enthalten. Zur Darstellung der Vorgänge auf dieser Synode cf. ebenso Haase, *Kirchengeschichte*, 293ss.

[24] Darauf wird immer wieder Bezug genommen, zum Beispiel *Flemming Akten*, 15, 9s, wo diese drei Bischöfe auf die bisherigen Untersuchungen hinweisen und verlangen, daß ihre Akten verlesen werden.

[25] *Ibid.*, 61-69.

es Rabbula zutiefst gegangen war, bedurfte also noch einer weiteren Klärung und Entscheidung.

So war es nicht überraschend, daß zwei Jahre später die ganze Angelegenheit noch einmal vor das Forum eines Konzils gebracht wurde, nachdem selbst der neue Kaiser Marcian auf eine Entscheidung gedrungen hatte [26]. In der 9. und 10. Sitzung des Konzils von Chalcedon (26-27.Oktober) [27] bezeugten Photius von Tyrus und Eustathius von Berytus die Unschuld des Ibas. Dann wurden die Akten der Verhandlungen in Tyrus und Berytus verlesen [28], ebenso Ibas' Brief an Mari und eine Bittschrift, die seine Anhänger den Bischöfen von Tyrus und Berytus hatten zukommen lassen. Die Verlesung der Protokolle von Ephesus wurde mit der Begründung abgelehnt, daß es sich damals um keine rechtmäßige Synode gehandelt habe. Der römische Legat Paschasius hatte diesen Einspruch erhoben, um sich dann rückhaltlos für die Unschuld und Rechtgläubigkeit des Ibas einzusetzen [29]. So wurde schließlich Ibas rehabilitiert und ihm unter der Bedingung sein Bischofssitz zurückgegeben, daß er über Nestorius und Eutyches das Anathema ausspreche. Durch diese Entschließung war aber immer noch nicht die eigentliche christologische Streitfrage entschieden. Es ging hier mehr um die Personen als um die Sache. Vor allen Dingen sollte durch die Aufwertung des Ibas endgültig die Position des Eutyches ausgeschlossen werden. Während die Abgrenzung nach dieser Seite vollzogen war, fehlte sie in entgegengesetzter Richtung, wenigstens in der gleichen Schärfe und Klarheit. Gerade dem Kampf gegen dieses in Chalcedon zutage getretene Versäumnis hatte Rabbulas ganze Leidenschaft gegolten. Es ist deshalb nicht verwunderlich, daß die alexandrinische Seite sich durch Chalcedon benachteiligt fühlen mußte und heftige Reaktionen nicht ausblieben, die mehr und mehr zur Ausbildung eines bekenntnismäßigen Monophysitismus führten, der durch die Unionsformel von 433 vermieden werden sollte.

[26] Cf. ACO II 1, 3; p. 13 Nr. 4.

[27] In den lateinischen Akten ACO II 3, 3; p. 15-16, Nr. 1-2 und p. 20 Nr. 1 sind es zwei Sitzungen am 26. und 27.Oktober, die sich mit Ibas beschäftigen. In den griechischen Akten ACO II 1, 3; p. 11 Nr. 1 spielt sich alles nur auf der 10. Sitzung ab, die auf den 26.Oktober datiert wird.

[28] Cf. ACO II 1, 3; p. 14-34 Nr. 7-138.

[29] ACO II 1, 3; p. 38 Nr. 143-144.

Ibas durfte also wieder nach Edessa zurückkehren. Angesichts der Stimmung des Volkes und der Einstellung des Mönchtums dürfte er jedoch keine große Freude mehr an seinem Bischofsamt gehabt haben. Als nach seinem Tode am 28.Oktober 457 die Gegenpartei den Bischofsstuhl mit Nonnus besetzt [30], wird auch die « Schule der Perser » wieder neuem Druck ausgesetzt gewesen sein. Unter seinem Nachfolger Qūrā, der 471 sein Amt antritt [31], kommt es dann zum endgültigen Bruch mit Narses. Dieser verläßt die Stadt und geht nach Nisibis, wo mit der Hilfe von Barṣaumā allmählich eine neue theologische Lehranstalt entsteht, die bald die Schule Edessas an Bedeutung zu übertreffen beginnt [32]. In der Tat hatte mit dem Fortgang des Narses der endgültige Niedergang der theologischen Wissenschaft in Edessa begonnen, sodaß das Ende der Schule nicht mehr aufzuhalten war. Inzwischen hatte auch die offizielle Religionspolitik eine Wende zu Ungunsten jeder Art von antiochenischer Theologie genommen. Das Henotikon des Kaisers Zenon implizierte « eine mehr

[30] *Edessenische Chronik,* 114 Nr. LXVIII : « Am 28.Tišrîn ḳedem des Jahres 769 entschlief Hîbâ, Bischof von Orhâi, und es kam an seiner statt Nonnos... » Schon nach der « Räubersynode » hatte Nonnus die Nachfolge des Ibas angetreten. Wir wissen nicht, was er von Chalcedon bis 457 getan hat.

[31] Cf. *Edessenische Chronik,* 116 Nr. LXXI : « Im Jahre 782 entschlief Nonnos, Bischof von Orhâi, und es folgte ihm Kyros nach ».

[32] Über den Weggang des Narses aus Edessa und die Neugründung einer Schule in Nisibis gibt es mehrere sich widersprechende Quellen. Hierzu cf. A. Vööbus, *The Statutes of the School of Nisibis, edited, translated and furnished with a commentary,* PapETSE 12, Stockholm 1962, 13-19 und Vööbus, *Nisibis,* 33-56. Barhadbešabba, Nau, 599, 13-603, 16 berichtet, daß während des Episkopats des Qūrā (cf. p. 599, 16) gegen Narses der Vorwurf erhoben wurde, er gehöre zu den Anhängern Theodors und des Nestorius und sei ein Schüler des Paul von Samosata. Einer seiner Freunde teilte ihm mit, daß er wegen Irrlehre zum Scheiterhaufen verurteilt sei. Es gelingt ihm aber, in der Nacht mit seinen Büchern nach Nisibis zu fliehen. Ebenso erzählt Barhadbšhabba von Ḥōlwān, Scher, 384, 3-386, 4 Narses Flucht aus Edessa, seine Aufnahme in Nisibis und die Neugründung der Schule. PO IV, 386, 6-9 heißt es dann : « Innerhalb kurzer Zeit nahmen sie zu (sc. die Schüler). Nicht nur persische und syrische Brüder kamen, sondern auch der größte Teil der Versammlung von Edessa zog zu ihr. Die ganze Welt lobte Gott. Die Schulen vermehrten sich im persischen Imperium. Edessa versank in Dunkelheit und Nisibis leuchtete auf ». Im Vergleich zu dieser glorifizierenden Darstellung dürfte die Berichterstattung der Chronik von Seʿert der historischen Wirklichkeit eher entsprechen, cf. *Histoire Nestorienne,* ed. A. Scher, PO VII, 2; p. 114: « Er (sc. Narses) floh nach Nisibis und fand dort eine kleine Schule, die gegründet worden war von Simeon Garmqāyā. Dort ließ er sich nieder. Bischof Barṣaumā interessierte sich für ihn und unterstützte seine Sache ».

oder minder versteckte Parteinahme für den (Verbal) Monophysitismus» [33]. Als Konsequenz dieser Politik und der schon begonnenen Dezimierung wurde die theologische Schule Edessas im Jahre 489 endgültig geschlossen [34]. Damit hatten ein tiefgreifender Gegensatz und eine lange währende Auseinandersetzung im kirchlichen Leben Edessas ihr Ende gefunden, die zu Lebzeiten Rabbulas einen vorläufigen Höhepunkt erreichten.

Noch immer aber schwelte untergründig die Frage, wie das Glaubensbekenntnis von Chalcedon mit den christologischen Anschauungen des Ibas in Einklang gebracht werden könne. Im ersten Drittel des 6. Jahrhunderts wird diese Frage akut durch die sogenannte neuchalcedonische Bewegung, die eine stärkere Synthese der Terminologie von Chalcedon mit der Sprache und Gedankenwelt Cyrills erstrebte, um so zu einer Einigung mit dem Monophysitismus zu gelangen [35]. Die spannungsreiche Auseinandersetzung, deren einzelne Phasen hier nicht näher dargelegt werden können, findet ihren Höhepunkt und Abschluß im Jahre 553 durch das zweite Konzil von Konstantinopel. Zwei Meinungen stießen hier hart aufeinander. Die westlichen Bischöfe behaupteten, daß die Rechtgläubigkeit des Briefes an Mari in Chalcedon anerkannt worden sei [36]. Deshalb würde eine Verurteilung im Widerspruch zu Chalcedon stehen. Die andere Partei vertrat die

[33] Haacke, *Politik*, 121.

[34] Cf. *Edessenische Chronik*, 117 Nr. LXXIII : «Im Jahre 800 wurde die Schule (σχολή) der Perser in (wörtlich : von) Orhâi von Grund aus zerstört». Simeon von Bēt-Aršām, zitiert von Assemani, BO I, 353 berichtet : «...durch den Eifer des seligen Mar Kyros, des Bischofs von Orhâi, und auf Befehl des römischen Kaisers Zenon wurde die Schule, an welcher die Perser lehren in Orhâi, zerstört und an deren Stelle ein Heiligtum nach dem Namen der Gottesgebärerin Marth Marjam gebaut» (Übersetzung nach *Edessenische Chronik, op. cit.* 117). Ebenso ist hier der Bericht des Bericht des *Theodorus Lector* HE, II 49, MPG 86, 1; 209A heranziehen.

[35] Zum Ganzen ist heranzuziehen die Darstellung von Moeller, *Chalcedonisme.*

[36] Zu allen Einzelheiten dieser schwierigen Streitfrage cf. H. Diepen, *Les Trois Chapitres au Concile de Chalcédoine*, Oosterhout 1953, besonders 101-106. Cf. ebenso H. Diepen, *Douze dialogues de Christologie ancienne*, Rom 1950, 59-63 und 153-156. Die Vereinbarkeit der Entscheidung von Chalcedon über die sogenannten Dreikapitel mit der von Konstantinopel II wird ausführlich diskutiert mit reichen Literaturangaben bei Moeller, *Chalcédonisme*, 688-690. Moeller rechtfertigt die Verurteilung unter dem Gesichtspunkt, daß erst dadurch der Nestorianismus endgültig ausgeschlossen wurde. Zur ausführlichen Darstellung des Dreikapitelstreites cf. Haacke, *Politik*, 164ss.

Anschauung, daß schon in Chalcedon der Brief an Mari verworfen worden sei. Diese Auffassung trug schließlich den Sieg davon. Die sogenannten drei « Kapitel », nämlich der Brief des Ibas an Mari, die Schriften Theodorets gegen Cyrill und die Person und die Schriften Theodors wurden mit dem Anathema belegt [37]. Damit war keine neue Glaubensformel geschaffen, aber durch die nachträgliche Verurteilung der führenden Vertreter der antiochenischen Theologie war eine Abgrenzung erfolgt, die künftig die Interpretation des Bekenntnisses von Chalcedon im Sinne der « Trennungschristologie » dieser drei Theologen unmöglich machte. Dieser scharfen Grenzziehung entspricht in positiver Hinsicht das Bemühen um eine Synthese zwischen der vorwiegend diphysitisch geprägten Terminologie Chalcedons und den zentralen cyrillisch-monophysitischen Formeln, das allenthalben in den Anathematismen des Konzils zu beobachten ist.

Im Hinblick auf das tiefste Anliegen Rabbulas und die Herzmitte seines christologischen Denkens, wie es sich während seiner letzten Lebensjahre im Kampf um das orthodoxe Verständnis der Beschlüsse von Ephesus und des Unionsbekenntnisses von 433 manifestierte, kann die Verurteilung der drei « Kapitel » als eine nachträgliche letzte Konsequenz verstanden werden. Erst durch das zweite Konzil von Konstantinopel hat jene christologische Denkbewegung ihr Ziel erreicht und ihren Abschluß gefunden, der Rabbula mit seinem ganzen Wesen und Leben von Grund auf verhaftet gewesen war.

Aber es sind nicht nur die dogmatischen Auseinandersetzungen des 5. und 6. Jahrhunderts, in denen das Anliegen Rabbulas im Für und Wider der Meinungen weiterlebt. Ein lebendiges Gedächtnis wurde diesem Bischof von Edessa in der west-syrischen Kirche bewahrt, indem man eine Reihe von liturgischen Hymnen seinem Namen zuschrieb, zum Teil in Gemeinschaft mit Ephräm und Marūtā von Tagrit [38], zum Teil aber auch ihm allein. Die letzteren stammen

[37] *Conciliorum Oecumenicorum Decreta,* ed. G. Alberigo etc., Freiburg 1962, p. 87, 42-89, 26 : Sententia adversus tria capitula. Der Text der Anathematismen findet sich dann p. 97, 25-98, 18 (cf. Mansi, IX, 376-388).

[38] Cf. die von Wright, I, 355-356 beschriebene Hymnensammlung ad Nr. 2. Cf. ebenso den Nachweis bei Wright, I, 331, daß in einer anderen Hymnensammlung ein Gesang auf die Neugetauften Johannes bar Aphtōniā oder Rabbula zugeschrieben wird.

aus zwei verschiedenen Handschriften und wurden von Overbeck ediert [39]. Das Manuskript des Britischen Museums enthält eine Gruppe von Hymnen, die durch ihre Unterschrift Rabbula als ihren Verfasser bezeichnen [40]. Die zwei größeren Hymnensammlungen der Oxforder Handschrift weisen schon durch ihre Überschrift auf die Autorschaft Rabbulas hin [41]. Daß Rabbula aber selbst als der Verfasser dieser Lieder angesehen werden kann, ist aus mehreren Gründen zweifelhaft. In seiner Vita erfahren wir nichts von seiner dichterischen Tätigkeit. Ein poetisch-hymnisches Talent würde kaum zu den Charakterzügen passen, wie sie uns in den Briefen und in der Lebensbeschreibung Rabbulas entgegentreten. Lediglich in einem Canon wird verfügt, daß die benat qeyāmā Hymnen lernen sollen [42]. Damit ist aber noch nichts über die Herkunft dieser Gesänge gesagt, — sie könnten durchaus von Ephräm stammen —, und außerdem handelt es sich hier um die Gattung der ܡܕܪ̈ܫܐ und nicht um ܬܟܫ̈ܦܬܐ, die am besten als Supplikationsleider oder als Bittgesänge zu bezeichnen sind. Ein weiteres Indiz für die erst spätere Verbindung dieser Hymnen mit dem Namen Rabbulas liegt in der Tatsache, daß diese Zuordnung nur für bestimmte Kirchentonarten geschieht, nämlich für die erste, die vierte und die siebte. Es ist also offensichtlich, daß hier nicht die Frage nach historischer Authentizität, sondern ein einfaches liturgisches Ordnungs- und Dedikationsschema ausschlaggebend gewesen ist. Dabei mag es durchaus möglich sein, daß ein oder der andere Hymnus aus dem Griechischen ins Syrische übersetzt wurde [43] und hierfür Rabbula verantwortlich zeichnete.

Schließlich läßt sich auch aus dem Inhalt dieser verschiedenartigen Gesänge nicht eine Verfasserschaft Rabbulas erweisen. Die Hymnen auf Maria und die an die Gottesmutter gerichteten Bittgesänge [44],

39 Overbeck, 245-248; 362-369; 370-378.

40 Overbeck, 248, 9. Die Beschreibung der Handschrift bei Overbeck, XX und Wright, I, 353-354.

41 Overbeck, 362, 2 und 370, 2. Die Beschreibung dieser Handschrift der Bodleian Library in Oxford bei Overbeck, XXII.

42 Nr. 20; Vööbus, 41. Zur Besprechung dieser Bestimmung cf. *supra*, 52.

43 Übersetzungen aus dem Griechischen werden erwähnt Overbeck, 367, 6; 368, 16 und 378, 7.

44 Overbeck, 245, 4-10; 245, 11-246, 3; 362, 3-11; 364, 11-21; 365, 19-366, 2; 366, 23-367, 12; 370, 4-15; 372, 25-373, 7; 374, 23-375, 3.

die Lieder zu Ehren der Märtyrer [45] und Heiligen [46], die flehentlichen Bußgesänge [47], die Supplikationen für die Verstorbenen und die Preislieder auf die Auferstehung [48] und die überschwenglichen Hymnen auf die Eucharistie [49] sind mit ihrer Fülle von dogmatischen Anspielungen, theologischen Metaphern und heilsgeschichtlichen Typologien in solch einem typisch liturgischen Stil abgefaßt, daß wohl eine inhaltliche Beziehung zu Gedanken Rabbulas und zu seinem gesamten Denkmilieu vorliegt, besonders im Hinblick auf die mariologischen und eucharistischen Partien, aber es ganz ausgeschlossen ist, den Beweis einer exakten inhaltlichen Übereinstimmung und Abhängigkeit zu führen. Die Zurückhaltung führender Forscher, diese Hymnen Rabbula zuzuschreiben, ist also durchaus berechtigt [50]. Um so mehr sind diese Gesänge aber ein eindrucksvolles Zeugnis für den weiterwirkenden geistlichen Einfluß Rabbulas in der westsyrischen Kirche und der glaubensvollen Erinnerung, die diesem Bischof in der Liturgie bewahrt wurde. Nicht nur seine Vita, seine Bekehrungsgeschichte und die ihm später zugeschriebenen Mönchsregeln sind Hinweise auf diese Nachwirkung seines Lebens, besonders ist es die liturgische Vergegenwärtigung der Hauptanliegen seiner Frömmigkeit und seines theologischen Denkens, die seinen tiefgreifenden Einfluß auf die Kirche seines Herrn bis zum heutigen Tage kennzeichnet.

[45] Overbeck, 246, 4-15; 362, 11-363, 10; 364, 22-365, 1.

[46] Overbeck, 366, 3-11; 373, 8-16; 370, 16-371, 11.

[47] Overbeck, 246, 15-247, 4; 371, 11-372, 3; 373, 17-24; 374, 9-22.

[48] Overbeck, 247, 4-248, 8; 363, 20-364, 10; 365, 2-18; 366, 12-22; 367, 13-368, 23; 372, 4-10. 17-24; 373, 25-374, 8; 375, 4-378, 12.

[49] Overbeck, 368, 24-369, 6; 369, 7-18. Außerdem ist noch die Hymne auf das Kreuz Christi zu erwähnen, cf. Overbeck, 372, 11-17.

[50] So zum Beispiel Baumstark, *Geschichte*, 72, der n. 12-13 einen vollständigen Nachweis aller Handschriften dieser liturgischen Stücke bringt. Ebenso skeptisch über die Verfasserschaft Rabbulas äußert sich Bardenhewer, *Geschichte*, 391. Nur Bickell, 164-165 läßt unbezweifelt, daß Rabbula als Autor in Frage kommt. Eine Auswahl der Gesänge bietet Bickell, 259-271.

REGISTER

I. ANTIKE ORTE, QUELLEN UND PERSONEN

(Syrische und armenische Worte werden entweder transskribiert oder in ihrer latinisierten Form wiedergegeben.)

II. MODERNE AUTOREN

(Mehrfach zitierte Editoren und Übersetzer werden in der Regel nicht angeführt.)

INHALTSVERZEICHNIS

Imprimerie Orientaliste, s.p.r.l., Louvain (Belgique)

D. 1969/0602/6